"四点突破"教学范式推广丛书

"四点突破"教学范式之"代表课"的案例研究

丛书总编：张　瑛　邹洪涛

主　　编：余　泉　冉红芬　柳　鸠

吉林大学出版社

·长春·

图书在版编目（CIP）数据

"四点突破"教学范式之"代表课"的案例研究 /
余泉, 冉红芬, 柳鸠主编. -- 长春：吉林大学出版社，
2022.12
ISBN 978-7-5768-1295-4

Ⅰ.①四… Ⅱ.①余… ②冉… ③柳… Ⅲ.①课堂教
学 - 教学研究 - 初中 Ⅳ.①G632.421

中国版本图书馆CIP数据核字(2022)第242179号

书　　名："四点突破"教学范式之"代表课"的案例研究
　　　　　"SI DIAN TUPO"JIAOXUE FANSHI ZHI"DAIBIAOKE"DE ANLI YANJIU

作　　者：余　泉　冉红芬　柳　鸠
策划编辑：李承章
责任编辑：樊俊恒
责任校对：王　蕾
装帧设计：刘　丹
出版发行：吉林大学出版社
社　　址：长春市人民大街4059号
邮政编码：130021
发行电话：0431-89580028/29/21
网　　址：http://www.jlup.com.cn
电子邮箱：jldxcbs@sina.com
印　　刷：湖南省众鑫印务有限公司
开　　本：787mm×1092mm　　1/16
印　　张：17
字　　数：290千字
版　　次：2022年12月　第1版
印　　次：2023年4月　第1次
书　　号：ISBN 978-7-5768-1295-4
定　　价：72.00元

编委会

丛书总编：张　瑛　邹洪涛

主　　编：余　泉　冉红芬　柳　鸠

副 主 编：甘　璐　时青青　沈益帆　蒋三妹

参编人员：许思丝　周　文　向　毅　杨俊彦
　　　　　刘建伦　赵　枫

前　　言

　　基于素养为本的新时代教育教学改革，必须从课堂教学的创新中寻找突破口，我们提出的"四点突破"教学范式，就是在此背景下有益的创新探索。"四点突破"教学范式从知识本体的兴趣内涵挖掘出发，构建贯穿课堂始终的由学生兴趣点突破串联起来的引课阶段教学起始点突破、正课阶段知识学习点突破和结课阶段学习迁移点突破，促使形成简洁、流畅、自然、高效的新型课堂，为教师的专业发展和创新探索提供了有价值的方向。为更好地发挥黔南民族师范学院附属中学"贵州省校本研修示范校""贵州省中小学教师专业发展基地校""贵州省名师发展中心——黔南分中心"的示范引领作用，创新校本教研形式，我们着力于"四点突破"教学范式的示范和推广，组织编写"'四点突破'教学范式推广丛书"，《"四点突破"教学范式之"代表课"案例研究》是该丛书中的一本。本书借助南京市永和工作室的指导，开展"四点突破"教学范式的教师"代表课"打造活动，通过名师专家的引领，全面提高青年教师的教育教学水平。

　　在追求课堂教学的本质回归，实现目标明确、过程简洁、方法高效、感觉自然的课堂教学状态过程中，经过多年兴趣引领的"四点突破"教学范式的实践积累和理论探索，在2016年出版《初中数学"四点突破"教学探索》、2017年出版《中学化学"四点突破"教学理念研究》的基础上，通过"代表课"的教研活动，组织初中语文、数学、英语骨干教师完成了"四点突破"教学范式教师"代表课"实践案例的总结，撰写包括"四点突破"教学范式的内涵及初中语文、数学、英语"代表课"案例的《"四点突破"教学范式之"代表课"案例研究》这本书。本书具有如下特点：紧密结合基础教育课程改革实际，围绕课程改革的前沿课题，阐述基于知识本体的课堂教学理论创新和方法创新，探索一线教师专业成长的路径，为一线教师新时代的教学实践提供理论与实践指导。

《"四点突破"教学范式之"代表课"案例研究》由黔南民族师范学院从事基础教育改革研究的教师及黔南民族师范学院附属中学部分一线骨干教师共同编写。全书共四章，第一章为"四点突破"教学范式与"代表课"基本理论；第二章为"四点突破"教学范式之"代表课"选题与设计；第三章为"四点突破"教学范式之"代表课"展示与点评；第四章为"四点突破"教学范式之"代表课"反思与总结。本书总体框架由丛书总编张瑛、邹洪涛提出，并在张瑛、邹洪涛的指导下，由编写组完成全书编撰。其中冉红芬负责第一章"四点突破"教学范式与"代表课"基本理论的撰写，冉红芬、余泉、柳鸠负责第二至第四章的统稿，冉红芬、甘璐、时青青、沈益帆、蒋三妹、许思丝、周文、向毅、杨俊彦、刘建伦、赵枫等负责各学科代表课内容的撰写。特别感谢刘永和老师为"代表课"打造所做的全面指导和无私付出。

本书可以作为初中教师专业成长培训学习教材，也可作为高等师范院校教师、教育专业本科生、研究生的学习材料，以及作为中小学教师、教研员进行教学研究的参考用书。

编　者

2022年5月20日

目　录

第一章 "四点突破"教学范式与"代表课"

　　"四点突破"教学范式是我们在长期教学实践中总结出来的教研成果，其核心是把兴趣"打开"，将兴趣划分为引课阶段教学起始点突破的原生兴趣、正课阶段知识重难点突破的伴生兴趣、结课阶段学习迁移点突破的衍生兴趣。强调兴趣来源于知识本体，挖掘知识本身的兴趣元素，由兴趣点组成贯穿课堂始终的链条，将教学起始点、知识重难点、学习迁移点串联成一个完整的教学系统，通过兴趣点突破，引领学生积极主动的学习状态，实现"激趣、培志、养成"功能在课堂教学中的有机呈现。"代表课"即通过专门的教研活动，为教师打造代表自己的个性特征、代表自己的教学风格、代表自己的最高水平、代表自己的设计思想的有效课堂。在本章，我们将通过"四点突破"教学范式，采用"代表课"的教研活动形式，开展对一线教师专业发展有效的"校本教研"活动的探讨。

第一节 "四点突破"教学范式

一、"四点突破"教学范式的提出

（一）贵州基础教育现状的反思

　　课程是教育的核心，课程改革过程不但是教育发展的缩影，更是社会文化变革的一个集中反映。自改革开放以来，我国基础教育课程改革作为一定时期对政治、经济、文化等社会需求的集中反映，映衬出了我国社会变革过程中的矛盾变化。贵州地处中国西南边陲，由于受地域环境、经济等方面的影响，西部地区教育水平、教师专业水平明显落后于经济发达地区。随着基础教育改革的持续推进和不断深入，教育界的专家、学者们以及一线教师们都纷纷致力于对教育的不同方面进行研究，各种教学理念、教学模式及教学方法等成为受到中小学教师追捧的思潮。面对"怎样培养人""如何让核心素养落地"等关键问题，中小学课堂教学从教学理念、教学模式、教学方法到教学内容都发生了变化，课堂教学变得更加丰富多样。教学手段不断更新，教学资源不断拓展，学生的主体地位得到了提升，这些已取得的成果是大家有目共睹的。

2017年，长陈宝生首次在《人民日报》撰文，吹响了"课堂革命"的号角，指出推进"课堂革命"始终要坚持以学习者为中心，促进学习者主动学习、释放潜能、全面发展。同时也提出课堂革命的本质就是要让课堂教学"回归常识"。可见，课堂教学追求的不是停留于表面、被动形式的教学，而是促进学生的自主学习和自主发展。当前我们的课堂，常常可以看到这样一些现象：课堂上活动多样，看似热热闹闹，学生的思考却淹没在花样翻新的形式下；教师不讲理论，跳过概念生成直接应用；学生不求甚解，简单模仿学习，仅满足于单纯的知识与技能的积累，却没有将知识整体联系起来，直接阻碍了学生个体的持续发展。在课堂教学中，教师很少从知识本体的内涵上进行兴趣激发，甚至是忽略对学生兴趣的维持和升华，究其原因，是没有真正地认识到兴趣对学生的学习具有不同的作用，更没有认识到知识本体的内涵及其丰富且有极高价值的兴趣元素。

由于教师对学习兴趣的认识不足，导致教师用以促进学习兴趣发展的教学策略，几乎都是针对如何创设情境激发兴趣，而没有从知识的本体去挖掘兴趣，没有从知识的认知过程去挖掘兴趣，忽略了在整个课堂环节中对学生学习兴趣的激发、维持和升华，以致学生虽然对学科学习表现出极大的兴趣，但这种兴趣仅仅是停留在知识表面的一种新奇，这种兴趣没有得到及时的深化会很快消退，最终造成学生学习兴趣不足或层次不高，学习兴趣的持久性不强，学习的动力不足，没有进一步深化学习知识的欲望。而要使学生真正地对于知识学习具有持久的学习兴趣，需要回归到从知识本体的内涵进行兴趣更为有效的激发。

"四点突破"教学范式高度聚焦知识本体，并深入其内在对兴趣来源进行深层的挖掘，强调兴趣来源于知识本体，探析知识本体的兴趣元素并以其作为引领形成学生的内在学习动力机制，使兴趣得以延续，从而促进学生学习方式的转变。

（二）一线教师专业成长的思考

"百年大计，教育为本，教育大计，教师为本"，教师作为社会文化知识的传播者及学生学习的引领者，他们身肩使命，是促进学生发展和提升教学质量的关键。教学质量的高低取决于教师专业发展，具有较高的专业发展水平是打造高质量课堂教学的前提条件。教师专业发展在我国经历了由教师专业化向教师专业发展的推进过程。教师培训是提升教师专业发展水平最直接的途径。在教师培训中教育研究者将新的教育教学理念直接传递给一线教师，但纵观一线的教育教学，这些教学理念大多很难落实到一线教师的课堂教学中。学校往往重视教师群体的发展，而忽略了对教师个体的成长和专业发展，而且更多地关注于教师专业发展的外部影响因素，缺乏对教师个体成长的内在机制和影响因素的重视。因此，有必要寻求一种更为有效的方式，以帮助一线教师将教育理论自然顺畅地应用到课堂教学实践中，为教师专业发展提供有用的价值途径。

"四点突破"教学范式对教师专业发展的考虑从教师个体成长内在动力机制出发，教师个体成长的内在动力机制是激发并维持教师专业行为的发动性因素，在一定程度上对激活和强化教师的专业行为、保证教师的教育行为和活动的有效性起着重要的作用。不仅如此，"四点突破"教学范式的推广，必将有助于引领广大教师立足实际，基于把兴趣"打开"，深化对课堂教学本质的理解，从而发自内心地热爱教学，热爱自己的职业。这将能够在教学活动中充分发挥"四点突破"教学范式内在动力机制的积极作用。在内在动力机制的作用下，教师一旦对教育教学产生了源源不断的兴趣，就会甘之如饴地为之付出，并且收获满满的幸福感。在这样一种状态下，教师的内在潜能势必能够得到更全面的挖掘和利用，也必然有利于教育实效性的增强，从而促进教师的专业发展，为提高教学质量作出贡献。

（三）优秀教师教学行为的研究

随着基础教育课程改革的不断深入以及教育事业战略地位的不断提升，教师队伍建设和教师专业发展日益成为政府、社会、学界关注的焦点，并引发加快培养高素质、专业化、研究型、创新性等具有职业特性和专业属性的优秀教师的发展热潮。优秀教师是教师队伍里的中坚力量，是教师教学水平的代表。课堂教学行为彰显了教师的专业知识、教育策略的体系和教育实践智慧，深受教师专业素质的影响，也反映出教师的专业水平和教学机智。而优秀教师的高质量课堂教学究竟是怎样深刻影响着学生的持续发展呢？这不得不让我们寻找一种对优秀教师教学行为有力的指导价值策略。

"四点突破"教学范式就教师的高质量课堂，基于学生已有知识、经验基础，挖掘知识本体具有内在关联性的兴趣点，并根据教学进程展开层层递进、贯穿整个课堂教学的兴趣激发，实现兴趣点突破；教师紧扣课标、教材和学情明确、清晰地预设重点、难点，并以兴趣点为主线，以学生已有知识为起始点，通过各种学习活动，引导学生认知能力得到逐步发展，从而实现重点、难点突破。教师既要注重对学生学习兴趣的持续激发，也要注重从知识本体挖掘兴趣点，并根据自身的教学需要选择合适的兴趣点突破方式，比如可以采用问题引导、实验探究等方式，使得课堂教学实践研究进一步得到发展。

综上所述，"四点突破"教学范式便是在当前课堂教学改革现有教学模式基础上的创新，它不受任何复杂的表面形式所羁绊和拖累。针对当前中小学课堂一些学生学习状态不积极，难于从学习中获取动力，一些教师缺乏对学生兴趣激发的持续关注，课堂教学缺乏对核心素养培养的体现等问题，以学生核心素养发展为每一堂课的目标，遵循"四点突破"教学范式，探索优化教师日常教学行为，促进学生学习内驱力构建，培养学生乐学、善学品质的新型课堂教学生态。

二、"四点突破"教学范式的内涵

"四点突破"教学范式的雏形源于"四点突破"教学理念，基于贵州省初中数学名师工作室主持人张瑛老师及其团队历时多年的教学，在多所学校研究、实践后而提出的重要观念和研究主张。"四点突破"教学理念在研究者的大力推广下，产生了较好的社会反响，这也给研究者带来了继续探索和研究的动力，研究者开始思考对"四点突破"进行更深层的研究：如何使"四点突破"教学范式中的兴趣与教学环节更加契合？如何在"四点突破"教学范式视域下构建一个兴趣贯穿教学始终的教学实践系统？

随着研究的不断深入，以及对兴趣认识的不断深化，研究者认识到可将"四点突破"教学范式中的兴趣做进一步的划分，所以有了"四点突破"教学范式对兴趣的重新认识。基于此，依据不同教学环节中学生学习兴趣的特征，对"四点突破"教学范式中的兴趣进行了划分，将兴趣划分为引课阶段即教学起始点突破的原生兴趣，正课阶段即知识重难点突破的伴生兴趣，结课阶段即学习发展点突破的衍生兴趣，并界定了其内涵。在此基础上，将"四点突破"教学理念调整为教学范式，"四点突破"教学范式正式构建成形。

（一）兴趣的重新界定

将兴趣进行重新界定是"四点突破"教学范式的创新点之一。"四点突破"教学范式强调兴趣来源于知识本体，是认知和情感融合的旨趣。所谓"强调"，意在突出"四点突破"教学范式中兴趣来源于知识本体这一特征。

《现代汉语词典》把知识定义为：人们在改造世界的实践中获得的认识和经验的总和。"四点突破"教学范式强调兴趣来源于知识本体，这里所说的"知识本体"指学科知识本身以及学科知识所蕴含的系统性、逻辑性、发展性、思想性、方法性和文化价值。

"四点突破"教学范式兴趣引领下的课堂教学中，学生对知识进行学习，将知识内化，把握知识形式，理解知识旨趣，转识成智，化知为能，其中理解知识旨趣极为关键。对知识旨趣的理解是知识学习内在的、持久的动力源泉，是克服学习倦怠，激发学习活力的重要途径。

"四点突破"教学范式中所说的旨趣，是指活动的取向、动力与追求，对旨趣的这一理解要追溯到哈贝马斯。在他看来，旨趣是在使用工具的劳动过程和人与人的相互作用过程中产生的，它支配着认识活动的启动、持续与发展，是人类认识的根本动力所在。受哈贝马斯"旨趣"理论的启发，"四点突破"教学范式将兴趣进行重新界定，强调兴趣来源于知识本体，是认知和情感融合的旨趣。"四点突破"教学范式中的"旨趣"不仅包括兴趣，还包含了情感以及内心保有的热情，"旨趣"比"兴趣"的外延更广。在实际的教育教学活动中，部分学生知识学习被动，缺乏学习的兴趣与动机，知识学习往往成为一个机械、被动、盲目的过程，难以焕发学习热情，其中一个重要原因是不能理解知识的旨趣与意义。学生对旨趣的领悟是知识学习内在的、持久的动力源泉，是克服学习倦怠，激发学习活力的重要途径。

既然"四点突破"教学范式强调兴趣来源于知识本体，是认知和情感融合的旨趣，那么"认知和情感融合"又当何解？认知被认为是人类获取知识、信息并对所获取的知识、信息进行处理和加工的过程，在这个看似简单的过程中，涉及人体的视觉、听觉、神经系统、大脑记忆等多个生理系统；个体的情感并不是在外界激励信号的直接刺激下产生的，而是通过个体的认知评价过程对外界激励进行信息综合、推导后传递给情感系统，才能激发情感状态的变化，因此情感一定是在认知评价对已有信息的加工后产生的。

认知和情感是紧密联系的，甚至有学者认为认知和情感是融为一体的。可以说，知中蕴含着情，是情感产生的基础，情则是知的自然产物，知和情始终相伴，形影不离。情感是认知的动力，个体的情感对认知活动至少有动力、调节等方面的功能。

人的认知和情感的产生与大脑机制密不可分，从脑科学的角度对"认知和情感"进行解读，我们发现当人的情感体验是积极的、愉快的时候，脑垂体就会使内分泌系统积极活动，人体新陈代谢过程加快，整个神经系统的兴奋水平增强。由此使大脑皮层形成优势兴奋中心，人的情感处于积极状态，反应灵活，学习和工作的效率高。如果人对反复单调的学习和工作本身感到厌恶，激发不起兴趣和强烈的动机，就会使人产生对学习和工作的焦虑和负担，因而失去对学习与工作的情感控制能力，会大大降低学习和工作的效率。

学生是主动接受知识的对象，是学习的主体，"四点突破"教学范式视域下的课堂教学实践中，要重视知识学习的情感维度与价值关怀，通过旨趣调动和满足学生的情感需要，促进认知活动的发展，充分发挥学生学习的主动性和积极性，激发学生学习内在的、持久的动力源泉，克服学习倦怠，激发学习活力。欢快活泼的课堂气氛是取得优良教学效果的重要条件，学生情感高涨和欢欣鼓舞之时往往是知识内化和深化之时。

（二）兴趣的划分

将兴趣进行划分是"四点突破"教学范式的另一创新点。"四点突破"教学范式中将兴趣划分为教学起始点突破的原生兴趣、知识重难点突破的伴生兴趣、学习发展点突破的衍生兴趣。

"原生"，指初始的、未经修饰的，最初的，第一次出现且未经任何外力、内力改变的个体。"原生兴趣"顾名思义即初始的、未经修饰的兴趣。"四点突破"教学范式中将教学起始点过程中依据学生知识基础和认知经验所激发的兴趣定义为原生兴趣。

戴维·保罗·奥苏贝尔（David Pawl Ausubel）有一句至理名言是这样说

的："假如让我把全部教育心理学归结为一条原理的话，我会说：影响学习的最重要的因素，就是学习者已经知道了什么。要探明这一点，并据此进行教学。"这或许也是对他提出的"先行组织者"概念最好的解读。"先行组织者"概念认为学生是否掌握新知识关键取决于他们认知结构中已有的相关概念。因而，要实现新知识的学习，首先要加强学生认知结构中与新知识相关的知识。换言之，教师向学生讲授新知识之前，要先给学生提供一个与教学内容平行相关的具有较广包容性、较强概括性的引导性材料，然后学生可以运用这种材料去同化新学习的知识。

在奥苏泊尔"先行组织者"理念的支撑下，"四点突破"教学范式提出在课堂教学中应根据学习者已有的知识基础和生活经验作为教学的起始点，利用学习者已有的相关知识来同化新知识，以此激发学生的学习兴趣。学生在教学起始点产生的兴趣，是初始的未经修饰的最初的兴趣，故而，"四点突破"教学范式中将此兴趣定义为原生兴趣。

伴生，原意指次要的随主要的一起生长，这里指伴随产生生长之意；"伴生兴趣"即伴随知识学习产生并生长的兴趣。"四点突破"教学范式中将学生在教师的引导下，伴随重难点知识的学习，在知识的解读、梳理、理解和应用的过程中所产生并生长的兴趣定义为伴生兴趣。在"最近发展区"中，维果茨基（Lev Vygotsky）认为最近发展区所指的发展不是知识、技能的获得或某种机能单独的进步，而是指"心理结构的改变"。这里的"心理结构"指的是一系列心理机能间的结构关系，结构反映个体的整体特性，不仅描述个体的本质，还描述个体与其环境之间的关系。学习是否引起发展主要取决于学习是否导致总的智力面貌和心理结构的改变。教师必须明白，知识和技能的获得仅仅是促进发展的手段，是发展的表面现象，只有经过知识和技能的学习，确实导致了心理结构的改变，个体才能获得真正的发展。

根据最近发展区理论，教师的教学过程就是根据学生的学习情况，不断创设最近发展区，将潜在发展水平变为现实发展水平之后，创设新的最近发展区，不断地由现实发展水平向潜在发展水平推进。在这个循环往复的发展过程中，学习者通过这一过程内化知识。因此，要鼓励学生在问题解决中学习、在问题解决中探索，激发他们的好奇心，引发他们对问题解决的深层理解，从而通过问题解决使他们建构起对知识的理解，让他们都能站在各自的"起跳点"上，运用自己的跳跃方式"跳一跳"，实现知识的有效建构。

"四点突破"教学范式视域下的课堂教学中，伴生兴趣伴随发展而产生。在维果茨基"最近发展区"理论的支撑下，"四点突破"教学范式中将学生在教师的引导下，伴随重难点知识的学习，在知识的解读、梳理、理解和应用的过程中所产生并生长的兴趣定义为伴生兴趣。

衍生，原意指演变发生，这里指迁移生长；"衍生兴趣"即为迁移生长的兴趣。"四点突破"教学范式中将学生个体在知识的拓展应用和迁移过程中产生的兴趣划定义衍生兴趣。

"四点突破"教学范式的核心是把兴趣"打开"，围绕兴趣激发，将教学起始点、知识重难点、学习迁移点串联成一个完整的教学系统，通过学生兴趣点突破，促成教学起始点、知识重难点、学习迁移点突破，形成由兴趣肇始，兴趣贯穿始终、无限生长，引领学生积极参与，"激趣、培志、养成"功能突显的"四点突破"教学范式。

（三）"四点突破"教学范式之兴趣来源

1."四点突破"教学范式中原生兴趣的来源

"四点突破"教学范式中将教学起始点突破过程中依据学生知识基础和认知经验所激发的兴趣定义为原生兴趣。"四点突破"教学范式强调兴趣来源于知识本体，故而，原生兴趣来源于知识本体，根据本研究中对知识本体的解读，可以梳理出原生兴趣来源于学科知识本身以及学科知识所蕴含的系统性、逻辑性、发展性、思想性、方法性和文化价值。梳理至此，还必须继续追问与原生兴趣相关的知识本体来自哪里。

原生兴趣产生于教学起始点突破过程中，"四点突破"教学范式提出在课堂教学中应根据学习者已有的知识基础和生活经验作为教学的起始点。"起始"即某件事或某种行为的开始、起头，教学起始点即教学的开始阶段，可以理解为引课阶段。引课阶段利用学生已有的相关知识和生活经验来激发学生的原生兴趣，因此，原生兴趣就应来源于与学生已有的知识基础和生活经验相关的学科知识以及学科知识的内涵的系统性、逻辑性、发展性、思想性、方法性和文化价值。

2."四点突破"教学范式中伴生兴趣的来源

"四点突破"教学范式中将学生在教师的引导下，伴随重难点知识的学习，在知识的解读、梳理、理解和应用的过程中所产生并生长的兴趣定义为伴生兴趣。"四点突破"教学范式强调兴趣来源于知识本体，故而，伴生兴趣来源于知识本体，即来源于学科知识本身以及学科知识所蕴含的系统性、逻辑性、发展性、思想性和方法性。要厘清伴生兴趣的来源，同样必须追问与伴生兴趣相关的知识本体来自哪里。

伴生兴趣产生于知识重难点突破过程中，知识重难点突破过程可以理解为正课阶段。知识重点指教材中最重要、最基本的知识要点，是教师设计课堂教学结构的主要线索。知识难点就是学生不易理解的知识或不易掌握的技能技巧。"四点突破"教学范式中伴生兴趣就应来源于教材中的知识重难点本身以及知识重难点的内涵的系统性、逻辑性、发展性、思想性、方法性和文化价值。

3. "四点突破"教学范式中衍生兴趣的来源

"四点突破"教学范式中将学生个体在知识的拓展应用和迁移过程中产生的兴趣定义为衍生兴趣。"四点突破"教学范式强调兴趣来源于知识本体，故而，衍生兴趣来源于知识本体，即来源于学科知识本身以及学科知识所蕴含的系统性、逻辑性、发展性、思想性、方法性和文化价值。要厘清衍生兴趣的来源，同样要继续追问与衍生兴趣相关的知识本体来自哪里。

衍生兴趣产生于学习迁移点的突破过程中，此处的"迁移"，可以看作"拓展""发展"。"迁移"是事物从一个点向其他一个或几个点的拓展变化的过程，是事物的不断生长，是指一种连续不断的变化过程。学习迁移点即学习连续不断的变化方向和过程，可以理解为结课阶段知识的拓展迁移。"四点突破"教学范式中衍生兴趣就来源于拓展应用和迁移的知识本身以及拓展知识的内涵的系统性、逻辑性、发展性、思想性、方法性和文化价值。这里拓展的知识既可以是本学科的学科知识，也可以是其他学科的学科知识。

（四）"四点突破"教学范式

"四点突破"教学范式强调兴趣来源于知识本体，知识本身具有系统性、逻辑性、发展性、思想性、方法性和文化价值等内涵，这就使得所激发的兴趣是认知和情感融合的旨趣，学生旨趣转换为个体的求知热情，克服学习倦怠与盲目，形成了发自内心的深层的学习动力机制。

在课堂教学中将引领"学生兴趣点突破"的引课阶段的"教学起始点突破"、正课阶段的"知识学习点突破"、结课阶段的"学习迁移点突破"作为教学的基本要求。首先，根据教学内容进行层层递进的兴趣激发教学设计，使兴趣贯穿整个课堂教学过程，将兴趣激发指向目的引导、知识生成与思维训练，形成持久的学习动力和学习积极性；其次，以重点、难点等知识学习点为主要突破目标，突出课堂教学的本质要求；最后，用学习迁移点来引导和推动学生对课程学习的拓展和迁移，促进学生的学习发展，形成一个完整的教学系统（见图1-1）。

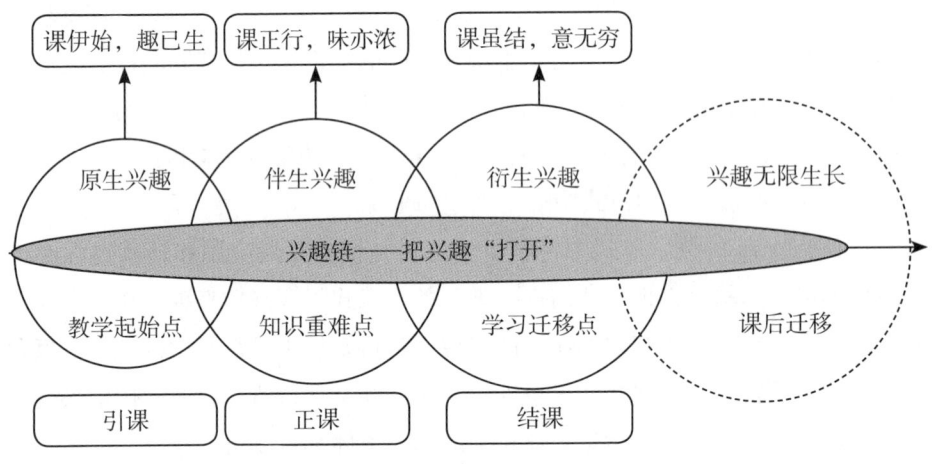

图1-1 "四点突破"教学范式课堂教学示意图

三、"四点突破"教学范式的教学设计

"四点突破"教学范式的教学设计主要包括以下四个部分：

1. 教学分析

（1）基本情况说明（说明课时内容在教材中的地位）。

（2）教学内容分析（包括教材的知识内容、探究内容、方法内容等，还包括相应的原生兴趣、伴生兴趣、衍生兴趣的内容）。

2. 学情分析

（1）已有认知分析（即学生已有的相关知识与本课知识内容的分析）。

（2）学生心理分析（学生学习心理）。

（3）学生兴趣分析（结合本课学生兴趣所在）。

3. 教学目标分析

基于"四点突破"教学范式的"四点"分析，见表1-1。

表1-1　　"四点突破"教学范式的"四点"分析表

四点	构成
兴趣点	原生兴趣： 伴生兴趣： （1）（根据知识点设定） （2） （3） …… 衍生兴趣：
起始点	（学生原有知识基础）
重难点	（1）重点： （2）难点：
迁移点	（课堂知识拓展引导）

4. 教学反思

在进行教学设计研究时，具体的内容结构可以有自己的特色安排，不必局限于同一个模式，但要求结构完整，逻辑关系清晰。

第二节　　"代表课"

某项研究的代表性成果，那就意味着是该项研究最具特征和价值的研究成果；某位作家的代表作，那一定是体现该作家风格特征与最高水平的文学作品；某位艺术家的代表作，基本上是表现艺术家风格与水平的艺术作品。那么，一个教师，特别是优秀教师，也应该有自己的代表作：能够体现教师教学风格与最高水平的"代表课"。这里的"代表课"具有两个显著特征：一是代表教师的个性，代表教师自己的教学风格，而不是别人的个性与风格，需要的是真正的"以己为本"的思想；二是代表教师的水平，代表教师课堂教学的最大效益与最高水平，而不是所谓的"家常课"，所以，这样的"代表课"需要的是"工匠精神"。教师"代表课"是刘永和历时多年，在多所学校研究、实践后而提出的重要观念和研究主张。教师"代表课"代表自己的教育思想，代表自己的风格特长，代表自己的教学水平；提到某种教学风格就想到某位老师，提到某位老师就想到某种教学风格。行业不同，道理一样。

一、"代表课"的特征

教师"代表课"一定是符合教师个性、体现教师优势、具有独特风格、规范而又有效的研究课，至少具有如下几个鲜明特征。

（1）个别性。即教师自己个性的生动而充分的体现，这是"代表课"的第一个特征。提到某种风格，就想起某个老师，提到某个老师，就想起某种风格，就像"文如其人"一样，让"课如其人"。（2）经典性。经典性是"代表课"的重要特征，也是"代表课"存在的重要意义；（3）研究性。"代表课"的代表性就是具有研究的特点、具有学术的意义。（4）"双主"性。"代表课"所追求的课堂样态，即教师与学生是课堂教学中两个最重要的"双边"；而教师主导，学生主体，则是课堂双边活动的主要形式。（5）创新性。"代表课"的核心在于创新，创新的目标是指向问题的解决，指向课堂的高效与师生的和谐。

二、"代表课"的打造流程

代表课打造分为三个阶段，包括九道工序。第一个阶段的第一道工序为选题介绍。要求针对问题（问题性），设计研究（研究性），明确意义（指导性），便于操作（操作性），这是"代表课"的奠基工程，也是"代表课"的教学设计的"初心"。"代表课"第一个阶段的第二道工序为"双案设计"，是指"教案"与"学案"的设计，"双案"需要协调设计，相辅相成；先设计"教案"，然后在"教案"的基础上再设计"学案"，要求"双案"协调一致，相得益彰。"代表课"的第二个阶段为"展示与点评"，也是"代表课"最光鲜亮丽的环节。第三个阶段为"整理撰写阶段"，任务有三个：一是回看录像，实录课堂；二是反思教学，写成案例；三是总结提炼，撰写论文。

第三节　"四点突破"教学范式之"代表课"

　　"四点突破"教学范式的课堂是以学生已有知识、经验为基础的教学起始点，对知识重难点分析整理，达到学习发展点。即以基于知识本体兴趣挖掘的兴趣点突破，贯穿引课阶段的教学起始点（原生兴趣）、正课阶段的知识学习点（伴生兴趣）、结课阶段的学习迁移点（衍生兴趣）的教学突破，形成新型高效的教学生态。在教学过程中兴趣点贯穿于整个课堂教学，强调兴趣来源于知识本体，因为兴趣是与认知和情感融合的旨趣，是与知识产生及认识发展包裹在一起的，容纳了认知和情感在内的整体的发自内心的深层的学习动力机制。围绕兴趣激发，由兴趣点贯穿课堂始终，将教学起始点、知识学习点、学习迁移点串联成一个完整的教学系统。

　　"代表课"即通过专门的教研活动，为教师打造代表自己的个性特征，代表自己的教学风格，代表自己的最好水平，代表自己的设计思想的有效课堂，是一线教师专业发展最有效的"校本教研"活动之一。

　　在大力提倡发展学生核心素养的今天，课堂教学如何变革？学生核心素养的发展何为有效促进？基于创新的"四点突破"教学范式，将"原生兴趣""伴生兴趣""衍生兴趣"贯穿于"代表课"的"双案设计""展示与点评"及"案例整理"等环节，每一环节中都需要实现兴趣的激发。通过"代表课"的三个阶段、九道工序的教研形式，能够更好地实现兴趣的有效激发与引领，使深层的兴趣得以激发，进而将兴趣上升为旨趣，形成学生自主学习的内在动机，极大地帮助学生释放潜在能量，积极主动地对知识进行探索，达成深度学习，实现核心素养的培养。将"四点突破"教学范式与"代表课"这一教研形势相结合，意在通过"代表课"这一新颖的教研方式，让"四点突破"教学范式的学术性、规范性、研究性获得更充分的实践体现，并通过案例的方式实现成果展示，为初中校本教研活动的开展和课堂教学创新探索提供参考。

第二章 "四点突破"教学范式之"代表课"选题与设计

"代表课"打造分为三个阶段（准备、实施、总结），包括九道工序（选题介绍、双案设计、两项说明；课堂展示、四级点评、评价总结；回看录像、课堂实录、写成案例）。"代表课"准备阶段的第一道工序为选题介绍。"代表课"准备阶段第二道工序为双案设计。代表课准备阶段的第三道工序为两项说明，即说课简案、设计说明单。选课、备课、说课是"代表课"准备工作的"三部曲"，这一环节是教师"代表课"打造的基础性工程，充分的准备是"代表课"打造成功的必要条件。

本章分为三节内容，每一节内容按照"语文、数学、英语"三个学科的顺序分别作介绍。

第一节 基础性选题介绍

选题介绍是"代表课"的奠基工程，也是"代表课"教学设计的"初心"。"代表课"的选题（教学内容）不管是课内还是课外，不管精讲还是自读，不管本年级还是跨年级，均可以根据要求来选作为"代表课"的教学内容。要求：针对问题（问题性），设计研究（研究性），明确意义（指导性），便于操作（操作性）。

选题介绍——语文类

一、《望岳》选题介绍

中国古典诗歌注重含蓄蕴藉，避免直白显露，常常借用意象来表达情志，登高言志类古诗更是如此。《望岳》是部编版七年级下册第五单元《古代诗歌五首》中的一首，这个单元的课文或借景抒情，或托物言志，描写的景物中往往浸透着作者的情感，字里行间闪耀着哲理的光辉，带给我们许多启迪。学习这首诗，学生能逐步感受杜甫在不同时期的创作思想，诗歌对泰山高大雄伟的气势和神奇秀丽的景色一连串意象的选择与独特的描述，无不体现出诗人对泰山的尊崇和赞美，表达了诗人不怕困难、勇于攀登绝顶、俯视一切的雄心和气概。

第一，选题针对的问题。

针对的问题：对古诗词意象的"浅层认知"。

简要的说明：当今大多数学生对古诗词的学习只是停留在浅层的认知层面，不能深入领会古诗词意象背后蕴含着的丰富的画面美和情感美。一方面，大部分学生基础知识薄弱，对古诗词意象的理解比较模糊，缺乏对古诗词意象的积累，由于古诗词距今年代久远，学生因自身知识水平的局限性，不能体会到诗人内心的真实心境，无法与诗人的内心产生情感共鸣；另一方面，部分教师文化素养缺乏，教学方法单一，在实际教学中对古诗词意象的解读不够深入，不注重对意象组合的理解，缺乏对古诗词意象的有效引导，淡化意象，轻视诗词意境，甚至由于受到应试教育的影响，教师一味地去揣摩出题人的意思，寻找解题的万能方法，把充满诗情画意的古诗词拆分得支离破碎，使学生的学习兴趣大打折扣，这使古诗词意象教学应有的价值得不到充分的应用和体现。

第二，选题研究的专题。

研究的专题：古诗词意象的"深层学习"。

简要的说明：古诗词中的一景一物皆含情，正如王国维所说"一切景语皆情语"，意象是渗透着作者情意的具体形象。学生在品读古诗词时由象入境，能更好地体会语言的妙境，把握古诗词的情感意蕴。部编版初中语文教材加大了古诗词选文的分量，主题更加多样化，显示出对古诗词教学的重视。古诗词作为中华民族的优秀传统文化，蕴含着丰富的美，其中的意象又是解读诗词画面美和情感美的钥匙，一个个意象串联起了整首诗歌，通过对意象的解读和欣赏，可以有效提高学生的语文核心素养，对学生思维的发展、审美的鉴赏以及文化的传承有着重要的意义。

第三，选题的预设成果。

成果的预设：古诗词"意象教学"范式。

简要的说明："意象教学"一是知作者，二是描画面，三是辨情志，四是勤归类。学生在学习古诗词时，如果不了解诗人的经历、所处的时代背景，就难以明白意象的含义，要把握诗人的情感，就要做到知人和论世结合起来。意象思维的本质是一种图景思维，教师在教学时，把难以理解的古诗词意象转化为一幅幅流动的画面，学生可以通过画面来感悟古诗词的意境，更好地体会"一切景语皆情语"的观念。诗言志，诗缘情，在古诗词中，诗人常常借助意象托物言志，借景抒情，教学时教师要启发学生感受古诗词美的意象和意境，通过古诗词意象感悟自然，感悟生命，感悟人生。诗歌有很多种类，例如登高、赠别、思乡、愁怨、田园等等，同时诗歌也是由多个意象构成，意象群彼此之间相互配合构成了一种美感，只要勤加归类，增加意象储备，抓住核心意象，就能让学生更好地体会诗歌的深刻内涵，激发学生学习古诗词的兴趣，提高审美眼光，提升精神境界。

第四，实施的初步设计。

设计的模型："意象教学"五管齐下。

简要的说明：第一步：意象诱题导入；第二步：意象知人论世；第三步：意象入景悟情；第四步：意象归纳传承；第五步：意象深化巩固。语文课程标准在课程理念部分提到"应该重视语文课程对学生思想情感所起到的熏陶感染作用"。古诗词中的意象传递出来的情感美，对学生的精神世界具有重要的启迪和感染作用。比如《望岳》这首诗歌，学生通过"登高"这一意象了解到诗人内心的豪情壮志，从立德树人的角度来看，特别适合帮助初中生打好自信向上、积极健康的精神底色。针对意象开展探究学习，五管齐下，层层深入，加深学生对古诗词的理解，提高学生自主学习的能力和水平。

（编撰　甘璐）

二、《愚公移山》选题介绍

《愚公移山》选自部编教材初中语文八年级上册第六单元，本单元是一个培养学生意志与品格的单元，侧重体现语文核心素养中的"思维发展和品质"。《愚公移山》是一则具有神话色彩的寓言故事，以奇特的想象寄寓了不凡的追求，反映了人类征服自然的理想和为理想而献身的精神。学习这篇课文，除了要掌握必要的文言知识外，还要感受课文所蕴含的对比艺术，挖掘文章所表达的寓意，认识愚公这一人物形象，培养学生对愚公精神的批判性和发散性思维，引导学生认识到愚公精神的现代化意义，从故事中得到人生的启示，树立远大的理想，战胜生活中出现的困难。

第一，选题针对的问题。

针对的问题：语文教学"封闭式"提问。

相对中学语文教材中小说、诗歌、散文等文体来说，教师对寓言教学的重视程度是远远不够的，由于教学时间紧、压力大，为了快速达到教学目标，教师往往根据教参、课件等资料以封闭式的引导问题贯穿教学过程，看似将问题抛给学生，其实已经将思路预设好，在紧凑的问题中给学生预设了既定的思路，教师的权威化、条理式的解读替代了学生的独立思考。整个教学过程严谨而清晰，实际上是对学生进行知识的灌输，教学过程的生成性被扼杀，语文教学的灵动性、创造性全无。在当今信息丰富的互联网时代，学生对课文的句意理解甚至主旨理解都已经不是难事，但正是这种信息的易得性，也让学生在相对难度不大的寓言教学中更难有学习的成就感。如果教师还在一味地使用传统的封闭式提问教学模式，只重视语文知识的记忆背诵、答案的唯一性，忽视提问方式、问题的启发性，大部分学生将失去学习语文的兴趣，甚至会导致厌学心理。

第二，选题研究的专题。

研究的专题：语文教学"开放式"提问。

《高中语文课程标准》（2017年版）中提出了语文学科核心素养，分别是"语言建构与运用、思维提升与发展、审美鉴赏与创造、文化传承与理解"，这是语文课程培养人的核心价值之所在。开放式提问这一教学方法符合核心素养的基本要求，其最大的特点就是问题综合性强、答案多元化，并允许学生结合个体经验建构自己对知识的理解。学生能够在理解文本的基础上综合运用发散思维能力进行思考，并运用恰当的语言方式进行表达阐述，让学生有充分的语言实践机会，在鉴赏、表达的过程中获得审美体验。可见，开放式提问符合新课标中所规定的学生发展要求，是培养学生语文学科核心素养的重要途径之一。

中学语文教材所选的一个个寓言故事其实是古人进行哲学思考的初步形态，是人类文明智慧的结晶，如果浅尝辄止就会失去学习寓言的意义。在开放式提问教学中，教师可以以寓言类课文的主题为切入口，营造和谐轻松的质疑环境、激发学生的质疑兴趣、培养学生的质疑意识、促进初中生思维的发散，让学生了解寓言类故事并不是创作者为满足读者猎奇心理而虚构的简单故事，文本解读不能流于表面，其中很多深邃的意蕴值得我们去挖掘。

第三，选题的预设成果。

开放式提问：目标开放性、思维无极限、自主加合作、答案不唯一、产生新问题。中学寓言类选文的内容旨趣与寓意解读，重在颂扬优秀品节，褒赞劳动智慧；批判现实弊端，寄予人生感慨；穷究事理本源，启迪人生智慧等。这些寓言借助于不同的形象和丰满的情节，向学生传达了谦虚谨慎、脚踏实地、求真务实等为人处世的正确态度，弘扬了坚韧不拔、有勇有谋、惩恶扬善、弘扬正义等精神和品格。所以运用开放式提问教学方式，更能强调师生在教学过程中提问的对话性，激发学生思考、回答的积极性，为师生的课堂对话创设空间。学生可以根据教师的提问给出自己的答案及阐释，教师则可以根据学生的回答不断进行追问，引导学生的思路深入文本。师生针对一个问题进行深入的思考、阐释与探讨，在不断的平等对话中，学生对文本的理解也步步深入，从而达到深度阅读、深度学习的目的。让寓言作为中学生学习的载体，更好地体悟人生哲理，陶冶思想情操，启迪发散思维，锻炼学生思辨质疑、分析判断的能力，为不断提升学生的文学素养和作品鉴赏能力、提升初中语文教学质量奠定良好的基础。

第四，实施的初步设计。

新课标中曾反复提及"语文学科核心素养是学生在积极的语言实践活动中积累与构建起来，并在真实的语言运用情境中表现出来的语言能力及其品质"，开放式提问因灵活多变、问题综合程度较高，不同的提问方式带给学生的思维启发是不一样的，不仅可以满足不同知识点的提问特点，还可以变换提问思路，促使学生积极思考。鉴于此，我在寓言教学中运用这样的开放式提问教学模式：直问，清晰简洁；导问，环环相扣；追问，引向深入；转问，拓展思考。通过开放式提问教学改变传统教学中满堂灌、死记硬背的方式，调动学生的积极性、主动性去感受寓言的魅力，让学生受到传统文化的熏陶，有助于对学生发散思维、阅读能力、语文素养、审美情趣的培养。

（编撰 甘璐）

三、《河中石兽》选题介绍

文言文是中华民族历史的载体，是中华民族灿烂文化的一部分，有着丰富的精神资源。它能够陶冶人的心灵，熔铸人的精神。通过多种角度的理解、多种形式的朗读，让学生在抑扬顿挫间，品味文言语言凝练、简约的味道，去感受民族文言的魅力，同时穿越时空，和古人对话，并超越当时的认识，获得辩证思维的训练和人性的升华。加强文言文教学，无疑有着积极意义。但文言文教学的脚步仍然迟缓，成效和付出还是不成正比。寻求有效、有趣的教学方法仍是广大老师苦苦追寻而不得其法的拦路虎。

第一，选题具有问题性。

在文言文的课堂上，我们常见的现象不外乎教师从头到尾，逐字逐句地讲解，面面俱到，生怕学生不明白；学生埋头苦干，一字不落地记录，生怕漏掉一个词语的解释，往往来不及思考，个别不做记录的，则是一本资料书管到底。45分钟的教学后，接下来就是同学们抱着密密麻麻的笔记死记硬背。最后得出的结论就是教师教得累，学生学得苦，学习进度慢，学习效果差。这都是文言文"死记硬背"惹的祸，这个问题亟待解决。

第二，选题具有研究性。

要解决文言文教学时使学生感到枯燥无味的问题，需要我们探索行之有效的方法——"兴趣品读"。俗话说："兴趣是最好的老师。"那么，在学生眼中枯燥无味的文言文，运用什么方式，才能使之引起学生的注意，让他们产生"想学"的念头呢？《基础教育课程改革纲要》提出的目标转变之一就是课程实施方式的转变，即改变过于强调灌输式教学、死记硬背和机械训练的现状，倡导学生进行主动学习，并注重培养学生的探究、分析、解决问题的能力和交流与合作的能力。文言文教学也应该突出这种转变。我们所要做的就是转变串讲的单一教学方式，使我们的课堂"活"起来，真正做到让学生学习文言文由怕学、厌学到乐学。基于此，共同寻找打开它的密码是语文老师的共同目标。

第三，选题具有指导性。

针对学生"不爱学"文言文这一问题，"兴趣品读"是努力为学生模拟一些使他们感兴趣的情景，激发学生的学习兴趣。学生围绕中心问题发表各自的意见，相互交流、相互启发，在研究探讨中理解、发现、感悟、比较、体验、归纳课文的中心内容。营造和谐、兴趣浓厚的学习氛围，使他们在探究、分析、解决问题的能力和交流与合作的能力上有所提高。因此，这节课应该具有模仿性和借鉴价值。

第四，选题具有操作性。

《河中石兽》是部编版七年级下册第六单元的最后一篇文章，它是清代著名学者纪（jǐ）昀写的一部文言笔记小说。文章语言简练，层次清晰，故事性、趣味性比较强，老师可以运用品读和模拟情景的方法使学生在读的基础上和创设的情景中感悟文言文语言的魅力，从而积累一些学习文言文的方法，让他们逐渐逃离怕学、厌学，取而代之的是愿学、乐学。对文言文教学我们必须常抓不懈，并在教学实践中积极探索，进行科学的、人文的、有效的教学设计，让文言文教学成为语文教学的一道亮丽风景。

（编撰　蒋三妹）

四、《白杨礼赞》选题介绍

散文一直是我国文学中的一种重要体裁形式，它在初中语文教材中所占比重大，是其他文体训练的基础，是进行情感、态度与价值观教育的好教材。形散神聚、意境深邃是散文的本质特征。可以通过多种角度的理解、多种形式的朗读，在发现意境、创造意境上下功夫，为学生领会意境创造条件，进而培养学生感受美、发现美、认识美、欣赏美的能力。加强散文教学，无疑有着积极意义。充分挖掘和展示传统优秀篇章中的各种道德情操，立足教材，研究教学艺术，让学生在传统文化中受到感染熏陶，从而有效地实现"寓美于学，以学养德"的育人目标。

第一，选题针对的问题。

针对的问题：语文学习味同嚼蜡。

散文大多运用丰富复杂的艺术手法表达作者对人生的独到见解或者抒发自我的强烈感情，这种文章读起来很美，说起来很好，可理解起来却很难，意会的东西多，感悟的东西多，教师设计教案也费劲，难以把握。再加上初中生的年龄和经历关系，也由于文学欣赏能力的关系，学生对其深厚的思想感情和丰富的艺术表现手法难以理解，因此，学生学起来兴趣不浓，积极性不高这个问题亟待解决。

第二，选题研究的主题。

研究的主题：情境美育。

要解决散文教学时学生兴趣不浓，积极性不高这个问题，需要我们探索行之有效的方法——"意境再现——美育法"。散文也被誉为"美文"，爱美、审美、求美是从古至今人之本性，那么，在教学中教师需要抛开一切急功近利的做法，多放手，少讲解分析，少肢解课文，尽可能地设法引导学生走欣赏的道路，去品悟、去体味、去揣摩，带领学生进入散文所创造的优美意境中，去发现它的美，使学生的情趣得到陶冶，品位得到提升。

第三，选题具有指导性。

优美的文字是散文的一个具有代表性的特点，也是学生学习的重要内容。由于散文的描绘往往倾向意境性的描述，所以学生很难通过想象在脑海中呈现出具体的情景，这就给学生感悟散文文字的美感带来了困难。因此"意境再现——美育法"，是通过多媒体设备，根据文字描述的相关图片、音乐，帮助学生感悟文章中的文字之美，一点一点地提高学生的散文理解能力，并设计反复朗读、问题导引、研读探究、合作交流、感悟提升等交互式课堂活动，让学生围绕中心问题发表各自的意见，相互交流、相互启发，在研究探讨中理解、发现、感悟、比较、体验、归纳课文的中心内容，把握文章主旨，深入体会作者情感，使学生在潜移默化中慢慢提升对散文的理解能力。因此，这节课应该具有模仿性和借鉴价值。

第四，选题具有操作性。

《白杨礼赞》是部编版八年级上册第四单元的第二篇文章，它是茅盾先生写的一篇托物言志散文典范名篇。文章借赞美"西北极普通的"白杨树，揭示了白杨树所象征的当时抗日军民的顽强意志和斗争精神，讴歌了西北军民团结抗战的伟大精神和意志，抒发了对白杨树由衷的赞美之情。运用"意境再现——美育法"使学生在读的基础上，再现意境感受散文文字的魅力，从而积累到一些学习散文的方法。让他们逐渐学会与文本对话，提升散文语言文字的鉴赏和运用能力。笔者相信，当我们在课堂上和学生一起感受美、欣赏美、享受美时，那一刻散文的妙处，定是恰如走进幸福的人生境界。

（编撰 蒋三妹）

选题介绍——数学类

一、《变量与函数》选题介绍

函数是刻画现实世界中变化规律的重要数学模型，它对数学的发展有重大影响，因此，在数学课程中占据重要的地位。初中数学学习函数的起点是函数的概念，由于函数是从客观现实中抽象出来的，其概念涉及运动变化，含义深刻，抽象性较强，初学者往往不能一下子就从其定义中真正理解它的内涵，因而把握不准函数的本质，这便构成了学生学习的一个难点。

第一，选题具有问题性。

函数是反映运动变化与联系对应的数学概念，许多客观事物必须从运动变化的角度进行数量化研究，许多问题中的各种变量是相互联系的，变量之间存在对应规律，抽象出本质属性，归纳出函数概念，学生从具体事物到函数概念的形成是学习中的最大障碍。看得见的大多属于形象思维领域，看不见的大多属于抽象思维领域，而学生数学学习，常常是形象思维看得见、摸得着，而抽象思维则看不见、摸不着，抽象思维难在看不见、摸不着，难以体会，而这种思维方式又极其重要。本课旨在帮助学生在原有认知的基础上抽象出函数概念的形成。

第二，选题具有研究性。

从具体实例归纳出函数的概念是一个抽象思维的过程，而这个抽象思维的过程，需要的是"概念教学"，把形象的内容抽象为概念，并厘清概念内部的结构。由于八年级学生的年龄、认知水平的特点，数学认知结构比较简单而具体，还处于具体形象思维的阶段，而"变化与对应"的思想体现在函数概念之中，用运动变化的眼光，以函数为工具，把抽象的数量关系和直观的函数图象结合起来，从数与形两方面动态地分析问题，从而全面地认识函数。一是如何创设学生熟悉的情境，让他们在情境中归纳出函数的概念？二是如何引导学生从具体到抽象、从特殊到一般地认识"变化与对应"这一思想。因此，这些问题都具有很大的研究空间。

第三，选题具有指导性。

本节课是一节"概念教学"课，针对"不能理解函数概念"这一问题，设计解决问题的办法，努力为学生创设问题情境，通过动手操作，合作交流、探索等，帮助学生体会数学中的思想方法。不再只是单纯地让学生进行观察求解，机械地进行重复。遵行儿童"具体—表象—抽象"的认知规律。因此，这节课应该具有很大的模仿与借鉴的价值。

第四，选择具有操作性。

本节课选择的教学内容，是从学生熟悉的问题情境入手，在学生熟悉的活动情境中和实践中认识到函数的存在，体会到"变化与对应"的思想，让学生从具体到抽象、从特殊到一般理解函数思想。因此，无论是教学目标、教学内容，还是教学方法、教学手段，都是切实可行的。

（编撰　冉红芬）

二、《移项》选题介绍

"解一元一次方程——移项"是在学生已经知道等式的性质可以解简单方程的基础上进行的深入学习。方程的解法是初中数学的核心内容，移项是解方程的基本步骤之一，是一种同解变形。本课要求联系已有经验，通过观察、思考、比较等具体的活动，进一步认识移项的作用可以简化方程，使方程向 $x=a$ 的形式转化，在此过程中体会化归思想，为后续学习二元一次方程组，分式方程、不等式等解法中起着重要的指导作用。这节课的教学和学习不能仅仅着眼于个别题目的具体解题过程，而应关注对相关的数学思想方法的渗透，使学生不断加深对它们的领会，从整体上认识问题的本质。

第一，选题针对的问题。

针对的问题：数学学习的"思维忽视"

相比较于"数学思想方法"的渗透，一是在升学指挥棒的指引下，课堂教学的一线教师往往更倾向于"怎样解题"的教学。二是数学思想的认识不到位，导致学生只为解题而解题，长此以往就会出现思维呆板、思路狭窄的现象。这些都将导致学生只会一招一式的雕虫小技，使知识与知识之间孤立起来，难以形成一个有效的知识网络和系统，老师与学生之间难以形成有效的沟通，只见树木，不见森林。而数学思想方法对一个人的影响往往要大于具体的数学知识。如果对解方程的本质有比较透的认识，那么就容易主动地探究具体解法，这远比死记硬背方程的步骤的效果要好。因此，我们需要关注数学思想方法的教学和学习，如何深入浅出地进行这方面的教学需要不断探索。这是本节课尝试解决的问题。

第二，选题研究的专题。

研究的专题：学会思维。

要解决"学会思想"的问题，需要以数学知识为载体来体现。不能只重视知识点的"灌输"，而忽视数学思想的"渗透"。从智力与能力发展的年龄特征看，七年级学生的思维正处于从具体形象思维为主转向以抽象逻辑思维为主的转折期，因此，教学内容的呈现必须注意具体性、形象性，同时还要有适当的抽象、概括要求，从而既能适应这一时期学生的能力发展水平，又能促进他们的思维向高一级发展。此外，教材中暗含的数学思想往往是"隐性"的，并非"一目了然"，这就要求教师立足教材，深挖文本，具备较强的文本解析能力。本着依托文本，以生为本，引导学生完整经历数学知识发生、发展的过程，深切体会数学思想方法，形成有效的学习方法，促进学生学会学习、学会思考。

第三，选题成果的预设。

"学会思维"应该有一个循序渐进的步骤：可疑—质疑—猜疑—释疑—答疑等。方法是数学的行为，思想是数学的灵魂。20世纪80年代，徐利治提出了"数学思想方法"理论。可贵的是，这些数学思想方法不是停留在理论探讨上，而是付诸实践，成为每一个中国数学教师的共识。情境教育，是教师在实际的课堂教学中，根据教材内容创设具体、形象的情景及丰富的情感氛围激发学生的学习热情而采用的一种新型教学方法。本节课通过创设有助于学生自主学习的问题情境，教师优化问题设计，以问题为驱动，激发学生的兴趣，引导学生通过实践、思考、探索、交流等，将数学思想方法用于解题，并能用数学思想方法进行总结和反思，不仅获得了基础知识、基本技能，还构建了和谐、有效的课堂。因此这节课对于自己和同行的教学都具有指导意义。

第四，操作的初步设计。

本节课选择的教学内容，是从数学史的情境入手，教师优化问题设计，以问题为驱动，激发学生的兴趣，引导学生通过实践、思考、探索、交流，从不同角度设置情境，让学生从具体到抽象、从特殊到一般地体会数学思想，使

"学生学会思考，善于认识和解决问题"这一理念落到实处。因此，无论是教学目标、教学内容，还是教学方法、教学手段，都是切实可行的。

（编撰　冉红芬）

三、一次函数与一元二次方程（组）选题介绍

一次函数与一元二次方程（组）是函数教学中的一个重要的知识迁移。一次函数转换成一元二次方程，或者是一元二次方程转换成一次函数，它们看似简单的形式转换，实际意义却相差甚远，这便构成了学生学习的一个难点。

第一，选题具有问题性。

只懂术语，不懂概念，因而也就不会运用，这是初中学生数学学习的最大问题。函数对于学生而言本就是比较抽象的知识，很多学生在学习完一次函数之后仍然不能从真正意义上理解函数的概念，而一元二次方程的学习虽然相对简单，但是学生也只是停留在形式上，只是会解决问题，并不清楚其实质，更不用说把它们联系起来了，但是把二者联系起来却能帮助同学们突破"不能理解二者的实际意义"这个难点。本课就是要帮助学生在这两个知识点间创造纽带，让两个独立的知识点变成知识链，帮助学生真正地理解一次函数和一元二次方程的真正意义。这里还会衍生出一个新的知识——画图法求解一元二次方程组。

第二，选题具有研究性。

从形象思维转向抽象思维，最好的办法就是从"名词教学"变为"概念教学"。初中阶段的学生开始从具体形象思维阶段逐渐转换到抽象逻辑思维阶段，需要借助直观、借助现实情境，通过具体的实例来理解抽象的意义。一是如何创设学生熟悉的情境，让他们在情境中沟通一次函数和一元二次方程？二是如何引导学生主动探索一次函数与一元二次方程之间的关系，并能正确理解画图法求解一元二次方程组？这些问题是具有很大研究空间的。

第三，选题具有指导性。

"概念教学"需要解决两个问题，一是厘清概念的内部结构，进行深层学习；二是厘清概念的外部关系，形成知识网络。这节课的选择针对不能真正理解一次函数和一元二次方程之间的关系这一问题，设计解决问题的办法，为学生创设问题情境，并通过动手操作，合作交流、探索等，帮助学生达到真正

理解知识。在探究的过程中让数学思维留在学生的脑中，形成他们的能力——学会用数学的思维来思考解决问题。

第四，选择具有操作性。

本节课选择的教学内容，是从学生熟悉的一次函数和一元二次方程入手，在学生熟悉的知识中去找到两者之间的关联，让学生从具体到抽象、从感性到理性地理解两者之间是如何互换的，以及互换之后，真正理解它们之间的区别和联系。因此，无论是教学目标、教学内容，还是教学方法、教学手段，都是切实可行的。

（编撰　时青青）

四、平方差公式选题介绍

本节课选自人教版八年级上册第十四章第二节内容，它是在学生已经掌握了多项式乘法之后，自然过渡到具有特殊形式的多项式的乘法，是从一般到特殊的认知规律的典型范例。对它的学习和研究，不仅给出了特殊的多项式乘法的简便算法，而且为以后学习因式分解、分式的化简等内容奠定了基础，同时也为完全平方公式的学习提供了研究思路和方法。

第一，选题针对的问题。

针对的问题：数学教学的"浅层认知"。

简要的说明：浅层学习是一种机械式的学习方式。浅层学习的认知水平停留在识记和理解两个层面上，学习者被动地接受学习内容，对书本知识和教师讲授的内容进行简单的记忆和复制，但是对其中的内容却不求甚解，把信息作为孤立的、不相关的事实来接受和记忆。这种学习方式使学生在课后不久就忘记了所学知识。造成浅层学习的原因有两个：一是考试方法失当。"你怎么考，我就怎么教"是教师心态的真实写照。二是思想认识不足。教师总认为数学公式简单，死记硬背套用即可，仅仅满足于让学生表层理解，零碎感知。

第二，选题研究的专题。

研究的专题：数学教学的"深层学习"。

简要的说明：学生是数学学习的主体，在积极参与学习活动的过程中不断得到发展。学生获得知识，必须建立在自己思考的基础上，可以通过接受学习的方式，也可以通过自主探索等方式；学生应用知识并逐步形成技能，离不开自己的实践；学生在获得知识技能的过程中，只有亲身参与教学活动，才能在数学思考、问题解决和情感态度方面得到发展。学生真正意义上的深度学习是学生在教师引导下，对知识进行的层进式学习和沉浸式学习。"本选题就是为了突破传统的外部灌输、被动接受、知识符号的"浅层认知"。

第三，研究成果的预设。

成果的预设："层进式教学"范式

简要的说明："层进式教学"就是按照人的思维是由具体至抽象、由特殊到一般、由零散到系统、从实践到理论的掌握过程，再由理论到实践的灵活运用过程，来实现对有效信息进行收集、加工存储及运用，从而循序渐进地培养学生掌握知识、领悟理论、解决实际问题的能力。这就要求教师要学会正确解读课标，把握教材，把握教学的本质，引导学生"学思"结合。进行数学公式的教学时，应关注公式的"来龙去脉"，"来龙"即公式是如何得到的，"去脉"则是公式与其他数学内容的联系。围绕公式的探究过程，利用问题驱动学生深度学习，引发学生深度思考，精心设计探究活动，让学生体验数学的"再发现"，实现"学思"融合，使学习继续深入，促进思维能力的提升。

第四，实施教学的设计。

设计的模型：数学学习"四步走"。

简要的说明：本课从实际问题出发，设计了四个教学环节。第一步，提出问题，以丰富多彩的形式展现给学生，以激发学生的求知欲，提高学生学习数学的乐趣。第二步，探究问题，通过对多项式乘多项式的进一步的特殊化，组织学生进行同桌交流探讨。第三步，归纳总结，教师让学生尝试归纳总结，对结论的描述进行优化，得出解决问题的策略。第四步，拓展提升，举一反三，触类旁通。

（编撰　周文）

五、算术平方根选题介绍

算术平方根是人教版数学七年级下册第六章第一节的内容。这节课是在学生学习有理数、用字母表示数和乘方等知识的基础上进行的新内容，从正数到负数的引出，从乘方的学习到实数的学习，逐渐完成"数系"的扩充。本节课的内容重点、难点不多，主要学习算术平方根的概念和性质。因此，本节课要求联系已有经验，通过回忆思考、引导启发、合作交流等具体活动，归纳出算术平方根的概念和相关性质，从而初步培养学生分析和解决问题的能力，为学生今后学习二次根式、解一元二次方程打下基础。

第一，选题针对的问题。

针对的问题：数学知识的死记硬背。

简要的说明：死记硬背是指在完全不理解或者一知半解的情况下，通过反复抄写等机械的方式将信息记下来，这种方式学生容易记下来，但也容易忘记，无法灵活运用，效率不高。所以掌握数学知识，不能始终依赖于死记硬背。《义务教育数学课程标准（2011年版）》提出："数学知识的教学，应注重学生对所学知识的理解，体会数学知识之间的关联。"因此，教师要注重知识与生活经验的联系、注重知识的生长点和延伸点、注重知识的结构体系，引导学生从不同的角度进行分析和理解，厘清知识之间的区别与联系，以理解为基础，并在应用中不断地加深和巩固。

第二，选题研究的专题。

研究的专题：数学概念教学。

简要的说明：数学概念是建构数学理论的基石，是学生进行数学思维的核心，具有高度的概括性和抽象性，有一定的系统结构，更是学生在解决计算、证明、作图等具体问题时的"必需品"，所以概念教学在数学教学中占有重要的地位。作为实数一章的起点和基础，且在学生已经掌握数的平方的基础上，对算术平方根的学习更是要打破死记硬背的学习方法和现象，通过掌握同类事物的共同、关键属性的过程，在理解的基础上进行概念的学习，并能够深化对概念的认识和理解。

第三，选题成果的预设。

成果的预设：概念建构的模型。

简要的说明：学生的概念学习本质上就是概念获得的过程，一定程度上需要在教师的引导下进行。概念获得包括概念形成和概念同化两种方式，而概念的形成就是从一类事物中抽出共性，同记忆中的观念联系，同已知的其他概念分化，将其一般化以后下定义。作为实数这一章节的开端，学好算术平方根的相关知识后，才能顺利进行后续知识的学习。因此，在这节课的教学中，学生的学习不是知识的简单获得，而是学生亲身经历学习的过程和模型的建构。

第四，选题课堂的模型。

教学的模型："概念教学"五管齐下。

简要的说明："概念教学"五管齐下设计：创设情境提问题—类比问题抽属性—概念形成符号化—强化概念初应用—拓展延伸建联系。在教学中，以生活实际为前提创设情境、提出问题，引导学生解决问题。通过组织小组合作学习的形式，使学生经历概括问题共同属性的过程，随后引导学生归纳概念、符号化，并加以应用。最后，从知识的"延伸点"、与下一节内容的联系出发，设计一个拓展延伸问题（$\sqrt{2}$有多大？），从而创造一个新的兴趣点，将下节课的知识与本节课的知识联系起来，并使其成为下一节课的原生兴趣，使学生在顺利获得新知的同时，能够顺利过渡到下一个新知的学习。

（编撰　杨俊彦）

六、变量与函数选题介绍

变量与函数是学习一次函数的基础，不仅需要探索简单实例中的数量关系和变化规律，还要了解常量、变量的意义，以培养学生的函数思想。这节课的本质是理解函数概念中的"单值对应"关系，通过选择符合学生认知特点的生活实例，激发学生理解变量与常数以及函数概念的兴趣，进而体会抽象、推理、建模等数学思想。

第一，选题针对的问题。

针对的问题：碎片化学习。

简要的说明：目前的数学教学中，对局部的知识技能一般比较重视，但对单元、章节以及整本书的结构，常常只是在小结时予以罗列，对于构成整体的内部联系缺乏必要的注意。这样的数学认知结构的功能差、迁移能力弱，必然导致学生的数学能力水平低下，不利于培养学生的数学核心素养。

第二，选题研究的专题。

研究的专题：单元教学。

简要的说明：单元教学指的是根据数学知识发生的规律、内在的联系及学生的学习情况，将学材分为单元或知识模块，着重帮助学生建构知识系统，从整体上把握教学要求，再着眼于分课时学习系统中的知识。变量与函数在单元设计的规划下，使学生对常量、变量的意义和函数概念有了整体认知和感悟，既见"树木"又见"森林"。

第三，选题的成果预设。

成果的预设："单元教学"三要点。

简要的说明：单元教学是以整体思维为基础，强调对教材内容的统筹重组和整合优化，而非囿于学科中的单一内容，一切都围绕着知识间的关联性来组织。变量与函数作为单元起始课有以下三个要点：（1）教师要让学生在"做"数学的过程中追溯数学知识产生的根源，明晰知识的发展脉络。（2）进行单元首课教学时，要恰如其分地把握教学的"度"，不能浮于表面，而是要着力于核心知识的生成与核心方法的感悟。（3）根据学生的认知基础和数学知识之间的前后逻辑联系重组教材，注重知识间逻辑关系的内容框架的建构。

第四，实施的初步设计。

设计的模型："单元教学"四步走。

简要的说明：具体表现在：（1）情景导学：文化引路，聚焦现象。引导学生用数学的眼光观察世界，了解单元学习内容（变量与函数）。（2）互助研学：识其定义，探其属性。这是本节课的主体部分，主要包括四个探究活动，一是抽象研究对象，二是概括共同特点，三是提炼本质属性，四是归纳函数定义。在浓缩概念发展的历史过程中，教会学生用数学的思维思考世界。（3）应用践学：概念应用，实践拓展。引出三种表示函数的具体方法，让学生学会用数学的语言表达世界。（4）课堂延伸：谈学论思，建构点津。

（编撰　向毅）

选题介绍——英语类

一、你喜欢香蕉吗？选题介绍

英语听说课是培养学生听、说能力的手段。要上好一节让学生有收获的听说课，就要设计合理、科学的教学方法。让学生逐步从听到能说，能复述，听后也能书写。人教版初中英语七年级上册第六单元Do you like bananas?

Section A（1a-2b）就是一堂听说课。选择这个课题既有我个人在教学中的尝试与探索，也有更深层次的思考，如何让学生有兴趣认真去听一节课，一直是我探索的问题。

第一，选题具有问题性。

"中国式英语"是学生英语学习的最大问题，其原因是能考试，不能交际。从知识到能力，缺少过渡。初中英语教材每个单元分为Section A和Section B两部分，侧重点不同，任务不同，它们分别是听说、阅读、语言学习、复习和写作，语法贯穿于其中。听说课是初中英语教材的重要组成部分，它设计了丰富的情境、实用易学的句型，以及与课文紧密联系的对话和内容，为教师培养学生的交际能力提供了语言材料，也为培养学生的口头表达能力奠定了基础。因此，如何在英语教学中使基础知识转化为语言技能，最后发展成运用英语进行交际的能力呢？听说能力和阅读能力是互相促进、互相发展的。听说能力的提高有助于阅读能力的提高，上听说课的主要目的是培养学生的交际能力，为了达到这个目的，又该如何设计有效的教学方法呢？

第二，选题具有研究性。

针对问题进行选题，目的在于分析问题和解决问题。这节课就是要通过听说设计与教学，分析学生语言交际中出现的种种问题以及问题背后的原因，譬如：为什么听不懂？为什么说不出口？原因是多方面的，我认为最主要的原因就是学生缺乏信心。研究不同学生表现背后的深层因素，找到学生在英语对话问题上的共性原因与个性原因，探索教学改革的路径，并在课堂教学实践中逐步完善，这一系列的思考和设计对我们的英语教学来说具有极大的研究性。研究英语教育的"信心英语"是解决问题的关键。

第三，选题具有指导性。

信心英语需要能力的支撑，英语会话能力需要"对话教学、生活教育、氛围营造、同伴互助"等。这节课的选择是针对"有效的教学方法"的问题，设计解决问题的办法，努力克服英语教学中忽视对学生语言技能和交际能力的培养等现象，探索教学规律，提炼教学策略，营造和谐的语言氛围，不再只是单纯地让学生进行记忆与背诵，而是既要重视学生听、说等实际运用英语进行口语交际的能力，又要培养学生学习英语的兴趣，对于掌握学习英语的方法，打好学习英语语言的基础具有重要的作用和地位。因此，这节课具有很大的模仿与借鉴的价值，也对自己和同行的教学改革具有一定的指导意义。

第四，选择具有操作性。

本节课的教学内容都是简要而精练的教学材料，从简单的、精选的词汇与句子入手，贴近生活，让学生敢于开口，逐渐增强开口说英语的信心；教师的引导方式多样，重在营造轻松愉悦的语言氛围。因此，无论是教学目标、教学内容，还是教学方法、教学手段，都是切实可行的。只要让学生听得懂、敢开口，让学生有兴趣去听这堂课就可以了。（黔南民族师范学院附属中学 沈益帆）

二、为什么不和你的父母交流？选题介绍

阅读课是训练学生阅读理解能力的主要途径，也是学生学习新语法和巩固旧知识的主要载体。著名学者柯鲁克（Isabel Crook）先生曾一再主张把"英语的大量阅读当作英语教学的主要手段"。在英语课上，培养学生的英语阅读理解能力尤为重要。阅读是中学英语教学的重点和难点。对于中学生来说，阅读更是一个语言知识积累的过程。在新课程理念下，英语阅读教学的研究，学生阅读量的增加，阅读兴趣、阅读技能的培养的意义已超出为了学生考试的意义。选择一节阅读课是因为我想打破传统阅读课只翻译、只讲语法知识点的模式。

第一，选题具有问题性。

在过去很长一个时期，乃至今天，我相信我和其他许多教师一样在上阅读课的时候，把大量的精力和时间花在分析理解词汇、语法知识点上，这种味同嚼蜡的机械阅读源于应试阅读，而忽视对吸收信息和交际性阅读水平的培养。教师在处理文章时总是先逐句讲解课文中的词汇、语法点，然后通过翻译理解课文，进而根据语言知识的难点提问学生，学生回答问题，帮助理解课文内容。学生的注意力集中在理解和掌握各种语言知识上，而忽略了信息的传递，导致学生的阅读解题能力普遍不强。本节课就是要打破传统的阅读课教学模式，培养学生的自主阅读能力。

第二，选题具有研究性。

破解机械阅读的难题，我认为可以研究情境阅读，在"境中读"，在"做中学"，以提升学习兴趣与质量。英语阅读教学能够巩固旧词汇，学习新

词汇，扩大词汇量，激发学生的学习兴趣，锻炼思维，提高阅读兴趣，培养学生的分析、判断能力。英语教材在编排上，每个单元都安排了适当的有一定代表意义的阅读材料，针对学生已有的阅读水平，教师应有目的、有针对性地合理运用已有的课本阅读教学资源组织好阅读教学，在教学中探索科学有效的教学方法，培养学生良好的阅读习惯，提高学生的阅读能力。

第三，选题具有指导性。

情境阅读一是精心导读，激发学生的阅读欲望。教师应鼓励学生大胆猜测和推理，使每一个学生都能充分发挥其个性。二是在阅读实践中，指导学生运用适当的阅读策略，努力实现各项课程目标。具体表现为：

（1）注意看标题和文中插图或照片。对文章标题是对文章内容最简练的概括，图片是对文章的进一步补充和说明。通过标题积极思考，让学生养成图文结合起来读的习惯。这样可以帮助学生进一步了解文章的主要或重要内容。

（2）阅读时先略读。关注大意，不要太重视细节。通过扫描迅速预测文章内容或把握文章的主旨大意，并对文章的结构有个总的了解。

（3）克服生词造成的阅读障碍。对于不认识的生词先略过，有时某些生词对于理解全篇文章并不重要。

（4）让你的眼睛学会跳读。要特别关注每一个段落的首句，它一般是关键句，也就是主题句。

（5）学会推断。能从文章中人物的对话、动作和心境的描写，从字里行间透过文字信息去推测文章深层结构中的含义，推断出作者意志所向。

第四，选择具有操作性。

本节课选择的阅读材料是学生在学习生活中遇到的困扰，内容贴近生活，能够引起学生的共鸣。鼓励学生大胆表达自己的想法和意愿，正确认识生活中的一些困难，采用正确的方式解决生活中遇到的困难。同时，教师应结合学生的知识结构、认知能力、阅读水平和课本阅读材料来制订教学计划，确立阅读训练的教学目标和教学方法。

（编撰　许思丝）

三、我过去怕黑选题介绍

我过去怕黑这一课所介绍的英语时态是初中英语语法的重点之一，也是初中学生在考试中容易出错的一个考点。这个单元不仅要求我们对这一新的时态结构的语法进行教学，还要让学生能够运用此结构进行流利的英语对话，以培养英语环境中的日常生活用语。这节课需要辨析两组非常相似的句型结构及其用法，同时也具有生活情境，使学生能够在情境之中顺利地用英语表达自己的观点。由于课上会为学生呈现丰富的英语影视作品鉴赏片段，因此学生对于课上的内容比较感兴趣。这一单元是对之前所学的一般过去时的延伸，因此，这一单元教学的成功对之前的一般过去时有着巩固和加深记忆的作用。

第一，选题针对的问题。

针对的问题：哑巴英语。

简要的说明：这一现象非常影响英语思维的培养。这一课时大部分时间都是让学生自由交流，以此来训练学生的口语交际能力。这节课中包含了对话练习和表演以及畅所欲言地表达出自己的看法等活动，都对英语口语交际中不敢说、说不出等问题和障碍有着积极的影响，能够帮助学生从敢说出口、愿意说出口，慢慢上升到正确地说出口，帮助学生树立自信，调动学生的学习热情，并且让学生对于一些文学作品有了进一步的理解，最终解决哑巴英语的教学问题。

第二，选题研究的专题。

研究的专题：情境教学。

简要的说明：在情境之中分析学生口语交际中出现的种种问题以及问题背后的原因，譬如：为什么不敢说？为什么说不出口？我认为造成以上问题最主要的原因就是学生缺少开口的自信心，而自信心缺失的原因主要在于学生对英语单词的掌握不够深、不够广。再者学生对自己的发音也有着不确信的心理因素，而缺少自信心的原因也是多方面的。教师可以研究不同学生表现背后的深层因素，找到学生在英语对话问题上的共性原因与个性原因，秉持因材施教原则，探索教学改革的路径，逐渐形成一套应对策略，并在课堂教学实践中逐步完善。

第三，选题的成果预设。

成果的预设：情境教学模式。

简要的说明：对话练习需要全方位进行：一是英语影视作品点题（情境导入），二是教师提问学生回答（情境互动），三是小组讨论（情境合作），四是文本对话练习（情境建构），五是学生畅所欲言自由发挥并表演对话（情境拓展）。这节课针对哑巴英语的问题，设计解决问题的办法，努力克服英语教学中忽视对学生口语交际能力的培养等现象，探索教学规律，提炼教学策略，营造和谐合适的语言氛围，这其中教师起着表率作用，大量英语口语的教学环境辅以少许中文解释，不再只是单纯地让学生进行记忆与背诵，重视学生听、说、读、思等实操训练以提高学生英语口语交际的能力，对话需要全方位进行才能有序有效。

第四，实施的初步设计。

设计的模型：课堂教学"五管齐下"。

简要的说明："五管齐下"即情境导入、师生互动、合作探究、反思建构、拓展延伸。本节课用"五管齐下"开展情境教学。一是情境导入，创设的情境都是基于课本比较耳熟能详的英语文学作品，从标志性的、常用的词汇与句子入手，让学生有兴趣学，进而增强开口说英语的自信心；二是师生互动，教师在情境中提问，引发学生思考从而表达；三是合作探究，在前面初步对话的基础上进行小组讨论和头脑风暴，把对话教学引入高潮；四是反思建构，及时反思，及时总结，进行意义建构，总结对话的要点与注意事项；五是拓展延伸，在新的情境中让学生畅上所欲言并交流心得，从而逐渐解决哑巴英语这一难题。

（编撰　王凡）

四、《平凡事物中的美》选题介绍

《平凡事物中的美》是初三第五单元中一篇关于中国传统民间艺术作品的阅读，这篇阅读内容丰富多彩，趣味生动，贴近生活，学生们在学习知识的过程中可以开阔视野，还能感受中国传统文化的魅力。除此之外，培养学生的综合语言能力是义务教育阶段的主要宗旨，对被动语态和阅读技巧的掌握也是本篇阅读的关键。

第一，选题针对的问题。

针对的问题：英语阅读乏力。

简要的说明：学生在阅读的过程中不会使用一定的阅读方法或技巧，导致在阅读过程中因为长难句或生词而放弃阅读。阅读能力不足是中国英语教学的最大问题，严重影响英语语感的培养。英语阅读是提高英语学习兴趣，增长知识的重要手段。而阅读能力的有效提高势必也会促进口语、写作及听力的提高，是综合能力提升的重要一环，本节课就是通过运用情趣教学的方法来激发学生学习英语的兴趣，提升阅读能力。

第二，选题研究的专题。

研究的专题：英语情趣教学

简要的说明：主要指教师用自己的教育和爱心来唤起和培养学生对所学知识的、学科的一种积极情感；同时，对学生在学习过程中所具有的好奇、好问、好学的求知热情和探索精神，给予尊重和指导，使学习成为富有情趣的活动。针对问题进行选题，目的在于分析问题和解决问题。这节课就是要通过情趣教学来解决阅读能力不足的问题，分析学生阅读中出现的种种问题以及问题背后的原因，譬如：为什么不能正确解决阅读后的问题？为什么找不到中心大意？我认为最主要的原因就是学生词汇量储备不足，遇到的障碍较多，从而导致阅读信心下降，而缺少信心的原因也是多方面的。教师可以研究不同学生表现背后的深层因素，找到学生在英语阅读中的共性原因与个性原因，探索教学改革的路径，逐渐形成一套应对策略，并在课堂教学实践中逐步完善。

第三，选题成果的预设。

成果的预设：情趣教学三步曲。

简要的说明：情趣教学需要全方位进行：要激发兴趣，阅读中要设置合理且难度适中的问题，阅读后要巩固升华文中的情感。这节课针对阅读能力不足的问题，设计了解决问题的办法，努力克服英语教学中忽视对学生阅读能力的培养等现象，探索教学规律，提炼教学策略，营造和谐合适的语言氛围，不再只是单纯地让学生进行单词和语法的刻板记忆，还重视培养学生的英语思维及语感能力和以读促写的能力。

第四，选题课堂的模型。

课堂设计的模型：情趣阅读四步法。

简要的说明：第一步，手工导入激发兴趣，将静态课程变为动态课程，让学生成为手工达人，为下一步更好地理解阅读主旨进行铺垫；第二步，进入阅读前奏，帮助学生理解每个段落的主旨大意，并解决阅读中的单词和语法难题；第三步，阅读中间部分，也是阅读的高潮部分，检测学生对阅读内容的理解，设置相关的阅读段落的问题，教师要适当引导学生对阅读技巧的学习，增强学生的情感。第四步，阅读后适当总结，并将阅读内容联系到阅读写作，培养学生以读促写的能力，进一步升华学生对中国传统文化的热爱。

（编撰　赵枫）

第二节　互动性双案设计

双案设计是指教案与学案的设计，双案需要协调设计，相辅相成；先设计教案，然后在教案的基础上，再设计学案，教案按"四点突破"教学范式进行课堂教学创新设计。最后要求双案协调一致，相得益彰。

双案设计——语文类

一、涵泳教学：润物细无声的人格培养——《卖炭翁》课堂教学创新设计

【教材分析】

《卖炭翁》是部编版语文八年级下册第六单元的第24课，该单元要求学生能诵读古代诗文，培养文言语感；大体理解内容，并背诵或默写其中的名句、名段、名篇；激发学生学习古代诗文的兴趣，增强热爱中华民族传统文化的思想感情。《卖炭翁》是唐代诗人白居易的《新乐府》组诗之一，这是一首讽喻诗，用叙事的手法描述了老人伐薪烧炭的艰辛，细致地刻画了"心忧炭贱怨天寒"的矛盾心理，表达了诗人对劳动人民的深切同情，对当时统治阶级不合理制度的愤怒与抗议。该诗语言朴实，通俗易懂，生动细致，充满诗情，延续了白居易一贯的写作风格——"文章合为时而著，歌诗合为事而作。"该诗以人物为题，必然会引发我们对人物命运的思考，由此可见"卖炭翁"这一人物形象的典型性，这首作品具有细读和超越的广袤教学空间。

【研究主题】

涵泳教学法作为一种学术术语，其基本含义是指"接受者沉潜到作品的深处，对诗的意象进行整体的反复的感受和体味，从而最终获得对意象活泼的生命和作品深层审美韵味的把握"。

语文教学是一种人文教育、精神教育，不是立竿见影的，而是春风化雨点滴入土、潜移默化式的，运用涵泳教学法对古诗词中蕴含的丰富人文资源进行挖掘，唤醒学生对古诗词学习的热情，培养学生的审美情趣，陶冶学生的心志，健全完善人格。

【课标目标】

（1）正确、流利、有感情地朗读全诗，熟读成诵。

（2）掌握人物描写的方法，分析卖炭翁和宫使的人物形象。

（3）感受卖炭翁可怜的遭遇，体会作者对他的深切同情。

【重点难点】

教学重点：通过对事件描述以及对人物外貌与心理等的刻画，塑造人物形象。

教学难点：感受诗人用诗歌创作反映时代、反映现实，深入感知作者所给予的复杂情感。

【四点分析】

表2-1　"四点突破"教学范式"卖炭翁"四点分析

四点	构成
兴趣点	原生兴趣：使古诗词与现代流行音乐因素相结合，引出作者及创作背景，拉近学生与古代作品的距离，渲染气氛，突出主题
	伴生兴趣： （1）采用多种形式美读，让学生在反复诵读中体验感悟诗歌，直至与诗中的卖炭翁同呼吸、共命运，与作者白居易同悲戚，共愤恨。 （2）引领学生抓住了"诗眼"，从总体上把握了本诗的情感基调，层层深入，由诗歌的文字意思逐渐走进文本、了解作者。 （3）创设情境，炼字炼句，让学生在个性化阅读当中自主探讨文学作品，主动努力地进行思考，体会作品中蕴含的情感
	衍生兴趣：由书本向现实生活的思维拓展，选取生活中同学们熟悉的场景与古代诗歌进行比较，教育学生珍惜现在的幸福生活，让作为精神、文化的载体的古诗文润物细无声地给予学生人格的熏陶与启迪。
起始点	古代诗歌的节奏美、音乐美、意境美
重难点	（1）掌握人物描写的方法，分析卖炭翁和宫使的人物形象。 （2）感受卖炭翁可怜的遭遇，体会作者对他的深切同情
迁移点	沉潜到古诗词的深处，仔细阅读，用心思考，细细品味，心口合一，才能够做到在古诗词中畅游，真正感受古诗词的人文之美

【设计思路】

（1）入味：吟咏领悟，浸润人格。紧扣诗歌的音韵美特点设计读诗，要求读得准确，字正腔圆；读出节奏、轻重、停顿、延长，进而读出感情；力求获得感悟，身临其境，读出情境。

（2）体味：教学诗词，构建人格。在疏通字义、读懂故事、进入情境的基础上，紧扣诗歌语言凝练、意境想象丰富的特点，指导学生再创作，进行个性化文本解读。

（3）玩味：审美鉴赏，升华人格。紧扣诗歌意蕴美的特点，指导学生赏析体验诗情。感受封建统治下人民的痛苦生活，认识到作者以天下为己任，敢为民而歌的忧国忧民精神，培养学生的"大爱"精神。

（4）回味：尝试创作，体现人格。拓展延伸，聚焦当下，感受我们今天买卖自由、公平交易的景象，教育学生珍惜当下的幸福生活，让作为精神、文化的载体的古诗文润物细无声地给予我们人格的熏陶与启迪。

【教学过程】

（一）情境导入，温故知新

1.导语

上课之前我们来听一首最近非常火的曲子——《琵琶行》，《琵琶行》的作者是唐朝大诗人白居易，这首诗是他被贬官后的第二年听到一位歌女弹奏琵琶后，触发自己的身世之感而写成的，今天我们听到的曲子加入了流行音乐元素，再次让这首诗为人们所熟知。

我们所熟悉的白居易的诗歌还有哪些？小学学过，"离离原上草，一岁一枯荣。""日出江花红胜火，春来江水绿如蓝。"上学期我们学过"乱花渐欲迷人眼，浅草才能没马蹄。"

2.作者

白居易（772—846），字乐天，号香山居士，唐代现实主义诗人，他有"诗魔"和"诗王"之称，是继李白、杜甫后又一位唐代大诗人。其诗语言平易通俗，被称为"老妪能解"。白居易与元稹共同倡导新乐府运动，世称"元白"；晚年又与刘禹锡齐名，世称"刘白"。他主张"文章合为时而著，歌诗合为事而作"，现存诗歌3000多首。

（二）整体感知，赏读诗歌

1. 朗读

（1）一位同学朗读。（读准字音）

鬓 bìn　辗 niǎn　两骑 jì　口称敕 chì　叱 chì　驱将 jiāng　系向 jì

（2）全班齐读。（注意节奏、语调、重音和感情，读得流利）

2. 译读

两位同学翻译故事。（一人一小节）

……

这首作品写了卖炭翁辛勤劳动所得却被宫使掠夺一空的故事，可以用三个词来概括这个故事：烧炭、运炭、失炭。

3. 赏读

（1）最能体现诗人对卖炭翁情感的一个词是什么——可怜。

可怜身上衣正单，心忧炭贱愿天寒。卖炭翁虽然衣着单薄，但仍希望天气更冷一些，矛盾吗？只为炭能卖个好价钱，这种矛盾心理体现了底层劳动人民的辛酸，诗人对卖炭翁悲惨的处境的同情和可怜。一个"怜"字贯穿整首诗，烧炭（怜）、运炭（怜）、失炭（怜）。

（2）分组讨论，找出相应的诗句再对应关键词赏读卖炭翁可怜在哪里？

①烧炭（怜）。

老师示范：卖炭翁可怜，可怜在"伐薪烧炭南山中"。

伐薪：一个上了年纪的老人，独自上山砍柴烧炭，一斧一斧地砍，一窑一窑地烧，劳动是多么繁重，过程是多么艰辛，所以他可怜。（烧炭艰辛）

南山：他烧炭的地方在终南山，属秦岭山脉，地处偏远，那里山高林密，荒无人烟，常有豺狼出没，在这种险恶的环境中还要这么艰苦地劳动，他十分可怜！王维有一句诗："欲投人处宿，隔水问樵夫。"从中可以看出终南山的位置很偏远。（烧炭环境恶劣）

——环境烘托

学生解读：

"满面尘灰烟火色，两鬓苍苍十指黑。"

满面尘灰是由于烧炭的过程特别脏，也特别累，到处都是灰。

烟火色就是由于他在炭窑旁长期受烟火熏烤，所以皮肤变成了黑黄色。

（烧炭时间之长，日以继夜）

同样变成黑色的还有那十根形如木炭的手指。（劳动的繁重与艰辛）

两鬓苍苍，耳朵旁边的头发都已经花白了，他年老体衰，本应安享晚年，还要日夜劳作。

黑与白肖像刻画成为卖炭翁生命的底色，为生存而苦苦挣扎的颜色，实在让人可怜。

——外貌描写

②运炭（怜）。

"夜来城外一尺雪，晓驾炭车辗冰辙。"

雪有一尺深，这说明天气寒冷。（环境恶劣）

"晓"驾，天刚蒙蒙亮就驾着炭车赶往集市。（路途遥远）

辗冰辙，道路结冰，崎岖难行。（稍不留神，就车毁人亡，卖炭翁在用生命运炭，为了养家糊口，多么可怜）

——环境烘托

"牛困人饥日已高，市南门外泥中歇。"

泥中歇，一路赶来，牛困人饥，卖炭翁在泥泞的道路中休息，他的心里在想什么呢？（引导学生想象）此时的卖炭翁盼望炭能卖个好价钱。没有钱买吃的，没有钱去小摊子那坐一坐，喝杯热茶，暖暖身体，卖炭翁贫穷困苦多么可怜！

——心理描写

链接：唐初，长安居民购物唯有前往东市或者西市。按法律规定，哪怕是很小的物件也要在东市或者西市交易。

唐代市场管理规定：市场中午才能开门，日落前闭门。《唐会要》卷八六《市》："其市当以午时击鼓二百下，而众大会。日入前七刻，击钲 [zhēng] 三百下，散。"（来早了，没开门，晚了，关门了）

小结：卖炭翁年老体衰，劳作艰辛，卑微渺小，贫穷困苦

③失炭（怜）。

"翩翩两骑来是谁，黄衣使者白衫儿。"

"手把文书口称敕，回车叱牛牵向北。"

"一车炭，千余斤，宫使驱将惜不得。"

"半匹红纱一丈绫，系向牛头充炭直。"

明确：没有直接写卖炭翁，而是写宫使，侧面烘托，对比来突出怜。

神态对比：翩翩（两个宦官是骑着高头大马翩然而至，目中无人肆意骄横，霸道惯了）；泥中歇（卖炭翁坐在泥中，仿佛和泥融为一体，如此卑微）。

衣着对比：唐代宦官品级较高的穿黄衣，宦官手下的爪牙穿白衫，丝绸材质；卖炭翁，灰黑麻布，粗布衣服，衣衫褴褛。

轻重对比：一车炭，千余斤，如此之重，只能换得半匹红纱一丈绫，这种不等价的兑换对卖炭翁来说是多么残忍。

换炭态度对比：叱、驱将、系向牛头（凶恶、不屑）；惜不得（舍不得，痛心）。

——对比衬托

小结：宫使得意忘形、傲慢无礼、凶恶残忍、巧取豪夺。

4.悟读

提出疑问：宫里的太监和爪牙为什么敢公然拉走千余斤的炭呢？敢这么肆无忌惮，这和当时的什么制度有关——宫市。

链接：宫市：据《旧唐书》记载，"时宦者主宫中市买""内官买物于市，倚势强贾，物不充价，人畏而避之，称为'宫市'"。

白居易写作《卖炭翁》是在宫市为害最深的时候，《新乐府》中每首诗的题目下面都有一个序来说明这首诗的主题。《卖炭翁》的序是"苦宫市也"，就是要反映宫市给人民造成的痛苦，揭露了当时社会的黑暗，也同时表现出了作者对底层劳动人民的深切同情。

小结：我们回过头看看，这首诗写于宫市为害最深的时候，但不要忘记，白居易也是为官一员，他却敢于为民发声，和百姓站在一起，讽刺揭露统治阶级不合理的制度，从诗的字里行间，我们读出了怎样的白居易——关爱百姓，体察民间疾苦，胸襟博大。

（三）拓展延伸，聚焦当下

（1）你还知道哪些表现关爱百姓、体察民间疾苦、胸襟博大的诗句？

北宋诗人张俞这样写道："昨日入城市，归来泪满巾。遍身罗绮者，不是养蚕人。"

范仲淹这样写道："江上往来人，但爱鲈鱼美。君看一叶舟，出没风波里。"

唐代诗人李绅这样写道："春种一粒粟，秋收万颗子。四海无闲田，农夫犹饿死。"

师：我们读《卖炭翁》看到的不仅仅是卖炭的老人，还有织布的、打鱼的、种田的出现在我们眼前。他们虽然不一定两鬓苍苍十指黑，但也带着生活的印记。他们虽然不会因为卖炭而受到欺凌，但也在赋税的重压下流着心酸和仇恨的泪水。

（2）这是前天老师在咱们学校门外赶场时拍下的照片。说说你们看到的是怎样的景象？有怎样的感受？（老师出示照片，学生说）

……

卖炭翁的故事已经距离我们1100多年了，同样是卖东西，因为社会制度不同，劳动者的生活状态也完全不同。今天的百姓买卖自由、公平交易，一片热闹而祥和的景象，同学们要珍惜当下的幸福生活。

师：同学们，让我们一起来吟诵《卖炭翁》，记住这位在生存线上苦苦挣扎的老人吧！也记住白居易这位敢为民而歌的伟大现实主义诗人吧！

学生齐诵古诗《卖炭翁》。

（四）作业

（1）背诵这首诗。

（2）《卖炭翁》这首诗没有结尾，请发挥合理想象，增加细节，拟写一个结尾。

（凝结着卖炭翁血汗的一千多斤炭被宫使强行换走，只换回皇宫里的半匹红纱一丈绫。风更大了，雪更大了……）

【板书设计】

卖炭翁

讽喻诗、叙事诗

卖炭翁　宫使　白居易

可怜　可恶　可敬

二、《卖炭翁》学案

【课标要求】

根据新课标要求，设定"代表课"的教学目标为：

1.正确、流利、有感情地朗读全诗，熟读成诵。

2.掌握人物描写的方法，分析卖炭翁和宫使的人物形象。

3.感受卖炭翁可怜的遭遇，体会作者对他的深切同情。

【学习过程】

（一）课前准备，吟咏领悟

1.朗读诗，写出下列加点字的正确读音。

两鬓（　　　） 　辗冰辙（　　　） 　泥中歇（　　　） 　两骑（　　　）

口称敕（　　　） 　叱牛（　　　） 　驱将（　　　） 　系向（　　　）

2.翻译诗，明确故事：人+事+结果。

讲述了一个＿＿＿＿＿＿＿＿＿＿＿＿＿＿故事。

明确故事情节，用词语概括为：卖炭翁（烧）炭—（运）炭—（失）炭。

（二）课堂学习，教学诗词

1.最能体现诗人对卖炭翁情感的一个词是什么——可怜。

（小组讨论）找出有关"怜"的相关诗句，品味其中关键字词是如何描写刻画人物形象的。（环境、神态、心理、外貌……）

（1）烧炭（怜）：＿＿＿＿＿＿＿＿＿＿＿＿＿＿＿＿＿＿＿＿

（2）运炭（怜）：＿＿＿＿＿＿＿＿＿＿＿＿＿＿＿＿＿＿＿＿

（3）失炭（怜）：＿＿＿＿＿＿＿＿＿＿＿＿＿＿＿＿＿＿＿＿

2.诗歌还使用了对比手法，请同学们找出卖炭翁与官吏相对比的相关词语，并说说这样写有什么作用。

	宫使	卖炭翁
神态：	翩翩两骑——（	）
衣着：	黄衣白衫——（	）
轻重：	半匹红纱——（	）
态度：	驱将系向——（	）

通过对比，烘托出卖炭翁生活＿＿＿＿＿＿＿＿＿＿＿＿＿，揭露宫使

_____的_____无耻嘴脸。

（三）深入探究，审美鉴赏

1.宫里的太监和爪牙为什么敢公然拉走千余斤的炭，而且这么肆无忌惮？

"宫市"："宫"是_____，"市"是_____的意思。所谓"宫市"，是指皇宫里需要的物品，派宦官到市场上去购买。宫市是中唐以后，皇帝直接掠夺人民财物的一种最无赖、最残酷的方式。

2.白居易作为一名谏官，他敢于为民发声，和百姓站在一起，讽刺揭露统治阶级不合理的制度，从诗歌的字里行间，我们读出了怎样的白居易？

_____

_____

（四）聚焦当下，拓展延伸

仔细观察咱们学校门外赶集时的景象，捕捉各个小商贩的神情、动作、语言等，把它写下来，谈谈你的感受。（100字左右）

_____

_____

【课后练习】

1.白居易，字_____，号_____，是唐代著名_____主义诗人。白居易与元稹共同倡导新乐府运动，世称"元白"；晚年又与刘禹锡齐名，世称"刘白"。其诗语言_____，被称为"老妪能解"。在文学上，他主张"文章合为时而著，歌诗合为事而作"，现存诗3000多首。

2.我懂这些词语的意思：

苍苍：_____ 翩翩：_____

敕：_____ 叱：_____ 直：_____

3.《卖炭翁》中揭示卖炭翁悲苦处境和矛盾心理的诗句是：

_____，_____

4."宫使驱将惜不得"中的"惜不得"表现了卖炭翁怎样的心理？

_____

（编撰　甘璐）

三、开放式提问：聚焦学生思维能力的发展——《愚公移山》课堂教学创新设计

【教材分析】

《愚公移山》选自部编教材初中语文八年级上册第六单元，本单元是一个培养学生意志与品格的单元。《愚公移山》是一则具有神话色彩的寓言故事，它通过一个年近九十的老人带领全家人每天挖山不止，最后感动天帝把山移走的情节，反映了人类征服自然的理想和为理想而献身的精神。学习这篇课文，除掌握必要的文言知识外，还要感受课文所蕴含的对比艺术，挖掘文章所表达的寓意，认识愚公这一人物形象，培养学生对愚公精神的批判性和发散性思维，引导学生认识到愚公精神的现实意义，从故事中得到人生的启示，树立远大的理想，培养战胜困难的信心、勇气、毅力。

【研究主题】

"开放式提问"具有目标开放性、思维无极限、自主加合作、答案不唯一、产生新问题等特点，它以学生的学习和发展为中心，聚焦学生思维能力的发展与情感体验的发掘，根本目的在于提高课堂教学的有效性，促进教师有效教学能力及学生深度学习能力的提高。中学语文教材所选的寓言故事是古人进行哲学思考的初步形态，是人类文明智慧的结晶，如果浅尝辄止就失去了学习寓言的意义。在升放式提问教学中，教师可以以寓言类课文的主题为切入点，营造和谐轻松的质疑环境，激发学生的质疑兴趣，培养学生的质疑意识，促进学生思维的发散，让学生有充分的语言实践机会，在鉴赏、表达的过程中获得审美体验，不断提升学生的文学素养和作品鉴赏能力。

【课标目标】

（1）了解《列子》及寓言的特点，掌握难懂字、词、句等文言知识。

（2）熟读课文，读准字音，正确断句，理解文意；通过对比辨析，分析人物形象；知晓神话结尾的作用，理解课文的寓意。

（3）学习古代人民战胜艰难险阻的伟大气魄和坚强毅力；正确理解"愚"与"智"的哲理；体会愚公精神，正视成长道路上的艰难险阻，勇往直前。

【重点难点】

教学重点：积累文言文常用的词语，培养语感；通过对比阅读，分析人

物形象，理解本文的时代意义。

教学难点：培养多角度分析问题、发散思维的能力，理解神话结尾的作用。

【设计思路】

这节课针对语文教学"封闭式提问"重知识的记忆背诵、答案唯一性的弊端，基于"开放式提问"目标开放性、思维无极限、自主加合作、答案不唯一、产生新问题的特点来突破教学重难点，调动学生的积极性、主动性去感受寓言的魅力，让学生受到传统文化的熏陶。对此，我在本课教学中运用这样的开放式提问教学思路：直接提问，简洁清晰；引导提问，环环相扣；追加提问，引向深入；转向提问，拓展思考，从而推动学生阅读能力、语文素养、审美情趣的提高。

【四点分析】

表2-2　"四点突破"教学范式"愚公移山"四点分析

四点	构成
兴趣点	原生兴趣：通过故事的吸引，创设情境，让学生了解愚公精神的可贵，找到文章的思想情感，设身处地了解作者抒发的情感
	伴生兴趣： （1）角色扮演，让人物形象更加鲜明，调动学生的课堂参与度，促进学生更深入地了解文章的含义。 （2）图文并茂，通过看、思、议让学生学会分析问题、解决问题，从而打开学习思路。 （3）追加提问，多角度、多方面看待问题，将学生的思维引向深入，学生的回答也越来越具有思维的深度
	衍生兴趣：通过学生熟知的其他寓言故事，以及当下在疫情防控中涌现出的英雄人物的感人事迹，使故事延伸到现实生活中来，让愚公精神实质落到实处
起始点	"好问"是孩子的天性，调动学生的求知欲，对学生进行多角度综合培养，让学生在情境思维中，获得新知、培养能力、发展智力
重难点	1.通过对比阅读，分析人物形象；通过小组讨论辨析，理清文章脉络。 2.理解寓意，学习愚公精神，争做民族伟大复兴道路上的"新愚公"
迁移点	通过提问引导学生思考，唤起学生对知识、经验的感知，积极地建构属于自己的知识框架，深入思考，强化传承愚公精神的重要性、紧迫性，使学生真正地学有所获、学以致用

【教学过程】

（一）直接提问，让问题教学简洁清晰

1. 讲述故事，激趣导入

（出示图片）大家认识图片上的这个人吗？

她就是被人们誉为"当代女愚公"的邓迎香。

邓迎香现在是贵州省黔南州罗甸县麻怀村党支部书记，20多年前，邓迎香嫁到了麻怀村，因为没有路，这个新娘子是走着进村的，看着脚上磨出的水泡，看着窗外黑魆魆的大山，她心里有些失落。好在和丈夫感情很好，种菜养猪，起早贪黑，到了收获的季节，夫妻俩兴冲冲地背上劳动果实去赶集，可等到了集上，人累得半死不说，瓜果蔬菜早已不新鲜。邓迎香坐在地上边哭边骂："你个砍脑壳的山哟，哪里不好待偏要待在我家门口！"后来，更不幸的事发生了，邓迎香才三个月的儿子小洪球，突然发烧抽搐，夫妻俩抱着孩子在湿滑的山路上疯跑，可才到半山腰，怀里像团火的儿子，却渐渐冰凉，孩子没了……邓迎香瘫倒在山道上，号啕大哭，她恨这一座座夺走了无数麻怀人生命的大山。那一刻，她发誓，就是用嘴啃，也要把这山啃穿。可誓愿说起来容易，做起来难。什么都没有，这山该怎么挖？邓迎香说，没有机器，我们用大锤；没有筐，我们就用手捧；一年不行，打十年，十年不行，就打一辈子。说着，便带着乡亲们干了起来，13年，从趴着打、跪着打，再到坐着打。她的执着和坚韧感动着大家，凿洞的队伍越来越壮大。终于，2011年8月，216米的隧洞通了！曾经三个小时的山路现在仅需三分钟。

说到这，看来大家都被邓迎香这位当代女愚公的精神感动了，那愚公精神到底是怎样的精神，让我们共同走入今天的课文《愚公移山》进一步感悟吧。

2. 了解作品，文体先行

《愚公移山》选自《列子·汤问》，道家学派著作，相传为列子所撰，《两小儿辩日》和《杞人忧天》均选自其中。列子，生卒年不详，名御寇，战国时期郑国人，主张虚静无为，独立处世，善于修身养性。《列子》共八卷，内容形式多为神话、传说、寓言，如愚公移山、歧路亡羊等成语均出自其中。

寓言是用假托的故事或自然物的拟人手法来说明某个道理或教训的文学作品，常常带有讽刺或劝诫的性质。寓言多用借喻手法，使富有教训意义的主题或深刻的道理在情节高度凝练的故事中得到揭示。

（二）引导提问，让问题教学环环相扣

1. 读课文，解文意

（1）自由朗读，读准字音。

提示：在自读过程中圈画模糊的字音。

仞 rèn　汝 rǔ　箕 jī　畚 běn　孀妻 shuāng　始龀 chèn　厝 cuò

陇 lǒng　曾 zēng　不能损魁父之丘

（2）齐读课文，把握字词。

提示：在讨论的过程中圈画难懂的字、词、句。

①实词：方七百里　聚室而谋　毕力平险　杂然相许

②虚词：曾不能损魁父之丘　其如土石何　投诸渤海之尾

③通假字：始一返焉　汝之不惠　河曲智叟亡以应

④词类活用：箕畚运于渤海之尾　面山而居

⑤古今异义：惩山北之塞　达于汉阴

⑥特殊句式：且焉置土石　甚矣，汝之不惠　帝感其诚

（3）听读视屏，梳理情节。

提示：以简洁的话语概括故事情节。

家庭会议图　毕力平险图　愚智辩论图　神灵移山图

2. 读课文，析文本

（1）全文跳读，筛选信息。

愚公为什么要移山？难不难？从哪里看出来的？（用原文的句子回答）

山之高→"高万仞"

山之大→"方七百里"

人之老→"年且九十"

人之少→"荷担者三夫"

路之远→"寒暑易节，始一反焉"

工具简陋→箕畚

（2）角色朗读，品味对话。

愚公移山——难于上青天！我们对他的行为表示不理解，文中对愚公移山的行为也不理解的还有谁？（妻子、智叟）

①妻子献疑曰，妻子提出了哪些疑问？愚公怎样回答？（用原文的句子

回答）

预设：

妻子：焉置土石？	愚公：投诸渤海之尾，隐土之北。
妻子：人力怎么解决？	愚公：遂率荷担者三夫 遗男跳往助之。
妻子：移山的方法是什么？	愚公：叩石垦壤。
妻子：用什么运土石？	愚公：箕畚运于渤海之尾。

……

妻子献疑的结果是妻子被说服。揣摩对话的语气：

角色朗读——妻子献疑曰（　　）："以君之力，曾不能损魁父之丘，如太行、王屋何？且焉置土石？"

称谓，"君"表示尊重；"如……何"，疑问语气，担心丈夫年老体弱，去移那么大的山会有什么闪失；强调"焉置"，更说明妻子关心移山问题该怎么解决，想要设法克服困难。

妻子提出的是合理疑问，愚公一一解决疑问，妻子被说服。献疑是担心，是关心。

女同学读妻子的对话，用关心的语气来读。

②智叟笑而止之曰，智叟会从哪些方面阻止愚公？愚公会怎样反驳？

预设：

智叟：你都快九十岁了，所剩时日不多，还移什么山？

愚公：九十岁了才对移山这件事进行深思熟虑。

智叟：就算你的子孙能帮你移山，他们会一直继续下去吗？

愚公：意志是家风。

智叟：现在加你才五个人，移山算一厢情愿，有意义吗？

愚公：假以时日，定会起轰动效应。

智叟：搬家不是很好吗，为什么硬要移山？

愚公：世居在此，故土难离，家园情深。

……

智叟笑而止之的结果是智叟"亡以应"。揣摩对话的语气：

角色朗读——智叟笑而止之曰（　　）："甚矣，汝之不惠。以残年余力，曾不能毁山之一毛，其如土石何？

句式：倒装句，强调在智叟心里愚公愚不可及；称谓，汝，很不客气，看不起；"其如土石何"，同样是"如……何"的句式，可智叟的话里多了一个"其"字，语气较强，充满了轻蔑。笑而止之，是嘲笑，是讽刺。

男同学读智叟的对话，用嘲笑的语气。

③全班同学读愚公的对话，愚公的反驳，环环紧扣，语气强烈，强调自己虽然年迈，但有众多的子孙，这样一代一代坚持挖下去，而山不加增，总有可以挖平的一天的信念与决心。读出愤怒、坚定的语气。

愚公长息曰（　　）："汝心之固，固不可彻，曾不若孀妻弱子。虽我之死，有子存焉；子又生孙，孙又生子；子又有子，子又有孙；子子孙孙无穷匮也，而山不加增，何苦而不平？"

（3）对比辩论，感悟形象。

同样是面对移山这件事，可愚公和智叟的态度却截然不同，愚公坚决移山，智叟反对移山。如果是你，你支持谁？为什么？（请同学们各抒己见，做课堂辩论探讨）

正方：支持愚公

反方：支持智叟

预设：

支持愚公：两座大山挡住了他家进进出出的路，为了方便，他才去移山。

支持智叟：大山挡路，可以搬家，搬家和移山相比，显然搬家更容易。

支持愚公：愚公移山不仅仅是为自己，是为了大家，为了造福后代，家人不是同意吗，邻人小孩都跳往助之，我们还有什么理由不支持。

支持智叟：已经一把年纪了，不仅自己折腾，还让子子孙孙去挖山，要挖到什么时候啊？

支持愚公：文中不是说了吗，"而山不加增，何苦而不平"，"子子孙孙"的力量是强大的，"山"又不会增高，只要不停地挖，最终就会把山移走。

……

（三）追加提问，把问题教学引向深入

1.神话结尾，意味深长

提示：刚才同学们的辩论非常精彩，不论正方还是反方都各有千秋，真是难分胜负，那么到底是谁赢了呢？

文中写到河曲智叟"亡以应"，没有话来回答，暗示他输了。

大家注意一下到极富神话色彩的故事结尾，两座山还是靠了神仙的相助才搬走的，有人说愚公到底还是无能的人。大家同意这种说法吗？作者为何这样设计结尾？

在当时生产力落后的古代社会中，人们只能幻想通过天神的帮助来使人类实现其征服自然的愿望。本文采用神话结尾的方式来实现移山的愿望，是以幻想的方式解决人与自然的矛盾，以此反映了古代劳动人民征服自然、改造自然的美好愿望。同时也体现了对愚公移山的诚心和坚定的意志的赞美，增添了故事的神话色彩，符合中国古代的审美习惯，更加突出了故事的主题。

神话结尾，暗示愚公胜、智叟负。

2.回归文体，哲理辨析

提示：寓言故事是为了起到教育作用，为什么胜利的人称之为"愚"，输掉的人却称之为"智"，你怎样看待"愚"和"智"？

预设：为了形成鲜明的对比。

具有讽刺效果，从而突出了愚公的形象……

引导：智叟的"智"，在平常生活中，我们不也是按这样的"智"做事的吗？我们不也对愚公的行为不理解吗？我们不也会选择搬家而不是去移山吗？"智"是大众的思维，是普通人的思维，普通人总是凭着生活中的经验办事，走中庸之道，安于现状，用最合理的思维理性地对待问题，所以智叟虽然不智，但我们也不应该片面地去批评他。

写智叟的目的是为了衬托愚公，与之相反，愚公不是普通大众，不走寻常路，想别人不敢想的，做别人不敢做的，他具有开拓进取、不畏困难、吃苦耐劳、坚韧不拔的精神，哪怕把自己碰得头破血流、哪怕自己吃亏、哪怕不被人理解也要迎难而上。想想我们的寓言还有很多这样的故事（夸父逐日、精卫填海，女娲补天，后羿射日），明知不可为而为之，奇迹就是这样创造出来的。

回过头来，想想我们的民族，想想我们的国家，不正是有这样代的愚公精神才创造了奇迹，才走到今天的吗？

（展示图片：领袖——毛泽东推翻三座大山建立新中国。人民——当代

女愚公邓迎香凿通隧道，带领群众发家致富；黄大发绝壁凿天渠，家乡旧貌换新颜）

总结形象、寓意：

愚公：开拓进取　迎难而上　坚持不懈　持之以恒

　　　理想远大　意志坚定　目光长远　观点全面、发展

智叟：安于现状　知难而退　目光短浅　观点片面、静止

寓意：通过愚公移山的成功反映了我国古代劳动人民改造自然的伟大气魄和坚强毅力，也说明了要克服困难就必须下定决心，坚持不懈地奋斗，只要不怕困难，坚持奋斗，一定能获得事业上的成功。

（四）转向提问，让问题教学拓展延伸

法国寓言家拉·封丹认为，寓言有身体和灵魂两部分。身体就是故事，灵魂就是精神，相信同学们都领悟到了"愚公移山"的寓言之魂。

——微弱的"力量"，艰巨的"任务"，不懈的"努力"，最后的"胜利"。

请你们结合实际，分享你们曾经有过的这样的体验，说一说在学习生活中遇到"大山"你们是怎么去征服的。（由课堂延伸到生活）

（五）巩固创新：为问题教学建构意义

（1）复习归纳文中文言知识（实词、虚词、通假字、一词多义、古今异义、词类活用）。

（2）发挥自己的想象力，为《愚公移山》补充后续发展情节。

提示：可以从愚公和智叟的角度出发进行续写。

移山成功后……

【板书设计】

愚公移山

愚公　　　　　　　　智叟

开拓进取 迎难而上　　安于现状 知难而退

用愚公精神创造奇迹

（黔南民族师范学院附属中学　甘璐）

四、《愚公移山》学案

【课标要求】

根据新课标要求，设定"代表课"的教学目标为：

（1）了解《列子》及寓言的特点，掌握难懂字、词、句等文言知识。

（2）通过对比阅读，分析人物形象；通过小组讨论辨析，理清文章脉络。

（3）理解寓意，学习愚公精神，争做民族伟大复兴道路上的"新愚公"。

【学习过程】

（一）课前准备

1.完成自学学习卡

易错读音	难句翻译	重点实词	重点虚词	通假字	词类活用	一词多义	古今异义

2.收集文学常识资料

《列子》是一部怎样的书，请简要概括：＿＿＿＿＿＿＿＿＿＿＿＿＿＿

＿＿＿＿＿＿＿＿＿＿＿＿＿＿＿＿＿＿。寓言是一种怎样的文体，请

简要概括：＿＿＿＿＿＿＿＿＿＿＿＿＿＿＿＿＿＿＿＿＿＿＿＿＿＿

＿＿＿＿＿＿＿＿＿＿＿＿＿＿＿＿＿＿＿＿＿＿＿＿＿＿＿＿＿＿＿＿

（二）课堂学习

1.梳理情节

家庭会议图＿＿＿＿＿＿＿＿　　　愚智辩论图＿＿＿＿＿＿＿＿

2.分析文意

（1）品读对话：

妻子献疑曰，妻子提出了哪些疑问？愚公怎样回答？（用原文的句子回答）

妻子：焉置土石？　　　　　愚公：投诸渤海之尾，隐土之北。

妻子：＿＿＿＿＿＿＿　　愚公：＿＿＿＿＿＿＿

妻子：＿＿＿＿＿＿＿　　愚公：＿＿＿＿＿＿＿

······

（2）智叟笑而止之曰，智叟会从哪些方面阻止愚公？愚公会怎样反驳？

智叟：＿＿＿＿＿＿＿　　愚公：＿＿＿＿＿＿＿

智叟：＿＿＿＿＿＿＿　　愚公：＿＿＿＿＿＿＿

······

3. 辩论探讨

同样是面对移山这件事，愚公和智叟的态度却截然不同。愚公坚决移山，智叟反对移山，如果是你，你支持谁？为什么？

正方"支持愚公"：＿＿＿＿＿＿＿＿＿＿＿＿＿＿＿＿＿

反方"支持智叟"：＿＿＿＿＿＿＿＿＿＿＿＿＿＿＿＿＿

4. 研读结尾

为什么寓言结尾加上了一个极富神话色彩的故事，两座山还是靠神仙的相助才搬走的？有人说愚公到底还是无能的人，你同意这种说法吗？

＿＿＿＿＿＿＿＿＿＿＿＿＿＿＿＿＿＿＿＿＿＿＿＿＿

＿＿＿＿＿＿＿＿＿＿＿＿＿＿＿＿＿＿＿＿＿＿＿＿＿

5. 形象寓意

愚公：＿＿＿＿＿＿＿＿＿＿＿＿＿＿＿＿＿＿＿＿＿

智叟：＿＿＿＿＿＿＿＿＿＿＿＿＿＿＿＿＿＿＿＿＿

寓意：＿＿＿＿＿＿＿＿＿＿＿＿＿＿＿＿＿＿＿＿＿

（三）课后拓展

请你们结合实际，分享体验你们曾经有过的体验，说一说在学习生活中遇到"大山"你们是怎么去征服的。

（编撰　甘璐）

五、深层学习："意象教学"入景悟情——《望岳》课堂教学创新设计

【教材选择与分析】

语文课程标准在课程理念部分提道"应该重视语文课程对学生思想情感

所起到的熏陶感染作用"。古诗词中意象传递出来的情感美，对学生的精神世界具有重要的启迪和感染作用。《望岳》是部编版七年级下册第五单元古代诗歌五首的其中一首，这个单元的课文或借景抒情或托物言志，描写的景物中往往浸透着作者的情感，字里行间闪耀着哲理的光辉。诗歌通过对泰山高大雄伟的气势和神奇秀丽的景色的描述，体现出诗人对泰山的尊崇和赞美，表达了诗人不怕困难、勇于攀登绝顶的雄心和气概。这对中学生的人生理想会产生激励的作用，他们在无形中会严格要求自己，努力奋进，勇敢向前，从立德树人的角度来看，特别适合帮助初中生打好自信向上、积极健康的精神底色。

【研究的问题与主题】

突破浅层认知，深入领略古诗词意象背后诗人独特的情感世界和审美情趣，促进中学古诗词意象的"深层学习"。

浅层学习是一种机械式的学习方式，导致"浅层学习"的原因有三个：一是大部分学生基础知识薄弱，对古诗词意象的理解比较模糊，缺乏古诗词意象的积累，由于古诗词距今年代久远，学生因自身知识水平的局限性，不能体会到诗人内心的真实心境，无法与诗人的内心产生情感共鸣；二是部分教师文化素养缺乏，教学方法单一，在实际教学中对古诗词意象的解读不够深入，不注重对意象组合的理解，缺乏对古诗词意象的有效引导，淡化意象，轻视诗词意境；三是由于受到应试教育的影响，教师一味地去揣摩出题人的意思，寻找解题的万能方法，把充满诗情画意的古诗词拆分得支离破碎，学生的学习兴趣大打折扣，这使古诗词意象教学应有的价值得不到充分的应用和体现。

古诗词中的一景一物皆含情，正如王国维所说的"一切景语皆情语"，意象是渗透着作者情意的具体形象。部编版初中语文教材加大了古诗词选文的分量，主题更加多样化，显示出对古诗词教学的重视。古诗词作为中华民族的优秀传统文化，蕴含着丰富的美，其中意象又是解读诗词画面美和情感美的钥匙，一个个意象串联起了整首诗歌，学生通过对意象的解读和欣赏，可以更深入地领略古诗词意象背后诗人独特的情感世界和审美情趣，进而丰富自己的内心情感。中学古诗词意象的深层学习能有效地提高学生的语文核心素养，对学生思维的发展、审美的鉴赏以及文化的传承有着重要的意义。

【教学目标】

1.能有感情地朗读诗歌，背诵诗歌。

2.感悟诗歌的内容，想象诗歌所描绘的景象，体会诗人的情感。

3.激发学生热爱祖国河山之情，培养树立远大的志向和抱负。

【重点难点】

教学重点：在了解杜甫的基础上通过反复诵读体悟诗歌内容，领略泰山雄伟神奇的景色。

教学难点：激发学生对祖国山河的热爱，引导学生树立不畏困难、勇于攀登、志存高远的生活态度。

【学情分析与方法的设计】

本课的教学对象是七年级的学生，初步具有了一定的学习分析能力，但是在赏析字、词方面还需要加强。他们存在思维活跃、乐于表现、积极主动等心理特征，但是他们也存在着实际登高的经验缺失等特点，因此在本文的学习中，要多关注如何调动学生的积极性以完成本课的教学目标。在指导学生的学习方法和培养学生的学习能力方面主要采取以下方法：品读法、情境法、探究法、归纳法、反思法，旨在领略泰山神奇的景色，理解青年杜甫的豪情，感悟蕴含的人生哲理，体会诗歌意象背后丰富的画面美、情感美，培养学生对古诗词鉴赏能力。

【主要观点与创新之处】

古诗意象教学要入景悟情。采用意象教学四部曲：一知作者，二描画面，三辨情志，四勤归类。层层深入，加深学生对古诗词的理解，提高学生自主学习的能力和水平，让学生更好地体会诗歌的深刻内涵，激发学习古诗词的兴趣，提高审美眼光，提升精神境界。

【四点分析】

表2-3 "四点突破"教学范式"望岳"四点分析

四点	构成
兴趣点	原生兴趣：《望岳》是流传于世的杜甫诗中年代最早的一首，不同于之前所了解的杜甫沉郁顿挫的作品风格，这首诗洋溢着青年诗人的朝气蓬勃与壮志豪情
	伴生兴趣： （1）设计"飞花令"以及"猜字"游戏，积累诗句，通过象形文字的美妙，让学生感受传统文化的魅力。 （2）展开合理的想象与联想，将诗词中的形、色、声在头脑中形成立体的画面，勾勒画面，感受诗词意象构造出来的相关意境。 （3）群诗学习，通过三首"登高"诗的对比阅读，既巩固了学过的知识，通过再读又有了新的收获，进一步培养学生赏析诗歌的能力
	衍生兴趣：对泰山文化进一步深入发掘，更加激发学生对祖国河山的热爱之情，使之树立远大的志向和抱负，传承诗歌中俯视一切、兼济天下的文化精神
起始点	诗言志，诗缘情，通过入景悟情，感受到泰山的雄伟，以及诗人不仅要登上泰山的顶峰，更要登上人生顶峰的不怕困难、俯视一切的雄心和气概
重难点	（1）感悟诗歌的内容，想象诗歌所描绘的景象，体会诗人的情感。 （2）激发学生热爱祖国河山之情，培养学生树立远大的志向和抱负
迁移点	积累归纳中学古诗词常见意象，深化巩固意象内容，灵活运用所学意象，领悟诗人情感，传承文化，并从中感受到美的启迪、智的哲思、心的享受

【教学流程】

（一）意象诱题：情境性导入新课

同学们，近两年央视的《中国诗词大会》节目很火啊，其中有一个环节是"飞花令"（原本是古人在行酒令时的一种文字游戏），课前我们热热身，玩一下这个游戏。央视的规则是这样的：规定一个字来背诵含有这个字的古诗句，今天的课题与"山"字有关，我们选"山"字，四个大组来比赛，看哪个组背得多。

生：白日依山尽，黄河入海流。

空山不见人，但闻人语响。

千山鸟飞绝，万径人踪灭。

白日依山尽，黄河入海流。

两岸猿声啼不住，轻舟已过万重山。

空山新雨后，天气晚来秋。

不识庐山真面目，只缘身在此山中。

黄河远上白云间，一片孤城万仞山。

山下兰芽短浸溪，松间沙路净无泥……

一个"山"字，古人竟能写出这么多优美的诗句，今天我们也要从"字"入手，学习杜甫的《望岳》。

（二）意象探讨：互动式知人论世

（1）杜甫（712—770），字子美，号少陵野老，唐代的现实主义诗人。

他的诗真实地反映时代，称为"诗史"；由于他忧国忧民，被誉为"诗圣"。

代表作品："三吏""三别"以及《茅屋为秋风所破歌》《春望》《闻官军收河南河北》《登高》等。（"三吏""三别"即《新安吏》《石壕吏》《潼关吏》《新婚别》《无家别》《垂老别》，杜甫的作品，深刻写出了民间疾苦及在乱世之中身世飘荡的孤独，揭示了战争给人民带来的巨大不幸和困苦，表达了作者对备受战祸摧残的老百姓的同情。）

（2）杜甫在20～35岁时曾游历中国的大江南北。

《望岳》是流传于世的杜甫诗中年代最早的一首，是诗人25岁时在齐、赵一带漫游时的作品，它境界高远，表现了泰山的峻美，洋溢着青年诗人的朝气蓬勃与豪情壮志。

（3）《望岳》共三首，分别咏东岳泰山、南岳衡山、西岳华山。

（三）意象体验：合作性入景悟情

1.初读诗歌，把握节奏

（1）自由朗读。

"了"（liǎo），为了，不尽（参考旁边注释）。

"眦"（zì），眼眶，睁大眼睛看，看的眼睛快裂开了（请教旁边注释）。

"夫"（fú），句首发语词，引起下文，没有实际意义，标注。

"曾"通"层"，层层叠叠。

（2）全班齐读。

要读得流利，除了读准字音，还要注意节奏、停顿。（二三拍节奏）

2.猜字环节，初步感知。

（1）（"岳"字）。

甲骨文象形文字，众峰相连的山脉丘陵，山上还有山，在山脉的群峰中独立、高大的主峰，所以诗人说"一览众山小"。

（2）（"望"字）。

甲骨文象形文字，上面像眼睛，像一个人站在台阶上远望，"站得高，看得远"。如果说《望岳》是写景诗，那么"望"字写的是角度，"岳"字写的是内容。

（3）（"宗"字）。

甲骨文会意字（由两个或两个以上的形体组合而成），房子里有一张桌子，上面有贡品，也有可能是摆在宫室屋内的祖先牌位，平时我们有祖宗、宗法、宗庙之说，指专供祭祀用的屋宇。再结合唐太宗、唐玄宗、唐肃宗、唐高宗，还有一代宗师，代表级别高、位分高，"宗"字写的是泰山的地位（五岳之首）。

3.入景悟情，赏读诗歌

（1）入景。

①"岱宗夫如何，齐鲁青未了。"

"齐鲁青未了"，"青"写颜色青葱翠绿，"未了"写群山连绵起伏。（你想，在齐地能看见泰山，在鲁地也能看见泰山，泰山如此广阔巍峨！）

朗读，师问生答，声音洪亮，赞叹的语气！（板书：青色、连绵）

②"造化钟神秀，阴阳割昏晓。"

"造化钟神秀"是对泰山的感慨赞叹，造物主把所有的神奇秀丽都聚集在泰山上，泰山的秀美可想而知。（钟，偏爱，钟爱、钟情，大自然就像一个钟情的人，拟人，把所有的美都献给了泰山，奇峰怪石、瀑布，飞禽、走兽、虫鱼，参天的大树……（板书：神秀）"阴阳割昏晓"能否换成"阴阳分昏晓"？没有气势！写泰山的遮天蔽日、高大雄伟（高峻巍峨），把山的南北劈成了白天和黑夜。泰山像一把利剑，比喻，直入云天，把阳光都阻隔了，把明和暗分割开来，有主宰万物的气势。（板书：雄伟）朗读，脑海中想象画面，神秀，雄伟，语速要慢；读出重音、钟和割；读出感情，由衷地赞叹。一个男生、一个女生来读。

③"荡胸生层云，决眦入归鸟。"

"荡胸生层云"，很多很多的美景在心中激荡，写诗人内心的感受，是想象之景，泰山生机勃勃，诗人心胸激荡，被泰山的美景震撼，陶醉不已。

"决眦入归鸟"，写了鸟的千姿百态，飞鸟入巢，空间的邈远开阔（生怕从视线里消失），泰山的幽深壮阔。看的时间之长，从早上看到晚上，流连忘返。

朗读，配以动作，眼睛睁大，看归鸟还巢，余音绕梁，声音停，气息还在。

（2）悟情。

①直抒胸臆。

"会当凌绝顶，一览众山小"首先让我们感受到泰山是多么伟大，它能激发出人们攀登极顶和战胜困难的愿望。（登上泰山之巅，不把其他的小山放在眼里）

山高人为峰，诗人不仅要登上泰山的顶峰，更要登上人生的顶峰，所以山不仅是大自然的山，也是人生之峰，诗人发出的是登上人生巅峰的誓言，表达了诗人不怕困难、勇攀高峰的雄心和气概。（在这个目标面前，不畏艰难，不停攀登，何等的豪情万丈）

②反复诵读。

"会当凌绝顶，一览众山小"如此壮丽的泰山，怎能不让人喜爱、陶醉、赞叹？这个时候在最后两句直抒胸臆，豪情万丈，应该读出重音。

（3）小结。

入景，青色、连绵、神秀、高峻、邈远。

悟情，喜爱、陶醉、赞叹，誓攀人生高峰。

（四）意象归纳：反思性意义建构

《古代诗歌五首》中除了《望岳》，还有另外两首"登高"诗，即《登幽州台歌》《登飞来峰》，我们从标题、入景、悟情进行比较赏析，具体见表2-4。

表2-4　标题、入景、悟情赏析表

篇目	标题	自然之景	心中之情
《登幽州台歌》	歌：诗的一种体裁，称为歌体，可以用来吟唱	念天地之悠悠：登楼远眺，写空间的辽阔无垠	怆然、涕下：孑然一身、无限孤独，不禁伤感流下眼泪
《登飞来峰》	飞来峰：俗称"塔山"，传说从琅琊郡东武飞来	千寻塔、见日升：用夸张的手法烘托飞来峰之高耸	站得高、看得远，克服重重困难，抒发豪情壮志
《望岳》	望写角度，岳是内容	泰山之青翠、连绵、高峻、飞鸟	誓攀人生高峰的雄心壮志和远大抱负

今天我们赏析了杜甫的《望岳》，这篇咏泰山之绝唱，写尽了泰山的高远幽深、神奇秀丽，展现了诗人青年时代兼济天下的远大抱负，它告诉我们，站得高，才能看得远；只有登上绝顶才能俯视一切；只有努力挑战困难，才能享受成功带来的自豪和喜悦。同时我们又对比了另外两首"登高"的诗——《登幽州台歌》《登飞来峰》，今后读诗要学会关注标题，入景悟情，让我们在有生命的古诗中得到文化的浸润！

（五）意象深化：生活性巩固延伸

1. 文化拓展

为泰山的注入文化因子，感受齐鲁大地深厚的文化。

泰山的封禅文化：在历朝统治者的眼里，泰山是凛然不可冒犯的，泰山有史记载帝王封禅12次，故被称作"圣山"和"国山"，泰山的显赫名气正是源于此。

泰山的宗教文化：泰山是道教名山，但儒、佛两教在泰山的影响亦不可小觑，三教合一的情形比比皆是。

泰山的石刻文化：石刻文化不是中国独有的文化形式，泰山得以获得世界双遗产的美名，其中石刻文化功不可没。

泰山的建筑文化：泰山是中国古建筑的荟萃之地，岱庙与北京故宫、曲阜三孔、承德避暑山庄并称中国四大古建筑群。灵岩寺自古为"域中四绝"之一。

泰山的民俗文化：东岳庙会、王母生日、泰山石敢当。

泰山以其雄伟高大的自然景观，数千年精神文化的渗透和渲染，已成为中华民族的象征、文人精神的源泉。

2. 布置作业

（1）继续阅泰山的有关资料，可以是诗文、故事、谚语等，并做好积累。

设计意图：激发学生进一步学习的热情，丰富意象知识的积累。

（2）收集登高诗，借助资料读悟并背下来，比比谁积累的登高诗最多。

（背诵中结束此课）

【板书设计】

望岳

（唐）杜甫

入景，青色、连绵、高峻、飞鸟

悟情，感慨赞叹，誓攀人生高峰

（编撰　甘璐）

六、《望岳》学案

【学习要求】

（1）能有感情地朗读诗歌，背诵诗歌。

（2）感悟诗歌的内容，想象诗歌所描绘的景象，体会诗人的情感。

（3）激发学生热爱祖国河山之情，培养学生树立远大的志向和抱负。

【学习过程】

（一）课前预习

（1）读。借助工具书读通诗句，读准字音；读注释，试着理解诗句。

（3）问。这首诗的体裁是一首古体诗，什么是古体诗？

古体诗：＿＿＿＿＿＿＿＿＿＿＿＿＿＿＿＿＿＿＿＿＿＿＿＿＿＿＿

（二）课堂学习

1. 意象诱题导入

回顾小学学过的有关"山"字的诗句。

_____，_____。

2. 意象知人论世

杜甫（712—770），字_____，号_____，唐代_____诗人。他的诗真实地反映时代，称为"_____"；由于他忧国忧民，被誉为"_____"。代表作品："三吏""_____"以及《茅屋为秋风所破歌》《春望》《闻官军收河南河北》《登高》等。杜甫在20～35岁时曾游历中国的大江南北，《望岳》是流传于世的杜甫诗中年代最早的一首。《望岳》共三首，分别咏东岳_____、南岳_____、西岳_____。

3. 意象入景悟情

（1）初读诗歌，把握节奏。

岱宗 / 夫如何，齐鲁 / 青未了。造化 / 钟神秀，阴阳 / 割昏晓。

荡胸 / 生层云，决眦 / 入归鸟。会当 / 凌绝顶，一览 / 众/山小。

（2）入景悟情，赏读诗歌。

① "岱宗夫如何，齐鲁青未了。"

"青"写泰山_____，"未了"写泰山_____。

② "造化钟神秀，阴阳割昏晓。"

"钟"字是聚、集的意思，"造化钟神秀"能否换成"造化集神秀"？

_____

"阴阳割昏晓"能否换成"阴阳分昏晓"？

_____

③ "荡胸生层云，决眦入归鸟。"

"荡胸生层云"是诗人想象之景，请用优美的语言描述诗人当时想象的画面：_____

"决眦入归鸟"，写了鸟儿的_____，泰山的_____。

④ "会当凌绝顶，一览众山小。"

直抒胸臆，让我们感受到泰山是多么伟大，它能激发出人们_____的_____愿望；山高人为峰，诗人不仅要登上泰山的顶峰，更要登上的是＿＿＿＿＿＿的顶峰，表达了诗人不怕困难、勇攀高峰、俯视一切的雄心和气概。

4. 意象归纳传承

《古代诗歌五首》中除了《望岳》，还有另外两首"登高"诗——《登幽州台歌》《登飞来峰》，请从标题、入景、悟情进行比较赏析。

5. 意象深化巩固

资料助读，为泰山注入文化因子，感受齐鲁大地深厚的文化。

泰山的封禅文化：泰山有史记载帝王封禅12次，被称作"圣山""国山"。

泰山的宗教文化：泰山是道教名山，但儒、佛两教在泰山的影响亦不可小觑。

泰山的石刻文化：泰山得以获得世界双遗产的美名，其中石刻文化功不可没。

泰山的建筑文化：泰山是中国古建筑的荟萃之地，岱庙与北京故宫、曲阜三孔、承德避暑山庄并称中国四大古建筑群。灵岩寺自古为"域中四绝"之一。

泰山的民俗文化：东岳庙会、王母生日、泰山石敢当。

（三）课后练习

（1）继续阅读泰山的有关资料，可以是诗文、故事、谚语等，并做好积累。

（2）收集登高诗，借助资料读悟并背下来，比比谁积累的登高诗最多。

（编撰　甘璐）

七、情境美育：初中散文教学的新范式——《白杨礼赞》课堂教学创新设计

【教材分析】

《白杨礼赞》是部编版八年级上册第四单元的第二篇文章，它是茅盾先生写的一篇托物言志散文典范名篇。文章借赞美"西北极普通的"白杨树，揭示了白杨树所象征的当时抗日军民的顽强意志和斗争精神，讴歌了西北军民团结抗战的伟大精神和意志，抒发了对白杨树由衷的赞美之情。运用情境美育法使学生在读的基础上再现意境，感受散文文字的魅力，从而积累一些学习散文

的方法。

【研究主题】

研究主题：情境美育。优美的文字是散文的一个具有代表性的特点，也是学生学习的重要内容。由于散文的描绘往往倾向意境性的描述，所以学生很难通过想象在脑海中呈现出具体的情景，这就给学生感悟散文文字的美感带来了困难。因此情境美育是通过多媒体设备，根据文字描述的相关图片、音乐，帮助学生感悟文章中的文字之美，一点一点地提高学生的散文理解能力，并设计反复朗读、问题导引、研读探究、合作交流、感悟提升等交互式课堂活动，让学生围绕中心问题发表各自的意见，相互交流、相互启发，在研究探讨中理解、发现、感悟、比较、体验、归纳课文的中心内容，把握文章主旨，深入体会作者的情感，使学生在潜移默化中慢慢提升对散文的理解能力。

【教学目标】

（1）理解白杨树的象征意义，学习本文托物言志的手法。

（2）通过诵读体味情感和语言。

（3）培养独立思考的习惯，教会学生探究、探讨、合作。

（4）理解学习陕甘宁边区抗日军民正直、质朴、团结向上、坚强不屈的革命品质。

【重点、难点】

教学重点：

（1）分析5、7段内容，归纳托物言志的手法。

（2）学习托物言志的手法及排比、反问等修辞手法。

教学难点：理解白杨树的象征意义及探索文中如何揭示白杨树的象征意义。

【设计思路】

本节"代表课"采用情境美育法，通过多媒体设备，根据文字描述的相关图片、音乐，帮助学生感悟文章中的文字之美，一点一点地提高学生的散文理解能力。课堂上紧紧围绕整体感知、深入理解、深化主题来组织教学，遵循环环相扣、从浅入深、从易到难、从整体到局部的认知规律，不但符合学生的心理发展规律，而且更能促进学生的探究和思考，有利于学生的深度学习。

【四点分析】

表2-5　"四点突破"教学范式"白杨礼赞"四点分析

四点	构成
兴趣点	原生兴趣：使用已学过的具有象征意义和运用托物言志手法的诗词导入并设计相关兴趣问题
	伴生兴趣： （1）理解白杨树的象征意义，学习本文托物言志的手法。 （2）通过诵读体味情感和语言。 （3）教会学生以研究、探讨、合作的方法去发现问题、分析问题、解决问题
	衍生兴趣：象征及托物言志手法的运用
起始点	诗词导入，激起学习兴趣
重难点	（1）分析5、7段内容，归纳托物言志的手法。 （2）学习托物言志的手法及排比、反问等修辞手法。 （3）理解白杨树的象征意义。 （4）探究文中是如何揭示白杨树的象征意义的
迁移点	运用象征及托物言志的手法来进行拓展写作

【教学过程】

（一）诗词导入，情境性温故知新

1. 导语

（PPT出示图片）我们欣赏过"碧玉妆成一树高，万条垂下绿丝绦"的柳树；我们佩服过"大雪压青松，青松挺且直"的松树；我们惊叹过"墙角数枝梅，凌寒独自开"的梅树，现在请跟着我一起去品析"北方有佳树，挺立如长矛，叶叶皆团结，枝枝争上游"的白杨树。让我们一起走进茅盾先生于1941年创作的《白杨礼赞》。（教师板书《白杨礼赞》）

设计意图：用每种树不同的形态和品格及相应图片引出本文的白杨树，它不仅可以直接带领学生走进课题，而且直观的图片会让学生感觉新颖、有趣，激发学生的好奇心和求知欲。

2. 解题

礼赞：崇敬地赞美。

设计意图：通过解题，初步感知全文情感，奠定感情基础，设置悬念，吸引学生兴趣。

（二）整体感知，互动式赏读典句

1. 初读，赏美"文"

一位同学朗读。（读准字音）

砥dǐ　恹yān　虬qiú　垠yín　娑suō　倔强jué jiàng　晕yùn圈　秀颀qí

设计意图：扫清生字词障碍，为分析下文做好铺垫。

2. 再读，品美"情"

作者带着崇敬赞美之情赞美白杨树，文章中有很多直接赞美它的句子，请同学们迅速浏览课文后勾画出这些赞美白杨树的句子，并思考作者的感情是否有变化。（实在是、绝不是、不是、赞美、高声赞美），请全班带着这种赞美之情朗读这些句子。（PPT出示直接赞美白杨树的句子）

第1段：白杨树实在是不平凡的，我赞美白杨树！

第4段：那就是白杨树，西北极普通的一种树，然而实在是不平凡的一种树！

第6段：这就是白杨树，西北极普通的一种树，然而决不是平凡的树！

第8段：白杨不是平凡的树……我赞美白杨树，就因为……

第9段：……我要高声赞美白杨树！

小结：在这几个句子中，有一个词反复出现（不平凡），作者赞美白杨树不平凡，这就是本文的抒情线索。

设计意图：让学生们在读的基础上去深悟作者的写作情感，初步体会文章结构的严谨及情感之美。

3. 深读，悟美"意"

先来看看大屏幕，请告诉我白杨树有什么特点。（高大、笔直、枝繁叶茂……）文中作者也对白杨树的外形进行了细致的描绘，是哪一段呢？（第五段）请一位同学来读一读这一段，请其余同学勾画出这一段中描绘白杨树特点的词句。（学生独立完成，最后教师引导学生找出文中重要信息并且归纳总结）

老师归纳：既有外形又有内在，既绘形又绘神。

板书：绘形　　绘神

绘形从哪些方面进行描绘？（干、枝、叶、皮）绘神又有哪些词语可以体现？（教师引导，学生回答文中描绘白杨树的外形特征的词语）绘神的词语又有哪些呢？

$$
外形特征：
\begin{cases}
干：笔直、绝无旁枝 \\
枝：笔直、靠拢 \\
叶：片片向上 \\
皮：光滑淡青色
\end{cases}
\qquad
内在品质：
\begin{cases}
不屈不挠 \\
努力向上 \\
倔强挺立 \\
力争上游
\end{cases}
$$

设计意图：引导学生品析白杨树的外形美和内在品质美，领会作者精巧的构思及本段的用词之美。

4. 研读，究美"境"

研讨1：

我们再想一想，作者仅仅只想赞美白杨树吗？（不是）他不是书中的好女子，却是树中的伟丈夫！这个"伟丈夫"具有什么品质？（伟岸、正直、朴质、严肃、温和、坚强不屈、挺拔）

研讨2：

当作者看到这样的白杨树时，他联想到了什么？（人）请从文中找出相关的语句。（先让学生讨论，然后汇报）

北方的农民、守卫家乡的哨兵、抗日军民的精神和意志。

研讨3：

北方农民的特征是什么？

朴质、严肃、坚强不屈。

小结：他们是一群生活在黄土高原上的普普通通的人，但他们坚强不屈，默默生产耕耘与敌人进行斗争。

研讨4：

守卫家乡的哨兵的特征是什么呢？

坚强不屈、傲然挺立，他们时刻准备浴血奋战、抛头颅洒热血保家卫国。

指导：我们的抗日军民紧密团结在一起，同心同德、力求上进。（这四个句子层层递进，同学们在读它时，一定要注意感情的变化，现在大家一起来读一读。（让学生自由读，由两个学生再来读这四个句子）（PPT朗读）现在让我们带着这份崇敬的感情来欣赏这段的朗读。

小结：讲到这里我们看到了作者真正的写作意图：不仅赞美白杨树，还借白杨树讴歌赞美大西北抗日军民的坚强不屈、团结上进、保家卫国的精神意志。白杨树的形象与抗日军民的形象和谐统一，这种不直接抒情，而是把特殊感情寄托在事物上赋予它具体的形象的手法叫托物言志。（在初一我们也学过采用这种写法的文章，拓展讲讲《爱莲说》）

研讨5：

作者为什么不直接赞美北方军民，而要借白杨树来抒发感情呢？（探讨归纳）

小结：通过白杨树的形象联想与想象到抗日军民的形象更委婉、含蓄，使感情更深刻，内容更丰富、生动。

教师出示链接材料：1938年12月，茅盾应爱国民主人士邀请去新疆迪化也就是我们现在所说的乌鲁木齐讲学，在讲学过程中，迪化的形势发生了巨大的变化。1940年的时候，茅盾先生借为母奔丧之名从新疆回来，正好路过延安，在延安稍作停留的时候，他进行了讲学，在整个讲学过程中，茅盾对解放区有了更深刻的理解，5个月后，他把自己的两个孩子留在了延安，和妻子辗转到达重庆。他第一次看到中国共产党领导我们的抗日军民是怎样反抗日寇的，他第一次看到了中国人民的团结以及中国人民在反抗日寇过程中所体现出的爱国之情和民族之感。他从当地人民的身上看到了中华民族的希望，于是用笔表达了对根据地军民的赞美。因当时作者生活在国民党统治区，没有言论自由，不能直接抒情，便用象征手法，热情地歌颂了抗日根据地的军民，歌颂了中华民族英勇不屈的斗争精神。

设计意图：研读部分即文章的难点部分，在这部分中着重指导朗读，巧妙地设计问题，层层深入，以读代讲、以读代悟、以读品情，指导并加强学生对散文多种写法的掌握。最后链接背景材料，总结升华，加深同学们对作者写作目的的了解，再次领悟作者对白杨树真挚的情感。

（三）生活延伸，实用性拓展训练

同学们，作者由白杨树联想到了北方的农民、哨兵、抗日军民的精神和意志，请你们看看下面的图片（蜜蜂采蜜图、蜡烛燃烧图、老黄牛图），看到它们你们又想到了什么，写出来大家一起分享。

设计意图：让学生在课文学习的基础上，学会把课堂学到的东西运用到生活中，在生活中的实例又能很好地与课堂内容相结合，拓宽思路。教、学、练中学生的情感、道德情操润物无声，潜移默化。

师：今天我们虽然身处和平年代，但祖国的繁荣富强更需要千千万万具有这样品质的人，愿你们每一个人都是一棵小白杨。

（四）课后作业，建构性巩固提升

茅盾先生写的文章如诗如画，脍炙人口，老师希望同学们课后多读读这些好文章，比如他的《风景谈》和《大地山河》都值得我们去读一读。

设计意图：适时布置的课下阅读能够很好地帮助学生自主学习，储备相关知识，激发阅读兴趣，为学生更好地学习语文储备能量。

【板书设计】

```
树——人（这些人具有什么样的品质？）
    农民（朴质、严肃、坚强不屈）          层层递进 ⎫
    哨兵（坚强不屈、傲然挺立）                    ⎬
    抗日军民精神意志（团结、力求上进）    崇敬、赞美 ⎭

              托物 ————————→ 言志
```

（编撰　蒋三妹）

八、《白杨礼赞》学案

【课标要求】

根据新课标要求，设定"代表课"的教学目标为：

（1）理解白杨树的象征意义，学习本文托物言志的手法。

（2）通过诵读体味情感和语言。

（3）培养独立思考的习惯，教会学生研究、探讨、合作。

（4）学习陕甘宁边区抗日军民正直、质朴、团结向上、坚强不屈的革命品质。

【学习过程】

（一）自主预习

初读课文，借助工具书及结合课下注释，给下列加点字注音，并识记画线词语的意思。

坦荡如砥（　　）　　恹恹（　　）欲睡　　虬（　　）枝　　无边无垠（　　）　　婆娑（　　）　　倔强（　　）　　晕（　　）圈　　秀颀（　　）

旁逸斜出　　纵横决荡　　妙手偶得　　潜滋暗长

（二）课堂学习

1.整体感知

活动一：再读课文，在文中勾画出直接抒发作者赞美白杨树的句子。

_____

活动二：合作探究。

在文中找出具体描绘白杨树外形和内在美的段落，同时勾画出相关词句归纳白杨树的特点。

_____

活动三：独自思考。

文中仅仅只写白杨树吗？还写了什么？请在文中找出来并归纳写法。

_____

1.深入探讨

探讨1：白杨树的象征意义是什么？四个排比和反问的语气有区别吗？这样写的好处是什么？

_____

探讨2：文章采用了象征手法借物咏人，作者主要从哪几个方面表现白杨树的不平凡？

_____

探讨3：结合时代背景，你认为楠木指哪些人？表达了作者怎的感情？

_____

2.练笔提升

同学们，作者由白杨树联想到了北方的农民、哨兵、抗日军民的精神和意志，请你们看看下面的图片，看到他们你们又想到了什么，写出来大家一起分享。

蜜蜂采蜜图　　　　　　蜡烛燃烧图　　　　　　老黄牛图

图2-1

（三）课后练习

（1）造句：难道……只……；难道……就；难道……竟；难道……又……

（2）茅盾先生写的文章如诗如画，脍炙人口，希望同学们课后多读读这些好文章，比如他的《风景谈》和《大地山河》都值得我们去读一读。

（编撰　蒋三妹）

双案设计——数学类

一、兴趣：初中数学概念教学的"支架"——变量与函数教学创新设计方案

【教材分析】

变量与函数是人教版数学八年级下册第十九章第一节的内容，是数与代数中的重要内容，是学生比较难理解、较为抽象的数学概念。函数是描述运动变化规律的重要数学模型，它刻画了变化过程中变量之间的对应关系，是后续学习一次函数、二次函数、反比例函数等内容的基础。函数与方程、不等式等知识有密切联系，函数的表示方法中体现了数形结合的思想方法。根据八年级学生的年龄、认知水平的特点，数学认知结构比较简单而具体，还处于具体形象思维的阶段。学生首次接触函数概念，它把学生由常量数学引入到变量数学，需要学生的思维经历一个飞跃的过程，这个过程需要达到辩证思维的形态，因此，在教学过程中教师要不断地激发和培养学生的学习兴趣，由于函数

的概念学习过程中蕴含的核心数学认知活动是数学抽象概括活动，本节课在结合具体实例归纳概括函数概念的过程中，经历从具体到抽象的认知过程，发展了学生的抽象概括能力。

【研究主题】

研究主题：兴趣数学。函数概念具有内容的概括性、符号的抽象性、形式的多样性等特征，因此，函数概念一直是中学数学教学的一大难点。针对的问题是学生对于数学概念的形成，寻求兴趣点去突破数学概念形成的有效方法。本节课力图通过对变量与函数概念课的教学设计研究形成初中数学概念教学范式，以期引导学生更好地掌握初中数学概念。

【教学目标】

（1）让学生了解常量和变量的意义。

（2）通过实际问题情境，从常量、变量之间的数量关系中抽象出函数的概念，初步感受变化与对应的数学思想。

（3）培养学生用数学的眼光观察变化的数学世界，归纳抽象的核心素养。

【重点难点】

教学重点：理解函数的概念并把实际问题抽象概括为函数问题。

教学难点：概括并理解函数概念中的单值对应关系。

【设计思路】

本节课主要利用贵州省初中数学张瑛名师工作室提出的"四点突破"教学理念中的"兴趣点"，结合本节的知识和学情进行教学设计。建构主义教学理论认为："知识并非被动接受，而是有认知能力的个体在具体情境中与情境相互作用而建构出来的，这样获得的知识才能真正为学生所拥有。"[①]本节课从学生的实际出发，欣赏视频，感受生活中的变化关系，把学生的注意力在最短的时间里激活，结合导学案中的课前学习打开学生的原生兴趣。创造性地使用教材，引出三个既切合社会热点和学生生活，又切合知识的"最近发展区"的典型实例，通过实例分析其关系，帮助学生透过表示形式发现变化过程中两个变量之间的本质关系，激发学生的伴生兴趣，引导学生对新问题进行观察、猜想、交流，让学生自主探究实例的共性，从而抽象出函数的概念，这样使本

① 刘海涛. 初中数学课标教材中函数概念引入的比较研究［J］. 数学通报, 2013（6）：49-50.

来看似抽象的知识变得通俗易懂，突破教学中的重难点。通过"创设情境、激发兴趣、自主探究、合作交流"的学习方式，改变了以往教师的教和学生的学的方式，在这个学习过程中，培养了学生的语言素养、抽象思维能力。

【四点分析】

表2-6　"四点突破"教学范式"变量与函数"四点分析

四点	构成
兴趣点	原生兴趣：研究自然现象中一个量随着另一个量的变化关系
	伴生兴趣： （1）变量与常量的意义。 （2）在一个变化过程中，量和量之间存在着一种依赖关系，引出函数的概念。 （3）自变量。 （4）函数值。 （5）函数解析式
	衍生兴趣：若等腰直角$\triangle ABC$继续向右运动，这时你能写出重叠部分的面积y与x之间的函数关系式吗？自变量的取值范围又是多少呢？
起始点	研究一个量随着另一个量的变化而变化
重难点	（1）理解函数概念并把实际问题抽象概括为函数问题。 （2）概括并理解函数概念中的单值对应关系
迁移点	在原有问题的基础上，类比运动前的规律继续研究运动后的变化情况

【教学过程】

（一）创设情境，悬念式提出概念

导语：同学们，我们生活在一个万物皆变的世界里，万物都在变化，万物因变化而美丽，事物因变化而神奇。

（欣赏视频，感受生活中的变化关系）

师生活动：教师播放视频并解说，引导学生观察视频中的变化关系。

设计意图：以生活中的事物切入课题，让学生感受到数学来源于实际生活，引导学生用数学的眼光去观察生活中事物的变化。

（完成导学案问题1）

问题1（疫情中的数学）　在举国上下抗击新型冠状病毒疫情的斗争中，某市的一批医护人员乘坐汽车去支援武汉，在某段时间内，汽车以60千米/小时的速度匀速行驶，行驶路程为s千米，行使时间为t小时。

请根据题意填表：

（1）试用含t的式子表示s：_____。

（2）在这个变化过程中，

哪些是变化的量：_____。

哪些是始终不变的量：_____。

师生活动：学生独立完成导学案问题1，并请学生交流发言，教师作补充。

（完成导学案问题2）

问题2（电影中的数学）　都匀市某电影院每张《流浪地球》电影票的售价为50元，如果第一场售出100张票，第二场售出200张票，第三场售出310张票，三场电影的票房收入各多少元？设一场电影售票x张，票房收入y元。

（1）根据题意填空：

第一场电影票房收入：_____；

第二场电影票房收入：_____；

第三场电影票房收入：_____；

（2）你能用含x的式子表示y吗？_____。

（3）其中变化的量是_____；

没有变化的量是_____。

这个问题反映了票房收入_____随售票张数_____的变化而变化的过程。

师生活动：学生独立完成，设置按坐标交流发言。

（完成导学案问题3）

问题3（温度中的数学）　下图是我们都匀市某天的气温变化图，任意给出这天中的某一时刻t，你能说出这一时刻的气温T吗？

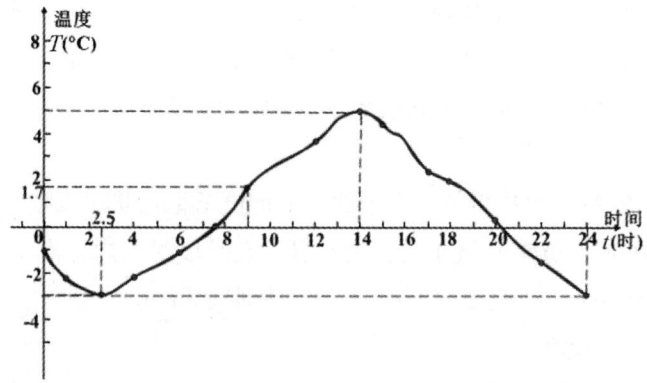

图2-2　气温变化图

（1）这一天中，9:00的气温是_____℃，14:00的气温是_____℃，气温为–3℃的时间是_____。

（2）上述变化过程中，温度值是随着时间值的变化而变化吗？

（二）合作探究，互动式形成概念

教师问：上述三个问题中，我们发现它们表现的都是量和量之间的依赖关系，你能对这些量进行分类吗？

师生活动：教师引导学生分类概括实例中的共同属性，归纳出如下结论：在一个变化过程中，我们称数值发生变化的量为变量，数值始终不变的量为常量。

设计意图：创造性地使用教材，从不同角度对教材内容进行整合，这样用外界方式刺激学生的兴趣，改编成三个典型的例子，尝试把实际问题转换成数学问题，让学生观察、比较、分析，引导学生感受到两个变量相互依存的关系，都存在着一种共同属性，进而抽象、概括出变量和常量的定义，这体现了核心素养中的抽象思维能力的培养，同时也让学生体会到分类的数学思想。另外，三个问题中变量之间的关系分别用表格、解析式和图像的不同表现形式，为后续研究函数的学习作了铺垫。

小试身手：指出下列问题中的变量与常量：

（1）某市的自来水价为4元/t，现要抽取若干户居民调查水费支出情况，记某用户水量为xt，月应交水费为y元。

（2）某地手机通话费为0.2元/min，李明在手机话费卡中存入30元，记此后他的手机通话时间为t min，话费卡中的余额为W元。

（3）一长方体的宽为b（定值），长为x（$x>b$），高为h，体积为V，则$V=bxh$，其中变量是_____。

设计意图：让学生进一步体会变量和常量的意义，感受数学的应用价值。

问题4　回顾上述三个问题各有几个变量？其中一个变量的变化是怎样影响另一个量的变化的，能用数值加以说明吗？

师生活动：教师引导学生分析问题1。

问题2和问题3学生独立完成导学案。

问题5　上述问题中，综合这些现象，你能归纳出实例中变量之间关系的共同点吗？请大家相互讨论。

师生活动：学生在独立思考后进行小组交流，教师也参与到学生的活动之中，了解各小组的讨论情况，并适时点拨。然后小组汇报讨论结果，并抽象、概括三个问题中变量与变量之间关系的共同属性，完成导学案活动，即在一个变化过程中，存在两个变量，这两个变量具有一定的"联系"，一个变量的变化会引起另一个变量也随之变化，这个变化之间存在"单值对应"的关系，进而归纳出函数的概念：一般地，在一个变化过程中，如果有两个变量x和y，并且对于x的每一个确定的值，y都有唯一确定的值与其对应，那么我们就说x是自变量，y是x的函数。

设计意图：通过对三个具体问题中两个变量之间的联系进行研究，由学生将关键点串联起来，让学生在观察、比较、抽象、概括等数学活动过程中，经历函数概念的形成过程，体会变化与对应的数学思想。

（三）知识迁移，探究性巩固概念

1. 下面是我国人口数统计表，年份与人口数分别记为x与y，表中的人口数y是年份x的函数吗？

表2-7 中国人口数统计表

年份x	1984	1989	1994	1999	2010	2020
人口数y/亿	10.34	11.06	11.76	12.52	13.71	14.11

2. 下图是体检时的心电图，其中图上点的横坐标x表示时间，纵坐标y表示心脏部位的生物电流，在心电图中，生物电流y是x的函数吗？

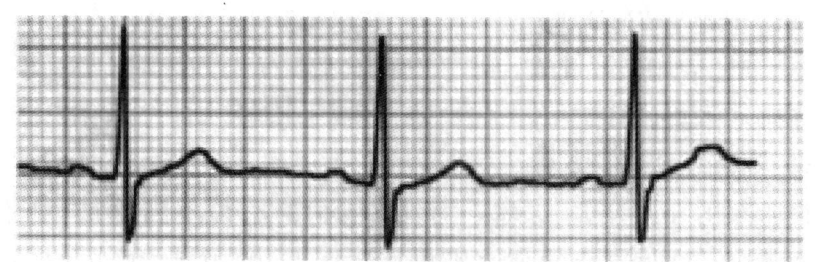

图2-3

3. 判断下列各关系式的变量y是x的函数吗？

（1）$y=3x$ （2）$y=x^2+1$ （3）$y=|x|$ （4）$|y|=2x$

设计意图：函数的概念形成后，通过整合教材内容从多角度、正反面及时进行概念辨析。

4. 汽车的油箱中现有汽油50L，如果不再加油，那么油箱中的油量 y（单位：L）随行驶里程 x（单位：km）的增加而减少，平均耗油量为0.1 L/km。

（1）写出表示 y 与 x 的函数关系的式子。

（2）指出自变量 x 的取值范围。

（3）汽车行驶200km时，油箱中还有多少油？

设计意图：应用函数思想，深化对函数概念的理解。

（四）课后拓展，生活性运用概念

5. 等腰直角 $\triangle ABC$ 的直角边长与正方形 $MNPQ$ 的边长均为10cm，AC 与 MN 在同一直线上，开始时 A 点与 M 点重合，让 $\triangle ABC$ 向右运动，最后 A 点与 N 点重合。试写出重叠部分面积 y 与 MA 的长度 x 之间的函数关系式，并写出自变量的取值范围。

想一想：若等腰直角 $\triangle ABC$ 继续向右运动，这时你能写出重叠部分的面积 y 与 x 之间的函数关系式吗？自变量的取值范围又是多少呢？

设计意图：一是加深对函数概念的理解，二是培养学生知识迁移的能力，尤其是第5题为我们找规律类题目应用函数思想提供了解题技巧，同时也为后续学习函数图像埋下伏笔。

课堂小结：

谈谈本节课的收获与困惑。

设计意图：既巩固本节课的知识点，又反思问题所在，进而引发学生深层次的思考。

作业：＿＿＿＿＿＿＿＿＿＿＿＿＿＿＿＿＿＿＿＿＿＿＿

设计意图：作业设置必做题和选做题，使不同程度的学生得到不同的发展。

【板书设计】

19.1.1 变量与函数

1. 常量：在某一变化过程中，数值保持不变的量。

2. 变量：在某一变化过程中，可以取不同数值的量。

3. 函数：

在一个变化过程中，有两个变量 x 与 y，并且对于 x 的每一个值，y 都有唯一的值与其对应，那么我们就说 x 是自变量，y 是 x 的函数。

（编撰 冉红芬）

二、变量与函数学案

【课标要求】

根据新课标要求，设定"代表课"教学目标为：通过实际问题抽象出函数的概念，在函数概念的形成过程中体会运动变化与对应的思想。

【学习过程】

（一）课前准备

1.疫情中的数学

（1）填表：

表2-8

t/h	1	2	3	4	...	t
S km					...	

（2）_____，_____，_____。

2.电影中的数学

（1）你能用含 x 的式子表示 y 吗？_____。

（2）其中变化的量是_____，没有变化的量是_____。

3. 温度中的数学

找找气温变化图中有变化的量吗？

（二）课堂学习

结论1：在一个变化过程中，_____为变量，_____为常量。

试一试：指出下列问题中的变量与常量：

（1）某市的自来水价为4元/吨，现要抽取若干户居民调查水费支出情况，记某用户水量为 x 吨，月应交水费为 y 元。

（2）某地手机通话费为0.2元/min，李明在手机话费卡中存入30元，记此后他的手机通话时间为 t min，话费卡中的余额为 W 元。

（3）一长方体的宽为 b（定值），长为 x（$x>b$），高为 h，体积为 V，则 $V=bxh$，其中变量是_____。

回顾上述三个情境中各有几个变量？其中一个变量的变化是怎样影响另一个量的变化？问题（1）中有_____个变量，是_____；问题（2）中有_____个变量，是_____；问题（3）中有_____个变量，是_____。

结论2：函数的定义：一般地，在一个_____过程中，如果有_____变量 x 和 y，并且对于 x 的每一个确定的值，y 都有_____，那么我们就说 x 是_____，_____。

（三）知识迁移

1.请问 y 是 x 的函数吗？

（1）$y=3x$　　（2）$y=x^2+1$　　（3）$y=|x|$　　（4）$|y|=2x$

2.汽车的油箱中现有汽油50L，如果不再加油，那么油箱中的油量 y（单位：L）随行驶里程 x（单位：km）的增加而减少，平均耗油量为0.1 L/km。

（1）写出表示 y 与 x 的函数关系的式子；

（2）指出自变量 x 的取值范围；

（3）汽车行驶200km时，油箱中还有多少油？

3.下列问题中那些量是自变量？那些量是自变量的函数？试写出函数解析式。

（1）正方形的边长为 x，正方形的面积为 S；

（2）秀水村的耕地面积是106m^2，这个村人均占有耕地面积 S（单位：m^2）随这个村人数 n 的变化而变化；

（3）水池中有10L水，此后每小时漏水0.05L，水池中的水 V（单位：L）随时间 t（单位：h）的变化而变化。

（四）课后拓展

4. 等腰直角 $\triangle ABC$ 的直角边长与正方形 $MNPQ$ 的边长均为10cm，AC 与 MN 在同一直线上，开始时 A 点与 M 点重合，让 $\triangle ABC$ 向右运动，最后 A 点与 N 点重合。试写出重叠部分面积 y 与 MA 长度 x 之间的函数关系式，并写出自变量的取值范围。

想一想：若等腰直角 $\triangle ABC$ 继续向右运动，这时你能写出重叠部分的面积 y 与 x 之间的函数关系式吗？自变量的取值范围又是多少呢？

（编撰　冉红芬）

三、学会思维：初中数学学习的"灵魂"——移项课堂教学的创新设计

【教材分析】

移项是人教版数学七年级上册第三章第二节的内容，是在学生已经知道

等式的性质，可以解简单方程的基础上进行的深入学习。方程的解法是初中数学的核心内容，移项是解方程的基本步骤之一，是一种同解变形。通过移项法的学习，进一步体会数学中重要的数学思想方法——建模思想和化归思想，其思想方法为后续学习二元一次方程组、分式方程、不等式等内容起着重要的指导作用。从智力与能力发展的年龄特征看，七年级学生的思维正处于从具体形象思维为主转向以抽象逻辑思维为主的转折期，因此，需要通过精心设计教学活动，使学生逐步领会数学思想，并应用它解决实际问题，从而提高分析问题、解决问题的能力。

【研究主题】

研究主题：学会思维。数学思维是人们应用数学知识理解和解决各种问题的有目的的活动，即数学思维是在数学实践活动中得以出现、表现和发展的。其中数学的知识、思想和方法等要素发挥着重要作用。因此，本节课立足教材，深挖文本，以生为本，引导学生完整经历数学知识发生、发展的过程，深切体会数学思想方法中形成有效的学习方法，进而促进学生数学思维能力的发展。

【教学目标】

（1）理解移项法则，会解形如$ax+b=cx+d$的方程；能够根据实际问题列出一元一次方程。

（2）通过实际问题情境得出方程，探究出移项法则，进一步体会建模思想和化归思想方法的作用及应用价值。

（3）培养学生用数学的眼光观察发展的世界，增强创新精神和应用数学的意识。

【重点、难点】

教学重点：理解移项法则，渗透建模思想和化归思想方法。

教学难点：确定等量关系列出一元一次方程，正确进行移项并解出方程。

【设计思路】

本节课采用情境教学、问题教学、互动合作相结合的方式，通过数学史创设有助于学生学习的问题情境，教师优化问题设计，以问题为驱动，激发学生的兴趣，引导学生通过实践、思考、探索、互动交流等，进一步渗透数学思想，将数学思想方法用于解题，在此过程中让学生体会化归思想和建模思想方法的应用价值，形成良好的思维品质。

【四点分析】

表2-9   "四点突破"教学范式"移项"四点分析

四点	构成
兴趣点	原生兴趣：等式的性质有什么作用？方程最终要化归成什么形式？［$x=a$（常数）］
	伴生兴趣：（1）探究如何将方程$3x+20=4x-25$化归为$x=a$（常数）的形式。 （2）通过探究归纳移项法则。 （3）体会移项法则在解方程中的应用
	衍生兴趣：有括号的一元一次方程如何将解化归为$x=a$（常数）的形式
起始点	等式的性质是什么？等式的性质有什么作用？
重难点	（1）掌握移项法则的依据，渗透建模思想和化归思想方法。 （2）能熟练规范应用移项法则解出方程
迁移点	有括号的一元一次方程如何将解化归为$x=a$（常数）的形式

【教学过程】

（一）创设情境：史料导入巧设疑

导言：在上课之前，老师要给大家介绍一位好朋友。

播放音频：约公元825年，中亚细亚数学家阿尔-花拉子米写了一本代数书，重点论述怎样解方程，这本书取名为《对消与还原》，这里的"对消"与"还原"是什么意思呢？

师生活动：教师播放音频，引导学生观察并提出的问题。

设计意图：通过数学史上对解方程颇有影响的一部著作设疑切入课题，让学生了解课题背景，激发学生的好奇心和求知欲，使学生感受数学知识悠久的历史，关注数学文化的传承。

（二）自主探究：名题引出建模型

问题1（盈不足问题） 把一些图书分给某班学生阅读，如果每人分3本，则剩余20本；如果每人分4本，则还缺25本，这个班有多少学生？

师生活动：学生审题，教师提出问题：

（1）题目中含有怎样的相等关系？

（2）应该怎样设未知数？如何根据等量关系列出方程？

（3）这批书的总数有几种表示方法呢？（独立思考并完成导学案问题1）

学生交流发言，教师作补充，根据"表示同一个量的两个式子相等"这一基本相等关系，列出方程$3x+20=4x-25$。

设计意图：以学生身边熟悉的实际问题展开讨论，独立思考，建立方程模型，渗透建模的思想，激发学生继续学习的愿望。

（三）生生互动：互动合作出新知

问题2 有了方程$3x+20=4x-25$，现在我们最关心的是这个方程的解，怎样解这个方程？这个方程与前面学过的一元一次方程在结构上有什么不同？

师生活动：学生独立思考，然后小组讨论发言。发现方程两边都有未知数x的项和常数项。

设计意图：以问题串的形式层层推进，渗透化归的思想。

问题3 怎样把该方程转化$x=a$（常数）的形式呢？

师生活动：学生独立思考，小组合作交流，发现可以利用等式的性质，使得方程中含有x的项在等号的一边，等号的另一边只含常数项。要使方程右边不含x的项，等号两边需同时减去$4x$，要使方程左边没有常数项，等号两边同时减去20，即$3x-4x=20-25$。通过对比发现，上述方程的变形，相当于把方程左边的20变号后移到右边，把右边的$4x$变号后移到左边。

归纳：像上面那样，把等式一边的某项变号后移到另一边，叫做移项。

教师强调注意：根据方程的需要确定移哪些项，移项要变号。

设计意图：教师巧设问题，启发学生思考、观察，学生互动交流，认识移项变形，得出移项的方法，便于学生理解移项的原理。

师生活动：教师规范解这个方程的流程。

设计意图：一是采用框图表示解方程的过程，使得解法中各步骤先后顺序清晰，渗透算法程序化的思想。二是教师通过书写解方程的步骤，可以提高学生解题的规范性。

问题4 以上解方程过程中移项起了什么作用？

师生活动：学生思考回答，师生共同整理：通过移项，可以简化方程，使含未知数的项与常数项分别位于方程左右两边，使得方程更接近于$x=a$的形式。

设计意图：结合解方程的过程，让学生思考移项的作用，体会化归思想。

师生活动：解方程时经常用到合并同类项和移项，你知道前面提到的古老的代数书中对消与还原是什么吗？师生共同整理得出对消与还原指的就是我们现在学习的合并同类项和移项。

设计意图：回答了前面提出的问题，前后呼应，让学生知道合并同类项和移项的重要性，同时感受数学知识悠久的历史。

（四）意义建构：知识迁移析方法

1.你能列举出形如 $ax+b=cx+d$ 的具体方程吗？你会移项吗？

设计意图：进一步巩固移项方法。

2.解下列方程：

（1） $3x+7=32-2x$ （2） $x-3=\dfrac{3}{2}x+1$

设计意图：通过练习及时巩固新知，加深对化归思想的认识。

3.几个人共同种一批树苗，如果每人种10棵，则剩下6棵树苗未种；如果每人种12棵，则缺6棵树苗。求参与种树的人数。

（五）生活延伸：课后拓展显升华

4.数学名题——盈不足问题：

讲故事——杨损考吏

杨损是我国唐代一位清正廉明的官员。有一次，他打算从属下某部门的两名官吏中选拔出一个提升。对他俩的资历、职位和政绩等作了一番考察、评比之后，发现两人情况不相上下，难分高低。究竟提升谁好呢？主管这项工作的官员感到很为难，一时决定不下来，于是去请示杨损。杨损听了介绍以后，想出了一个办法，他说："本部门办事所最需具备的技能，莫过于计算了，现在我出一道算题考考他们的计算能力。"这道题是这样的："有人于黄昏时分在林中散步，无意中听到几个盗贼在分赃，偷的大概是布匹。只听得盗贼说，如果每人分6匹，就余5匹；如果每人分3匹，就差8匹。试问有几个盗贼在分多少匹布？"请用方程解上述问题，并归纳求解"盈不足问题"的方法。

5.方法应用——共买鸡问题：今有共买鸡，人出九，盈十一；人出六，不足十六。问人数、物价各几何？

题意是：有若干人一起买鸡，如果每人出9文钱，就多出11文钱；如果每人出6文钱，就差16文钱。买鸡的人数、鸡的价钱各是多少？

设计意图：一是加深对方程思想和化归思想的理解，二是培养学生关注数学文化的传承，感受数学文化的魅力。

课堂小结：

谈谈本节课的收获与困惑。

设计意图：既巩固本节课的知识点，又反思问题所在，进而引发学生深层次的思考。

布置作业：

略。

设计意图：作业设置必做题和选做题，这样能让不同认知层次的学生得到不同的发展。

【板书设计】

3.2 解一元一次方程

1.移项：把等式一边的某项变号后移到另一边。

2.例题规范书写格式。

3.数学思想。

（编撰　冉红芬）

四、移项学案

【课标要求】

根据新课标要求，设定"代表课"的教学目标为：通过实际问题建立方程模型，探究出移项法则，进一步体会建模思想和化归思想的作用及应用价值。

【学习过程】

（一）课前准备

1.等式的性质

（1）等式的性质1：_____；

（2）等式的性质2：_____。

2.解下列方程

（1）$x+3x=-16$　　　　（2）$16y-2.5y-7.5y=5$

（二）课堂学习

1.数学史中，对消指_____，还原指

_____。

2.问题：把一些图书分给某班学生阅读，如果每人分3本，则剩余20本；

如果每人分4本，则还缺25本，这个班有多少学生？

（1）题目中含有怎样的相等关系?_____。

（2）应该怎样设未知数?_____。

（3）每人分3本，共分出_____本，加上剩余的20本，这批书共_____本；每人分4本，需要_____本，减去缺的25本，这批共_____本。

根据题意，列出方程：_____。

3.移项是：_____。

4.上述方程的解答过程：_____。

（三）知识迁移

1.你能列举出形如 $ax+b=cx+d$ 的具体方程吗？会移项吗？

2.解下列方程:

（1）$3x+7=32-2x$　　　　（2）$x-3=\dfrac{3}{2}x+1$

3.几个人共同种一批树苗，如果每人种10棵，则剩下6棵树苗未种；如果每人种12棵，则缺6棵树苗。求参与种树的人数。

（四）课后拓展

4.数学名题——盈不足问题:

这道题是这样的："有人于黄昏时分在林中散步，无意中听到几个盗贼在分赃，偷的大概是布匹。只听得盗贼说，如果每人分6匹，就余5匹；如果每人分3匹，就差8匹。试问有几个盗贼在分多少匹布？"请用方程解上述问题，并归纳求解"盈不足问题"的方法。

5.方法应用——共买鸡问题：今有共买鸡，人出九，盈十一；人出六，不足十六。问人数、物价各几何？题意是：有若干人一起买鸡，如果每人出9文钱，就多出11文钱；如果每人出6文钱，就差16文钱。买鸡的人数、鸡的价钱各是多少？

（编撰　冉红芬）

五、生活教学：初中数学生活教学的模式建构——平面直角坐标系课堂教学创新设计

【教材选择与分析】

平面直角坐标系是人教版第七章第一节第二课时的内容。平面直角坐标系是对数轴的发展，使点与坐标的对应关系顺利实现了从一维到二维的过渡。平面直角坐标系的建立使有序数对与平面内的点产生了一一对应，提供了用代数方法来研究几何问题的重要工具。上一节课，学生在具体情境中学习了有序数对表示物体的位置。本节课先介绍数轴上点与坐标的一一对应，在此基础上说明建立平面直角坐标系的必要性和合理性，同时引入相关的概念，以及平面内的点是一一对应的结论。对于平面直角坐标系中的象限的概念，本节课只做简单介绍。

【研究的问题与主题】

数学教育是运用推理以及演绎来进行解题的一种抽象的思维教育，也是文化现象的一种教育。数学课程改革特别强调要改变传统的中学数学观和中学教育观，要用新的数学观来认识数学和用新的数学教育观来指导中学数学教学，从而提高学生的数学素养和促进数学素质教育的开展。新课程标准的要求之一是中学数学教学要和数学审美结合起来，使数学教学过程既是学生学习数学知识的过程，又是对数学美的鉴赏过程，同时增强学生对数学的学习兴趣，促使学生树立正确的审美观，提高学生的审美能力，塑造学生健全的人格。但在教学实践中，不少教师还不能认识到数学美学价值的重要性，教学设计中很少涉及数学美学价值的传播。本节课的设计主要针对初中数学课堂机械呆板这一客观事实，通过生活美育的教学模型来进行设计，力求创设出让学生真正发现数学之美的课堂。

【教学目标】

（1）理解平面直角坐标系的相关概念。

（2）掌握平面直角坐标系内点与坐标一一对应的关系。

（3）让学生通过欧洲数学家笛卡儿的"心形线"这一轶事，引导学生发现数学之美的存在。

【教学重难点】

教学重点：理解平面直角坐标系的相关概念。

教学难点：掌握平面直角坐标系内点与坐标一一对应的关系。

【设计创意】

平面直角坐标系这节课属于知识型课程，我将采用"起承转合"四步走的教学模式，从四个环节来进行设计：创设情境探索知识—精选例题巩固知识—变式训练深化知识—问题解决应用知识。在本节课之前学生已经有了数轴的知识作为基础，并且已经掌握了在直线上表示点的位置的方法，那么确定平面内点的位置便可以引导学生类比利用数轴确定直线上点的位置的方法，同时结合第一课时有序数对的定义，可以顺利达到教学目的。整个教学过程可以利用网络画板进行展示和辅助，动态呈现点在平面直角坐标系中的体现，帮助学生理解平面直角坐标系内的点与坐标一一对应的关系，突破难点，同时丰富学生的体验，让学生感受数学的美。

【四点分析】

表2-10　"四点突破"教学范式"平面直接坐标系"四点分析

四点	构成
兴趣点	原生兴趣：让学生通过欧洲数学家笛卡儿的"心形线"这一轶事，激活学生对于平面直角坐标系的兴趣
	伴生兴趣：（1）理解平面直角坐标系的相关概念。 （2）掌握平面直角坐标系内点与坐标一一对应的关系
	衍生兴趣：平面直角坐标系中，需要多少个点可以确定笛卡儿的心形图像
起始点	介绍数轴上点与坐标的一一对应，在此基础上说明建立平面直角坐标系的必要性和合理性
重难点	（1）理解平面直角坐标系的相关概念。 （2）掌握平面直角坐标系内点与坐标一一对应的关系
迁移点	平面直角坐标系中，需要多少个点可以确定笛卡儿的心形图像

【教学过程】

（一）创设情境，趣味性探索知识

故事引入：将欧洲数学家笛卡儿与克里斯汀公主的第十三封情书作为本

堂课的情境引入。

问：数学家们都解不出第十三封情书的含义，为什么蒂娜公主能解出来呢？

回答：因为公主是在笛卡儿创设的平面直角坐标系上表示出来的，下面我们就一起来了解一个承载了无尽浪漫的工具——平面直角坐标系。

1.复习引入

问题1　回顾已学内容，回答下列问题：

什么是数轴？请画出一条数轴。

（2）数轴上A，B两点所表示的数分别是什么？请在数轴上描出"-3"表示的点。

师生活动：学生回答问题后，教师引导学生得出数轴上点的坐标的定义：数轴上每个点都对应一个实数，这个数叫做这个点的坐标。例如，如图2，点A的坐标为-4，点B的坐标为2。反之，已知数轴上的点的坐标，这个点的位置就确定了。

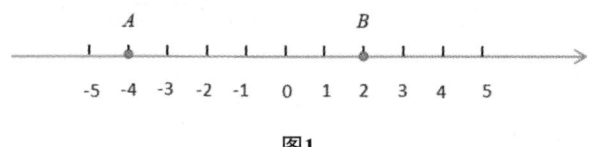

图1

问题2　在数轴上已知点能说出它的坐标，由坐标能在数轴上找到对应点的位置。那么数轴上的点与坐标有怎样的关系？

师生活动：学生回答，教师指出数轴上的点与坐标是"一一对应"的。也就是说，在数轴上每一个点都可以用一个坐标来表示，任何一个坐标都可以在数轴上找到唯一确定的点。

设计意图：问题1和问题2从学生熟悉的数轴出发，给出数轴上点的坐标的定义，建立点与坐标的一一对应关系。

2.形成概念

问题3　类似于利用数轴确定直线上点的位置，结合上节课学习的有序数对，回答问题。如图2，你能找到一种方法来确定平面内点P的位置吗？

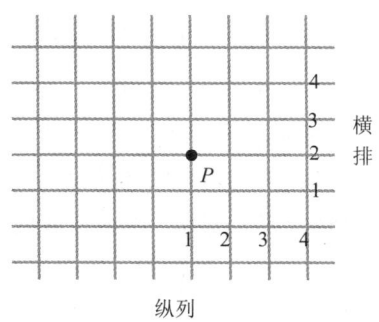

图2

师生活动：学生小组讨论解决问题的方法，教师给予适当的引导，让学生主动发现可以利用有序数对来表示平面内点的坐标。另外，发现数轴是用来确定直线上点的位置的，所以只有一个坐标，现在要在平面内表示两个坐标，可以自然认为需要两个数轴来表示。一条看作横向的数轴，一条看作纵向的数轴，两条数轴有公共原点而且互相垂直。

追问1：在图3中，点P记作（1，2），类比P点，你能写出N，M的坐标吗？

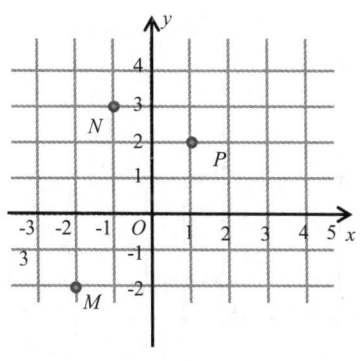

图3

追问2：根据课前查阅的资料，哪位同学能为大家简单介绍平面直角坐标的产生以及数学家笛卡儿对数学产生的影响？

师生活动：学生自由回答，教师总结性发言指出，法国数学家笛卡儿将几何问题数量化了，从而使其变成了一个代数问题，用代数学的方法进行计算、证明，从而达到最终解决几何问题的目的，由此诞生了一门新的数学分支——解析几何。它为被河隔在两岸的"代数"和"几何"搭建了一座桥梁，把"数"和"形"联系起来，引起了数学的深刻革命。笛卡儿的这种思想，尤其在高速计算机出现的今天，更是具有非常深远的意义。

追问3：*a.*说一说组成平面直角坐标系的两条数轴具备什么特征？

*b.*什么是横轴？什么是纵轴？什么是坐标原点？

*c.*坐标平面被两条坐标轴分成了哪几个部分？分别对应什么象限？

设计意图：利用学生学习过的有序数对、数轴知识，以确定平面内点*P*的位置为目的，让学生在解决具体问题的过程中，自然而然地建立平面直角坐标系，并理解相关概念。

问题4　在平面直角坐标系中，能用有序数对来表示图4中的点*A*的位置吗？

师生活动：如图4，由点*A*分别向*x*轴，*y*轴作垂线，垂足*M*在*x*轴上的坐标是3，垂足*N*在*y*轴上的坐标是4，有序数对（3，4）就叫做点*A*的坐标。其中3是横坐标，4是纵坐标。（注意：表示点的坐标时，必须横坐标在前，纵坐标在后，中间用逗号隔开。）

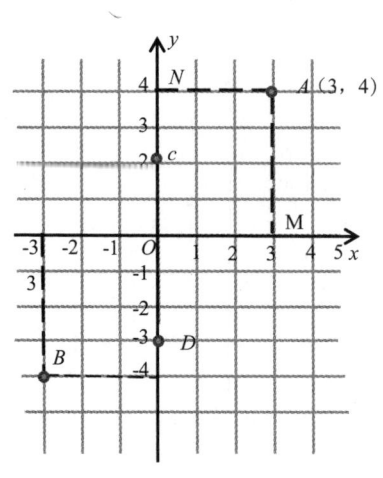

图4

追问1：如图5，在平面直角坐标系中，点A，B，C，D的坐标分别是什么？

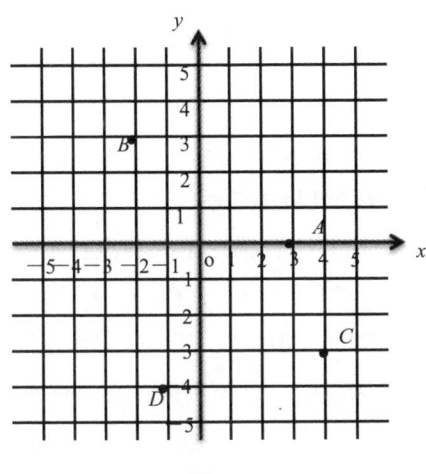

图5

师生活动：学生独立写出A（3，0），B（-2，3），C（4，-3），D（-1，-4）。

追问2：在图6的平面直角坐标系中，你能分别写出点A，B，C，D的坐标吗？x轴和y轴上的点的坐标有什么特点？原点的坐标是什么？

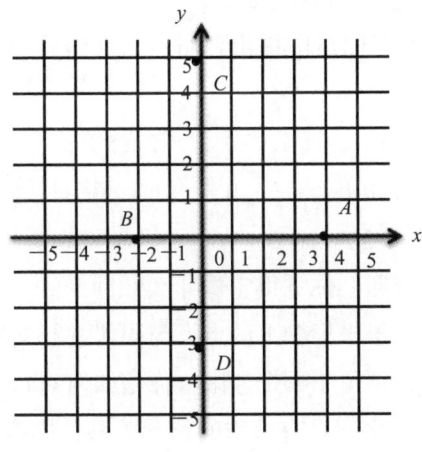

图6

师生活动：学生写出A（4，0），B（-2，0），C（0，5），D（0，-3）。教师可适当引导，从上面练习中发现：

（1）x轴上的点的纵坐标为0，一般记为（x，0）；

（2）y轴上的点的横坐标为0，一般记为（0，y）；

（3）原点O的坐标是（0，0）。

设计意图：在给出平面直角坐标系的定义之后，及时安排用坐标表示点的练习。先表示一般点的坐标，再表示特殊点的坐标，这样设计符合学生的认知规律，使学生更容易理解和掌握所学知识。

（二）精选例题：互动性巩固知识

（1）在平面直角坐标系中，描出下列各点：A（–5，0），B（1，4），C（3，3），D（1，0），E（3，–3），F（1，–4）。

（2）依次连接A，B，C，D，E，F，A，你得到了什么图形？

（3）在平面直角坐标系中，点与实数对之间有何关系？

师生活动：教师先详细介绍描出点A的方法：先在x轴上找出表示–5的点，再在y轴上找出表示0的点，过这两个点分别作x轴和y轴的垂线，垂线的交点就是点A。其余点要求学生自己描出。

设计意图：已知点的坐标，让学生在平面直角坐标系内找到对应点的位置，并发现在直角坐标系中，对于平面上的任意一点，都有唯一的一个有序实数对与它对应；反过来，对于任意一个有序实数对，平面上都有唯一的一点与它对应。

（三）变式训练，合作性深化知识

变式：在平面直角坐标系中描出各组点，并将各组内的点用线段依次连接起来。

①（2，5），（0，3），（4，3），（2，5）；

②（1，3），（–2，0），（6，0），（3，3）；

③（1，0），（1，–6），（3，–6），（3，0）。

（1）观察得到的图形，你觉得它像什么？

（2）找出图形上位于坐标轴上的点，与同伴进行交流。

（3）上面三组点分别位于哪个象限？你是如何判断的？

（4）图形上一些点之间具有特殊的位置关系，你能找出几对？它们的坐标有何特点？

（四）问题解决，建构性回顾知识

教师和学生一起回顾本节课所学内容，并请学生回答以下问题：

（1）什么是平面直角坐标系？

（2）平面直角坐标系中一个有序数对可以确定一个点的位置，它与数轴上一个实数确定一个点的位置有什么区别？

（3）平面直角坐标系内点与坐标之间有什么关系？

设计意图：通过小结，使学生梳理本节课所学内容，理解本节课的核心——平面直角坐标系中点与坐标的一一对应关系，感受数形结合的思想。

布置作业：

习题7.1第2，3，4，5题

【板书设计】

7.1 平面直角坐标系

1.平面直角坐标系的定义

2.平面直角坐标系内点与坐标的一一对应关系

3.平行于x轴（y轴）的直线上的点的特点

纵坐标都相等（横坐标都相等）。

（编撰　时青青）

六、平面直角坐标系学案

【学习目标】

理解平面直角坐标系的相关概念，掌握平面直角坐标系内点与坐标的关系。

【学习重点】

学生理解建立平面直角坐标系的必要性，体会到平面内点与有序数对的"一一对应"关系。并能由点的位置写出点的坐标，由点的坐标确定点的位置。

【学习过程】

（一）课前预习

（1）在平面内，确定一个物体的位置一般需要_____个数据。

（2）在平面内，确定一个物体的位置一般有哪些方法：

A.行列定位法　　B.方位角+距离定位法

C.经纬度定位法　D.区域定位法

（3）小刚家在学校的北偏东30°方向，距离学校2000米，则学校在小刚家的_____位置。

（二）课堂学习

1.自主学习——整体感知

在平面内，两条互相垂直且有公共原点的数轴组成_____。

通常，两条数轴分别置于水平位置与铅直位置，取向右与向上的方向分别为两条数轴的正方向。水平的数轴叫做_____，铅直的数轴叫做_____，x轴和y轴统称_____，它们的公共原点O称为直角坐标系的_____。

如图2-4，对于平面内任意一点P，过点P分别向_____、_____作垂线，垂足在x轴、y轴上对应的数_____，_____分别叫做点P的横坐标、纵坐标，有序数对_____叫做点P的坐标。

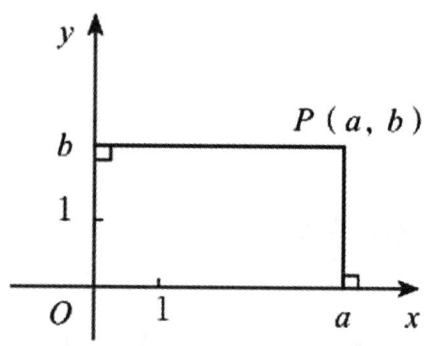

图2-4

在平面直角坐标系中，两条坐标轴将坐标平面分成了四部分。右上方的部分叫做第一象限，其他三部分按逆时针方向依次叫做_____。

注意：坐标轴上的点不在任何一个象限内。

2.精选例题——深化认知

在平面直角坐标系中描出下列各点：

A（-5，0），B（1，4），C（3，3），D（1，0），E（3，-3），F（1，-4）。

（1）依次连接A，B，C，D，E，F，你得到了什么图形？

（2）在平面直角坐标系中，点与实数对之间有何关系？

3.变式训练——升华认知

在直角坐标系中描出下列各点，并将这些点依次用线段连接起来。

D（–3，5），E（–7，3），C（1，3），D（–3，5）；

F（–6，3），G（–6，0），A（0，0），B（0，3）；

根据图形回答下列问题：

（1）图形中哪些点在坐标轴上？它们的坐标有什么特点？

（2）线段 EC 与 x 轴有什么位置关系？点 E 和点 C 的坐标有什么特点？线段 EC 上其他点的坐标有什么特点？

（3）点 F 和点 G 的横坐标有什么共同特点？线段 FG 与 y 轴有怎样的位置关系？

双案设计——英语类

一、写作构思：初中英语写作的关键——我的名字叫吉娜教学创新设计方案

【教材介绍】

本课是新课标英语七年级上册第一单元的写作，本课主要是以自我介绍为话题，通过听说等一系列活动，让学生了解如何进行简单的自我介绍，同时能对身边的同学、朋友及家人进行简单的介绍。教学重点是写作自我介绍；教学难点是通过探究活动引导学生确定初步的写作方向，获得基本的写作信息，掌握基本的写作技能，构思写作步骤，提升写作能力。

【研究主题】

研究主题：导图式构思。养成写作构思习惯，优化方案，培养学生的自主学习能力、表达能力和逻辑思维能力，使学生学会构架思维导图。通过对本课程的学习，使学生能够探索了解英语写作中遣词造句、谋篇布局、文稿格式等英语写作的一些基本方法，能够初步理解英语写作的基本规律及英语成文的规律，进一步强化并使学生能够进行英语结构写作的单项技能训练，能够掌握写作技巧。

【教学目标】

本课程的总体目标是培养学生初步的英语写作能力，帮助学生在已掌握的语言基础上，不断提高英语表达的准确性与鲜明性，培养学生的书面表达能力。

【重点难点】

教学重点：写作自我介绍。

教学难点：通过探究活动引导学生确定初步的写作方向，获得基本的写作信息，掌握基本的写作技能，构思写作步骤，提升写作能力。

【设计思路】

本单元可综合运用讲授式、启发式、自主学习、合作学习等各种策略，提供大量的学习资源，通过老师向学生进行自我介绍，同学自我介绍，传句子比赛，自我查资料表演，自制明信片等活动，使学生能够学到知识，增加他们的学习乐趣，来培养学生的自主学习能力、表达能力和逻辑思维能力。采用Practicing，Listening for specific information和Role playing的学习策略，利用教学图片或制作多媒体课件来展开课堂Pair work，Group work的口语交际活动，询问他人姓名、查询电话号码，了解有关姓名的文化知识。

【四点分析】

表2-11　"四点突破"教学范式"我的名字叫吉娜"四点分析

四点	构成
兴趣点	原生兴趣：如何简单地介绍自己？通过自我介绍最终形成书面表达
	伴生兴趣： （1）探究写作自我介绍； （2）通过探究如何有条理地介绍自己的基本信息，引导学生确定初步的写作方向，掌握基本的写作技能，构思写作步骤，提升写作能力； （3）体会写作自我和他人的应用
	衍生兴趣：如何向家人、朋友做自我介绍，学会西方国家的表达方式
起始点	如何有条理介绍自己（包括姓名、性别、年龄、职业、爱好等），把获得的基本信息编辑成为书面表达
重难点	（1）写作自我介绍，掌握写作技能，构思写作步骤； （2）能熟练提高英语表达的准确性与鲜明性，确定写作方向，掌握写作技能，构思写作步骤，提升写作能力
迁移点	如何向家人、朋友做自我介绍，在已掌握的语言基础上，提高英语表达的准确性和鲜明性，培养写作能力

【教学流程】

（一）情境导入：以现场问话为起点

（1）复习数字1~9的英语表述。

（2）关注英语姓和名的回答。如：

师：（问生1）你叫什么名字？

生1：我的名字叫……

师：（问生2）他的姓是什么？名又叫什么？

生2：他的姓是……名是……

之后生1问生2有关生3的姓和名。

采用"连珠炮似的提问"（老师提问，学生迅速反应）和"连锁操练"（学生任意提问或排头开始提问至排尾）的方式进行。

（二）就近示范：以老师介绍为参照

导入过后，老师进行自我介绍（Self-introduction）。介绍时引起学生对老师自我介绍的方式加以关注，继而关注本节课的内容。

展示老师写作构思的步骤，根据思维导图内的信息提示，一步步引导学生如何入手写作。（图2-5）

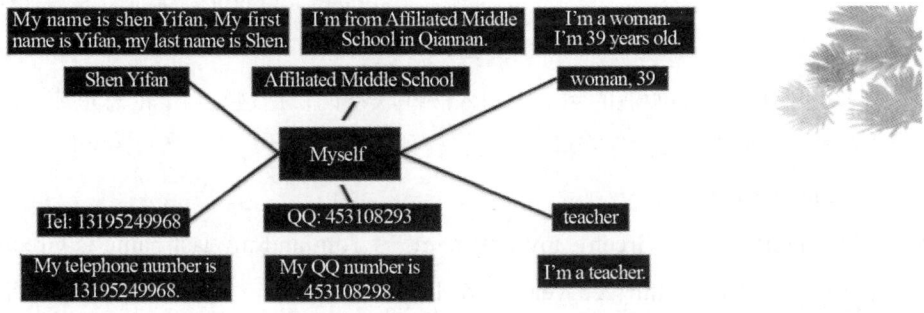

图2-5

通过信息提示造句并串联句子就可以组合形成一篇完整的书面表达。如下：

Hi, everyone

My name is Shen Yifan, my first name is Yifan and my last name is Shen.

I am from Affiliated Middle School in Qiannan. I am a woman and I am 39 years old，I am a teacher and I love my job. My QQ number is 453108293 and my phone number is 13195249968.

I want to be your friend.

（三）自我践行：以自己模仿为练习

老师列出新的写作构思步骤图，让学生根据图中信息和提示词，或根据自己的信息，描述自己，做自我介绍，教学生学会遣词造句。（图2-6）

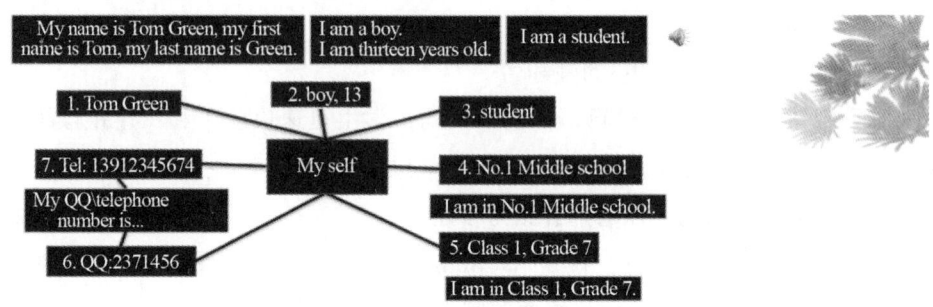

图2-6

教会学生在他们所造的句子中加入一些联系词，把这些句子汇总形成一段话。对于学生来说，让写作变得更容易，让他们感知一些写作技巧。短文如下：

Hello everyone!

My name is Tom Green，my first name is Tom and my last name is Green. I am a boy and I am thirteen years old. I am a student in Number One Middle School，I am in Class 1，Grade 7. My telephone number is 13912345674，and my QQ number is 2371456.

I am happy to know you!

（四）拓展运用：以朋友介绍为延伸

A life without a friend is a life without a sun.

（人生在世无朋友，犹如生活无太阳。）

以一句俗语导入让学生描写朋友。教师给学生展示第三张思维导图。

（图2-7）

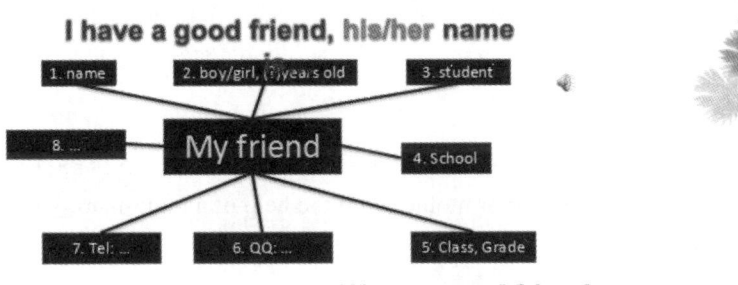

图2-7

在思维导图的空白处引导学生填写，让学生了解如何设计写作构思步骤以及在写作方面如何使用思维导图。

让学生进行课堂写作，根据图中信息造句并把句子串联起来，得到一篇描写朋友的小短文，并请部分学生在全班同学面前朗读自己的短文，给学生展示自我的机会。

（五）写作构思：以思维导图为引导（图2-8）

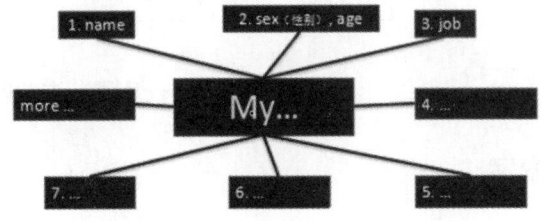

图2-8

总结、强调写作构思，确立思维导图对写作的重要性。表格填空是典型的看图作文题，学生在做题时要清楚了解所给的信息。图中信息包括名字、姓氏、性别、年龄、职业、电话、QQ号码等。让学生仔细阅读题目的要求，根据信息完成句子。

家庭作业：根据写作构思步骤信息提示写一篇介绍自己父亲或母亲的小短文。（Write about your father or mother with the help of a mind-map.）

最后，全班同学在朗读一首英文诗中结束本课。

Don't write your name on sand，water will wash it away.

Don't write your name in the sky，wind will blow it away.

Write your name in the hearts of people，that's where it will stay.

不要把名字写在沙滩上，海水会把它冲走。

不要把名字写在天空中，风会把它吹走。

把名字写在人们心里，它才不会消失。

【板书设计】

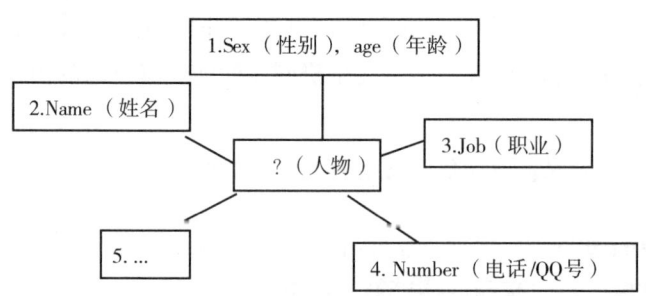

（编撰　沈益帆）

二、我的名字叫吉娜学案

【课标要求】

从学生的学习兴趣、生活经验和认知水平出发，倡导体验、实践、参与合作与交流的学习方式和任务型的教学途径，发展学生的综合语言运用能力，使语言学习的过程成为学生形成自主学习的过程。随着新课标的推进，目前对各个学科的要求也越来越高，十分注重培养学生的学科素养，而英语学科核心素养则强调了对学生的语言能力、学习能力、文化意识和思维品质的综合培养，英语教师在课程教学中，不仅要有效地提升学生语言能力，更要重视培养学生的表达能力和写作能力。因此，通过思维导图在英语教学中的应用，提升学生的写作能力，就是一种有效的教学方法。这是素质教育发展的需要，也是时代赋予我们广大英语教育工作者的使命。

【学习过程】

（一）课前准备

1.写出下列数字的英语形式。

1 _____ 2 _____ 3 _____

4 _____ 5 _____ 6 _____

7 _____ 8 _____ 9 _____

2.关注英语姓和名的写法。

姓 _____ 名 _____

（二）课堂学习

活动一：

采用"连珠炮似的提问"（老师提问学生姓是什么、名是什么的方式进行，学生迅速反应）和"连锁操练"（学生任意提问或排头开始提问至排尾）的方式进行。

导入过后，老师自我介绍（Self-introduction）。介绍时引导学生对老师自我介绍的方式加以关注，继而关注本节课的内容。

展示老师写作构思的步骤，根据思维导图内的信息提示，一步步引导学生如何入手写作。

Hi，everyone.

_____

_____

_____I want to be your friend.

活动二：

老师列出新的写作构思步骤图，让学生根据图中信息和提示词，或根据自己的信息，描述自己，做自我介绍，教学生学会遣词造句。

Hi，everyone.

_____

_____I want to be your friend.

活动三：

以一句俗语导入让学生描写朋友。教师向学生展示第三张思维导图，让学生课堂写作，部分学生在全班展示自己的小短文。

Hello everyone!

_____

_____

_____I am happy to know you!

（三）课后拓展

根据写作构思步骤信息提示写一篇介绍自己父亲或母亲的小短文。

Hello everyone!

_____

_____

_____

We are happy families!

（编撰 沈益帆）

三、情境教学：初中英语听、说课的"支点"——衬衫由什么制成？课堂教学创新设计

【内容分析】

本课是新课标英语九年级上册第五单元第一课时的内容。本单元以"产品制造"为话题，共设计了四大部分的内容。以"What are the shirts made of?"为主线，围绕着谈论××东西在哪制造、原材料是什么等语言功能展开一系列的任务活动，通过第一部分的学习，要求能学会有关基础词汇，并了解、学会基本句型的应用。教材内容从基本语言知识到语言综合知识的运用，层层递进，以一种循序渐进的生活化的学习程序，引导学生有目的地学习语言。

【研究主题】

研究主题：初中英语听、说课的情境教学。情境教学将学生的口语表达模仿能力与环境相结合进行创设，在活跃课堂氛围的前提下，不断增强学生英

语学习的积极性和主动性。教师在初中英语教学中，要多创设情境，以促进学生学习英语的角色带入感，即让学生进入一个情境，从而增强其学习英语的兴趣及运用能力，也有利于提高其英语的交流能力。如此也有利于激发学生的创新力及想象力，拓展学生的思维方式，提升其能动性。

【教学目标】

本课的教学目标是让学生在听说训练的基础上能够用英语描述及询问物品的制作材料，正确理解被动语态的用法及句子结构。了解一些日常用品的制成材料，增加生活常识，养成良好的生活习惯；了解一些地方知名产品或传统艺术品的制作过程以及制作材料，培养学生的民族自豪感及爱国主义精神。

【教学重、难点】

教学重点：能够用英语描述及询问物品的制作材料。

教学难点：正确理解被动语态的用法及句子结构。

【设计思路】

为了提高学生的英语听说能力，本单元采用小组合作的方式，让学生自主学习，充分调动学生学习英语的积极性。采用情境对话，创设情境，使学生主动积极地学习和探索，增强学生的求知欲望。创设情境能够很好地突破传统教育中的填鸭式教学方法，为学生创设出丰富多彩的情境，让学生更愿意主动学习。

【四点分析】

表2-12 "四点突破"教学范式"衬衫由什么制成"四点分析

四点	构成
兴趣点	原生兴趣：让学生用英语谈论生活中熟悉的物品的制作材料，激发学生说的能力
	伴生兴趣：围绕着谈论××东西在哪制造、原材料是什么等语言功能展开一系列的任务活动
	衍生兴趣：了解一些日常用品的制作材料，增加生活常识，养成良好的生活习惯
起始点	让学生在听说训练的基础上能够用英语描述及询问物品的制作材料
重难点	（1）能够用英语描述及询问物品的制作材料。 （2）正确理解被动语态的用法及句子结构
迁移点	基于一般现在时的被动语态总结各时态的被动语态用法

【教学流程】

（一）情境导入：激发学生的学习兴趣

用提问式的方式问学生老师的衬衫是由什么制成的，用实物展示激发学生的兴趣，使学生的关注点转移到本节课上。课前，我让学生提前预习单词。上课时首先检查学生对第五单元单词的识记情况，让学生看着图片，用"what is it?"等句子提问，用新单词回答，在此期间，让学生感知"What are they made of? Where are they made of？"的重点句型结构，把单词教学融入句型，培养学生在情境中理解记忆单词的能力。

（二）小组合作：促进学生敢说会说

1.为了更好地提高学生的观察能力，以情境教学为理念，让学生有目的地结合重点句型完成Activity 1a的部分。完成1a部分后，为了加深学生对上面方框中重点单词的理解程度，让他们通过听觉进行训练，培养学生在用中学、学中用的能力。引入重要短语be made of/be made from/be made into/be made in/be made by/重要语法：被动语态，为下一步准确说话做铺垫。

让学生说出下列物品由什么制成？

（1）What are the shirts made of?

They are made of _____.

（2）What is the coin made of?

It's made of _____.

（3）What is the fork made of?

It's made of _____.

（4）What are the chopsticks made of ?

They are made of _____.

（5）What is the stamp made of?

It's made of _____.

通过大量的口语练习反复训练本节课的重点句型，提高了学生说的能力。

2.听力训练分为三部分，由浅入深，层层推进。

（1）第一部分让学生听三段简短对话，连线相应物品由什么材料制成及其产地。

表2-13

Things	Made of	Made in
shirts	cotton	Korea
chopsticks	silver	Thailand
ring	steel	America

（2）第二部分听较长对话，找出对话谈论的内容。

_____ the science museum

_____ the art and science fair

_____ environmental protection

_____ a model plane

_____ a beautiful painting

_____ grass and leaves

（3）第三部分再听一遍，简要回答问题。

①Where is the art and science fair?

_____

②Do Nick and Marcus have to pay to go?

_____

③What is the model plane made of ?

_____

④What is the painting made from?

_____

（三）创设情境：提高学生的听、说能力

给学生播放关于他们熟悉的介绍都匀毛尖的英文视频，看视频的同时也训练了学生的听力。通过观看的视频引出对话内容，引起学生共鸣。可以适当拓展课外知识，问学生是否知道茶的分类，同时提高了学生说的能力。

（四）探究学习：巩固学生所学内容

1.通过学生自学对话，用提问的方式掌握所学内容。

（1）Which country is famous for tea?（哪个国家因茶文明？）

（2）Where is tea produced in China?（在中国茶在哪里生产？）

（3）How are tea leaves picked?（茶叶是如何采摘的？）

（4）Where is tea sent?（茶被送去哪里？）

（5）Why is Chinese tea drunk all over the world?（为什么世界各地都在喝中国的茶？）

2. 通过完成表格，了解茶的采摘制作过程。

How is tea produced? Fill in the blanks.

3. 根据对话内容填空，让学生更深入地掌握对话的主旨大意。

China _____ tea. Tea _____ in many different places in China. For example，Anxi and Hangzhou _____ their tea. As far as we know，tea plants _____ on the sides of mountains. When the leaves are ready，they _____ by hand and then _____ for processing. Then the tea _____ and _____ to many different countries and places around China. It seems that people all over the world drink Chinese tea. Because tea _____ both health and business.

（五）总结归纳：激励学生意义建构

布置作业：

Ⅰ. 根据句意，从方框中选择恰当的单词填空。

blouse, glass, cotton, widely, steel

1. My sister likes her brown _____ a lot. She wears it every day.

2. I cut my feet on some broken _____.

3. I like the shirt made of _____. It is comfortable.

4. _____ plays an important part in the development of industry（工业）.

5. Mobile phones are _____ used in our life now.

Ⅱ. 根据句意及所给汉语提示写出所缺单词。

1. Look! Some sheep are eating grass and _____（叶子）over there.

2. We Chinese people eat with _____（筷子）but Western people eat with knives and forks.

3. My father took some _____（硬币）out of his wallet and gave them to me.

4. Every day many kinds of foods are sent for _____（加工）.

5. The factory in Shanghai _____（生产）100 cars a day.

【板书设计】

Unit5 What are the shirts made of?

be made of/be made from/be made in/be made by

（编撰　许思丝）

四、衬衫由什么制成？学案

【课标要求】

新课标形式下，对初中英语课堂教学做出了新的规范和要求。而初中英语听说课作为一种广受关注的新兴英语课堂教学模式，在整个初中英语的教学中发挥着重要作用。英语是一门语言，语言最重要的用途是沟通与表达，初中阶段英语教学当中对广大中学生听说读写四个方面的训练都非常重要，缺一不可，而听说训练则占据了半壁江山。听说水平的高低可以在一定程度上反映出一个学生的整体英语水平。

【学习过程】

（一）课前准备

用英文说出下列物品：

筷子　　　硬币　　　叉子

衬衫　　　玻璃　　　棉花

（二）课堂学习

1.说出下列物品是由什么制成的？

（1）What are the shirts made of?

　　　They are made of _____.

（2）What is the coin made of?

　　　It's made of_____.

（3）What is the fork made of?

　　　It's made of_____.

（4）What are the chopsticks made of?

　　　They are made of_____.

（5）What is the stamp made of?

　　　It's made of _____.

2. 辨析be made of /be made from/ be made in /be made by，并完成下列句子。

（1）葡萄酒是由葡萄制成的。

　　　Grape wine ＿＿＿＿＿＿＿＿＿＿＿＿＿＿＿＿＿＿ grapes.

（2）桌子是由木材制成的。

　　　The desks ＿＿＿＿＿＿＿＿＿＿＿＿＿＿＿＿＿wood.

（3）那张报纸被制成了一顶帽子。

　　　The newspaper was ＿＿＿＿＿＿＿＿＿＿＿＿＿＿＿a hat.

（4）那个瓷器是中国产的。

　　　The china ＿＿＿＿＿＿＿＿＿＿＿＿＿＿＿＿＿China.

（5）那个飞机模型是李林做的。

　　　The model plane are ＿＿＿＿＿＿＿＿＿＿＿＿＿＿Li Lin.

（三）课后练习

（1）年轻人喜欢话剧吗？

　　　＿＿＿＿＿＿＿ plays ＿＿＿＿＿＿＿ by young people?

（2）据我所知，John喜欢摇滚乐。

　　　＿＿＿ ＿＿＿ ＿＿＿ ＿＿＿ ＿＿＿, John likes rock music.

（3）Sarah计划手工制作一张生日卡片。

　　　Sarah plans to make a birthday card ＿＿＿ ＿＿＿.

（4）每天许多海产品被送去加工。

　　　Every day a lot of seafood ＿＿＿ ＿＿＿ ＿＿＿ ＿＿＿.

（5）我认为多做运动有益于我们的身体健康。

　　　I think taking more exercise ＿＿＿ ＿＿＿ ＿＿＿ ＿＿＿.

（6）看来Brian已经在这儿工作了很长一段时间。

　　　＿＿＿ ＿＿＿ ＿＿＿ Brian has worked here for a long time.

（7）这个村庄以自制的水果酒而闻名。

　　　The village ＿＿＿ ＿＿＿ ＿＿＿ its homemade fruit wine.

（8）英语发展迅速，因为因特网被广泛使用。

　　　English is developed rapidly because the Internet ＿＿＿ ＿＿＿ ＿＿＿。

（编撰　许思丝）

第三节　整理性两项说明

　　"代表课"的两项说明，一是"设计说明单"，有六个要点：我的教育理念、我的教学主张、我的课堂优缺点、我的设计模型、我的教学流程、我的设计亮点，说明的目的在于让设计者对"代表课"加深理解。二是"说课简案"，包含内容分析、课标要求、针对问题、设计思想、教学流程（重点，体现内容、方式、手段、时间的有机结合，要有小标题）、创新之处等等。

两项说明——语文类

一、"代表课"设计说明单

教师姓名：甘璐　任教学科：语文　开课时间：2020年6月23日

开课课题：卖炭翁

1.我的教育理念

名称：人格教育。

诠释：新课标中提出要"弘扬民族文化传统""养成健康的审美情趣""逐步形成良好的个性和健全的人格，促进德、智、体、美的和谐发展"的语文教学要求，作为传统文化经典的古典诗词就闪烁着人格的光辉，具有极强的人格教育意义，可以引导学生从中吸取优秀的文化精华，培养人格逐步发展成熟。

上次的理念：无。

2.我的教学主张

名称："涵泳"教学。

诠释："涵泳"教学法指教师沉潜到作品的深处，对古诗词中蕴含的丰富的人文资源进行挖掘，润物无声、潜移默化地引导学生在识字读文的基础上浸润、构建、升华、体现人格，激发学生的学习热情，陶冶学生的心志，健全完善人格。

上次的主张：无。

3.我的课堂表现。

自评优点：感情充沛、有亲和力、善于启发。

自评缺点：预设多、生成少；学生主体性不够。

自定"风格取向"：情境教学。

课堂追求的是情真意切的情境教学，以情激情，声情并茂，讲到动情之处慷慨激昂，滔滔不绝，扣人心弦，震撼人心，能够引起学生强烈的情感共鸣。学生所获得的不仅仅是知识的训练价值，还包括人格、情感的陶冶价值，让语文课充满激情、充满诗意。

4. 我的设计模型

名称："诵读·鉴赏"模型。

简述："要在理解诗意的基础上，进入诗歌的情境，感受古人的情感世界，领略古人的独特审美情趣""注意在朗读背诵中提高对诗歌思想内容和艺术旨趣的感悟能力"，部编教材的编写意图已经明确了古诗词的教学内容。依据"四点突破"教学范式，设计了"初读·感知、精读·品味、悟读·探究、美读·涵泳"的教学模型，以诵读带动鉴赏，引导学生进入诗境，探究诗歌的意蕴。将古诗词与现代流行音乐因素相结合，引出作者及其创作背景，拉近学生与古代作品的距离，渲染气氛，突出主题，激发学生的原生兴趣。然后采用多种形式美读，让学生在反复诵读中体验感悟诗歌，直至与诗中的卖炭翁同呼吸，共命运，直至与作者白居易同悲戚，共愤恨；引领学生抓住"诗眼"，从总体上把握本诗的情感基调，层层深入，由诗歌的文字意思逐渐走进文本、了解作者，创设情境，炼字炼句，让学生在个性化阅读当中自主探讨文学作品，主动努力地进行思考，体会作品中蕴含的情感，打开学生的伴生兴趣；最后，由书本向现实生活的思维拓展，选取生活中同学们熟悉的场景与古代诗歌进行比较，教育学生珍惜现在的幸福生活，让作为精神、文化的载体的古诗文润物细无声地给予学生人格的熏陶与启迪，激发学生的衍生兴趣。

上次的"模型"：无。

5. 我的教学流程

（1）入味：吟咏领悟，浸润人格。

①情境导入，温故知新。

②一位同学朗读。（读准字音）

③全班齐读诗歌。（注意节奏、语调、重音和缓急，读得流利有感情）

④两位同学译读。（概括情节）

（2）体味：教学诗词，构建人格。

①找出诗歌题眼——"可怜"。

②找出关键词句赏读。

A.烧炭（怜）——环境烘托、外貌描写。

B.运炭（怜）——环境烘托、心理描写。

C.失炭（怜）——侧面描写、对比衬托。

（3）玩味：审美鉴赏，升华人格。

①提出质疑，引出宫市。

②深入探究，诗人品格。

（4）回味：拓展延伸，体现人格。

①收集并积累古代反映百姓困苦生活的诗句及其名称和作者。

②展示学校门外赶场时拍下的照片，说景象，谈感受。

③布置作业，巩固创新。

6.我的板书设计（简明有创意）

卖炭翁

讽喻诗、叙事诗

卖炭翁　宫使　白居易

可怜　可恶　可敬

7.我要解决的问题（一个核心问题）

健全完善人格：学习中国古代优秀作品，深入体会其中蕴含的中华民族精神，唤醒学生对古诗词的学习热情，培养学生的审美情趣和创造性思维，用古典诗词中蕴含的真、善、美来构建学生的健全人格，涵养学生的精神世界，促进其情感、人格与生命的发展与成长。

二、《卖炭翁》说课简案

（一）内容分析

《卖炭翁》是部编版语文八年级下册第六单元的第24课，该单元要求学生能诵读古代诗文，培养文言语感；大体理解内容，并背诵或默写其中的名句、名段、名篇；激发学生学习古代诗文的兴趣，增强学生热爱中华民族传统文化的思想感情。《卖炭翁》是唐代诗人白居易的《新乐府》组诗之一，这是一首讽喻诗，用叙事的手法描述了老人伐薪烧炭的艰辛，细致地刻画了"心忧炭贱怨天寒"的矛盾心理，表达了诗人对劳动人民的深切同情，以及对当时统治阶级不合理制度的愤怒与抗议。该诗语言朴实，通俗易懂，生动细致，充满诗情，延续了白居易一贯的"文章合为时而著，歌诗合为事而作"的主张该诗以人物为题，必然会引发我们对人物命运的思考，由此可见"卖炭翁"这一人物形象的典型性，让这首诗作品具有细读和超越的广袤教学空间。

（二）课标要求

（1）正确、流利、有感情地朗读全诗，熟读成诵。

（2）掌握人物描写的方法，分析卖炭翁和宫使的人物形象。

（3）感受卖炭翁可怜的遭遇，体会作者对他的深切同情。

（三）针对的问题

中学语文部编教材所选的古诗词，都是中华优秀传统文化的典范，读诗词往往是让学生获得正能量，正面引导最高效的方式。但古诗词距离今天的年代相对久远，学生和作者、文本之间的距离比较远。从小衣食无忧的学生们会很难理解古代劳动人民受压迫、受剥削的苦难生活，在理解主题方面，难度较大。在教学设计中应注重创设情境，展开学生与诗人、学生与老翁的心灵对话，使学生真正在教师的引导下走进文本，超越文本，收获经典带来的心灵震撼，让文化的底蕴悄然浸润学生的心灵。

（四）设计思想

本课的教学设计是依据"涵泳教学法"定下基调，在此基础上将"人格培养"润物细无声地融入教学之中。设计思路为：吟咏领悟（入味）——浸润人格；教学诗词（体味）——构建人格；审美鉴赏——（玩味）升华人格；拓展延伸（回味）——体现人格，层层递进，实现目标。

（五）教学流程

1.入味：吟咏领悟，浸润人格

（1）情境导入，温故知新。

（2）一位同学朗读。（读准字音）

（3）全班齐读诗歌。（注意节奏、语调、重音和缓急，读得流利有感情）

（4）两位同学译读。（概括情节）

2. 体味：教学诗词，构建人格

找出诗歌题眼——"可怜"。

找出关键词句赏读：

（1）烧炭（怜）——环境烘托、外貌描写。

（2）运炭（怜）——环境烘托、心理描写。

（3）失炭（怜）——侧面描写、对比衬托。

3. 玩味：审美鉴赏，升华人格

（1）提出质疑，引出宫市。

（2）深入探究诗人品格。

4. 回味：拓展延伸，体现人格

（1）收集并积累古代反映百姓困苦生活的诗句及其名称和作者。

（2）展示学校门外赶场时拍下的照片，说景象，谈感受。

（3）布置作业，巩固创新。

（六）创新之处

潜移默化：通过对作品"涵泳"的过程，对古诗词中蕴含的丰富的人文资源进行挖掘，在老师的点拨下有效地理解文本、体验文本，从而对文本的思想情感作出自己的分析判断，努力从不同的角度和层面进行阐发、评价和质疑，让学生在识字读文的基础上浸润、构建、升华、体现人格，唤醒学生对古诗词学习的热情，培养学生的审美情趣和创造性思维，陶冶学生的心志，健全完善人格。

（编撰　甘璐）

三、"代表课"设计说明单

教师姓名：蒋三妹　任教学科：语文　开课时间：2020年6月23日

开课课题：河中石兽

1. 我的教育理念

名称：主体性教育。

诠释：主体性教育，是教师在实际的课堂教学中，深入挖掘教材内容，创设形象生动的教学情景，把握及预设学情，编写相对周全的教案，通过丰富的情感氛围和设计的中心问题激发学生学习的热情而采用的一种教学方法。在教学中反复朗读，问题导引，研读探究，合作交流，感悟提升，促使学生围绕中心问题发表各自的意见，相互交流、相互启发，在研究探讨中理解、发现、感悟、比较、体验、归纳课文的中心内容。营造和谐兴趣浓的学习氛围，使学生的探究、分析、解决问题的能力和交流与合作的能力上有所提高。

上次的理念：暂无。

2. 我的教学主张。

名称：兴趣教学。

诠释：激发学生的学习兴趣，反复朗读，问题导引，研读探究，合作交流，感悟提升。

上次的主张：暂无。

3. 我的课堂表现

自评优点：教态自然，语言幽默风趣，授课形式多样。

自评缺点：课堂评价单一。

自定"风格取向"：快乐课堂。

教育的最终目的，就是点燃孩子们的学习热情，每个孩子的内心深处都有一个小宇宙，他们需要能让他们的小宇宙无限循环、大放异彩的引领者，让他们带着逐梦的翅膀在课堂上愉悦身心，享受教育，快乐翱翔。

4. 我的设计模型

名称：兴趣品读。

简述：依据"四点突破"教学范式，"兴趣品读"是努力为学生模拟一系列使他们感兴趣的情景，并通过激发学生的学习兴趣，反复朗读，问题导引，研读探究，合作交流，感悟提升。

上次的模型：暂无。

5. 我的教学流程

（1）起：问题性导入新课。

①用问题引入主题。

②创设多种朗读方式激起朗读热情。

（二）承：整体性感知文本。

寻石兽踪迹：

①独立思考，归纳内容。

②分组讨论，分享结论。

探传神人物：

从品读中了解人物：

①侧面描写：交代身份。

②神态描写：交代性格。

③语言描写：凸显品行。

神还原经典：

模仿人物神态、动作、语言，还原人物本性。

对比寻原因：

①用表格展示老河兵的想法和观点与讲学家的相似之处。

②通过PPT展示石兽逆上的动画，帮助学生准确直观地理解老河兵的观点。

③合作讨论，总结归纳老河兵找到石兽的原因

探索悟真理：

通过总结归纳，学生悟出理论对实际的生活固然重要，但是实践才是一切成功的源头。

对比悟真理：

通过对比、品读讲学家和老河兵的人物形象，学生悟出为人处世千万不能随意嘲笑别人，否则就是自己羞辱自己的道理。

（3）转：合作式互助交流。

①讨论汇报作者发出的感慨句。

②资料链接作者的写作目的。

（4）合：建构性课堂小结。

引导学生小结：

①实践出真知。

②为人处世，千万不要随意嘲笑别人，否则就会羞辱自己。

（5）延：生活性拓展延伸。

收集与之相关的名言名句：

PPT出示：孔子说：三人行，必有我师焉。

曾子曰：吾日三省吾身。

陆游说：纸上得来终觉浅，绝知此事要躬行。

布置课后作业：

课后阅读《阅微草堂笔记》和《聊斋志异》。

6. 我的板书设计（简明有创意）

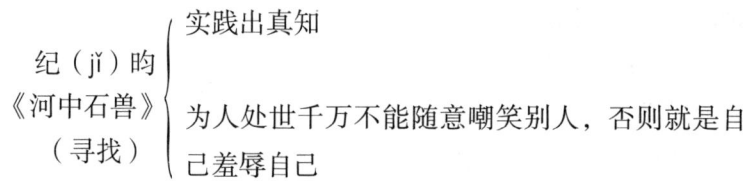

7. 我要解决的问题（一个核心问题）

学习是件快乐的事情，让孩子在快乐中学习，把教师教得累，学生学得苦，学习进程慢，学习效果差的文言文教学存在的问题解决在快乐的课堂上。在研究探讨中理解、发现、感悟、比较、体验、归纳课文的中心内容。营造和谐兴趣浓的学习氛围，使学生探究、分析、解决问题的能力和交流与合作的能力有所提高，从而使学生从知之到好知最后达到乐知。

四、河中石兽说课简案

（一）内容分析

《河中石兽》是部编版语文七年级下册第六单元的最后一篇文章，它是清代著名学者纪（jǐ）昀写的一部文言笔记小说。文章语言简练，层次清晰，故事性、趣味性比较强。文言文的学习对于七年级学生来说比较难学难懂，通过采用兴趣品读、创设情境，可以激发学生学习文言文的兴趣。

（二）课标要求

（1）熟悉并理解这篇短文的内容及其包含的道理。

（2）品读文言语言，训练阅读浅近文言文的能力。

（3）培养独立思考的习惯，训练质疑思辨能力。

（三）针对的问题

在文言文的课堂上，我们常见的现象不外乎教师从头到尾，逐字逐句地讲解，面面俱到，生怕学生不明白；学生埋头苦干，一字不落地记录，生怕漏掉一个词语的解释，往往来不及思考，个别不做记录的，则是一本资料书管到底。四十五分钟的教学后，就是同学们抱着密密麻麻的笔记死记硬背。最后得出的结论就是教师教得累，学生学得苦，学习进程慢，学习效果差，这都是文言文"死记硬背"惹的祸，这个问题亟待解决。

（四）设计思想

"兴趣品读"是这节代表课需要研究的主题，通过反复朗读，问题导引，研读探究，合作交流，感悟提升。学生围绕中心问题发表各自的意见，相互交流、相互启发，在研究探讨中理解、发现、感悟、比较、体验、归纳课文的中心内容。营造和谐兴趣浓的学习氛围，使学生探究、分析、解决问题的能力和交流与合作的能力上有所提高。运用品读和模拟情境的方法使学生在读的基础上和创设的情境中感悟文言文语言的魅力，从而积累一些学习文言文的方法。

（五）教学流程

1.起：问题性导入新课

（1）用问题来揭题。

（2）作者、作品简介。

（3）趣读。

2.承：整体性感知文本

这个故事写了一件什么事？用一句话概括：人们找石兽的事。（教师点拨学生概括事件的方法：人物＋事件）

（1）寻石兽踪迹。

质疑：寻石兽的过程中，主要人物有哪些？各自有怎样的观点？结果如何？

（学生分组完成，最后教师引导学生学会找出文中重要信息并且归纳用表格展示）

（2）探传神人物。

从品读中了解人物（僧人、讲学家、老河兵）。

（3）神还原经典。

学生重点模仿讲学家的神态、动作。学生走进文中去感受文言文语言的独特魅力。

（4）对比寻原因。

追问：他们的观点既然有相似之处，那么为何通过老河兵的观点找到了石兽？（小组交流谈论，归纳得出结论）

（5）探索悟真理。

重点引导学生悟出理论对实际的生活固然重要，但是实践才是一切成功的源头。

（6）对比悟真理。

为人处世千万不能随意嘲笑别人，否则就是自己羞辱自己。

3.转：合作式互助交流

略。

4.合：建构性课堂小结

略。

5.延：生活性拓展延伸

略。

（六）创新之处

兴趣品读：通过反复朗读，问题导引，研读探究，合作交流，感悟提升等方式让学生在研究探讨中理解、发现、感悟、比较、体验、归纳课文的中心内容。营造和谐兴趣浓的学习氛围，同时使学生在读的基础上和创设的情境中感悟文言文语言的魅力，从而积累一些学习文言文的方法。

（编撰　蒋三妹）

五、"代表课"设计说明单

教师姓名：甘璐　任教学科：语文　开课时间：2020年12月2日

开课课题：愚公移山

1.我的教育理念

名称：启发式教育。

诠释：在教学过程中根据教学任务和学习的客观规律，从学生的实际出发，采用多种提问方式，以启发学生的思维为核心，营造和谐轻松的质疑环境，从而激发学生的质疑兴趣，培养学生的质疑意识，促进学生思维的发散，调动学生学习的主动性和积极性，让学生生动活泼地学习。

上次的理念：人格教育。

2.我的教学主张

名称：问题教学。

诠释：问题教学是以问题为载体，贯穿教学过程，使学生在提问和释疑的过程中萌生自主学习的动机和欲望，进而逐步养成自主学习的习惯，并在实践中不断培养学生质疑和探究的能力。"好问"是孩子的天性，好问的精神正是打开知识大门的钥匙，课堂创设一种互相尊重、理解、和谐的学习气氛，破除学生怕提问、怕师生嘲笑的心理负担，让学生大胆地问，培养学生的问题意识。

上次的主张："涵泳"教学。

3.我的课堂表现

自评优点：感情充沛、平等对话、教态自然、有亲和力、善于启发。

自评缺点：课堂节奏把控不足，教学机智不足，对学生评价不足。

自定"风格取向"："开放式提问"课堂（建议"思维课堂"）。

运用"开放式提问"目标开放性、思维无极限、自主加合作、答案不唯一、产生新问题的特点，解读中学寓言类选文的内容旨趣与寓意，让学生更好地体悟人生哲理，陶冶思想情操，启迪发散思维，锻炼学生思辨质疑的能力。

4.我的设计模型

名称："兴趣教学"模型。

简述：依据"四点突破"教学范式，通过故事的吸引，创设情境，让学生了解愚公精神的可贵，找到文章的思想情感，设身处地了解作者抒发的情感，激发学生的原生兴趣。然后通过角色扮演，让人物形象更加鲜明，调动学生的课堂参与度，促进学生更深入地了解文章的含义；图文并茂，通过看、思、议，让学生学会分析问题、解决问题，从而打开学习思路；追加提问，多角度、多方面看待问题，将学生的思维引向深入，学生的回答也越来越具有思维的深度，由此来打开学生的伴生兴趣。再通过学生熟知的其他寓言故事，以及英雄人物的感人事迹，使故事延伸到现实生活中来，让愚公精神的实质落到实处，激发学生的衍生兴趣。

上次的"模型"："诵读·鉴赏"模型。

5.我的教学流程

（1）直接提问，让问题教学简洁清晰。

①讲述故事，激趣导入。

②了解作品，文体先行。

（2）引导提问，让问题教学环环相扣。

读课文，解文意：

①自由朗读，读准字音。

②齐读课文，把握字词。

③听读视音，梳理情节。

读课文，析文本：

①全文跳读，筛选信息。

②角色朗读，品味对话。

③对比阅读，辩论形象。

（3）追加提问，把问题教学引向深入。

①神话结尾，意味深长。

②回归文体，哲理辨析。

（4）转向提问，让问题教学拓展延伸。

①结合实际，分享体验。

②发挥想象，续写故事。

6.我的板书设计（简明有创意）

愚公移山

愚公　　　　　　智叟

开拓进取 迎难而上　　安于现状 知难而退

用愚公精神创造奇迹

7.我要解决的问题（一个核心问题）

培养发散思维：中学语文教材所选的寓言故事是古人进行哲学思考的初步形态，是人类文明智慧的结晶，如果浅尝辄止就失去了学习寓言的意义。在开放式提问教学中，教师可以以寓言类课文的主题为切入点，营造和谐轻松的质疑环境，激发学生的质疑兴趣，培养学生的质疑意识，促进学生思维的发散，让学生了解寓言并不是创作者为满足读者猎奇心理而虚构的简单故事，文本解读不能流于表面，要深入挖掘其中很多富含哲理的深邃意蕴。

六、《愚公移山》说课简案

（一）内容分析

《愚公移山》选自部编教材初中语文八年级上册第六单元，本单元是一个培养学生意志与品格的单元。《愚公移山》是一则具有神话色彩的寓言故事，它通过一个年近九十的老人带领全家人每天挖山不止，最后感动天帝，把山移走的情节，反映了人类征服自然的理想和为理想而献身的精神。学习这篇课文，除掌握必要的文言知识外，还要感受课文所蕴含的对比艺术，挖掘文章所表达的寓意，认识愚公这一人物形象，培养学生对愚公精神的批判性和发散性思维，引导学生认识到愚公精神的现实意义，从故事中得到人生的启示，树立远大的理想，培养战胜困难的信心、勇气、毅力。

（二）课标要求

1.了解《列子》及寓言特点，掌握难懂字词句等文言知识。

2.熟读课文，读准字音，正确断句，理解文意；通过对比辨析，分析人物形象；知晓神话结尾的作用，理解课文寓意。

3.学习古代人民战胜艰难险阻的伟大气魄和坚强毅力；正确理解"愚"与"智"的哲理；体会愚公精神，正视成长道路上的艰难险阻，勇往直前。

（三）针对的问题

"封闭式提问"是低效的提问：

（1）教学提问答案单一。在传统语文教学中，教师往往以封闭式的引导问题贯穿教学过程，教师的权威化、条理式的解读替代了学生的独立思考，教学过程的生成性被扼杀。

（2）教学提问难度较低。只考察学生对所学知识的识记、再认、回忆等能力，忽视提问方式、问题的启发性，导致大部分学生失去学习语文的兴趣，甚至产生厌学心理。

（3）教学提问效率不高。教学提问没有精心设计，缺少设计问题表述的措辞、把握问题呈现的具体情境和时间，忽视变换提问方式等这些因素直接影响了教学提问的有效性。

（四）设计思想

本课的教学设计是依据"开放式提问"定下基调，在此基础上将"寓言"的特点融入问题教学。设计思路为"问题教学四部曲"，依次为：直接提问，让问题教学简洁清晰；引导提问，让问题教学环环相扣；追加提问，把问题教学引向深入；转向提问，将问题教学拓展延伸，层层递进，实现目标。

（五）教学流程

1.直接提问，让问题教学简洁清晰

（1）讲述故事，激趣导入。

（2）了解作品，文体先行。

2.引导提问，让问题教学环环相扣

读课文，解文意：

（1）自由朗读，读准字音。

（2）齐读课文，把握字词。

（3）听读视音，梳理情节。

读课文，析文本：

（1）全文跳读，筛选信息。

（2）角色朗读，品味对话。

（3）对比阅读，辩论形象。

3.追加提问，把问题教学引向深入

（1）神话结尾，意味深长。

（2）回归文体，哲理辨析。

4.转向提问，将问题教学拓展延伸

（1）结合实际，分享体验。

（2）发挥想象，续写故事。

（六）创新之处

多角度发散思维：通过"开放式提问"目标开放性、思维无极限、自主加合作、答案不唯一、产生新问题的特点，让师生针对问题进行深入的思考、阐释与探讨，在不断的平等对话中，对文本的理解步步深入，从而达到深度阅读、深度学习的目的。锻炼学生思辨质疑、分析判断的能力，为不断提升学生的文学素养和作品鉴赏能力、提升初中语文教学质量奠定良好的基础。

（编撰　甘　璐）

九、"代表课"设计说明单

教师姓名：甘璐　　任教学科：语文　　开课时间：2021年5月26日

开课课题：望岳

1.我的教育理念

名称：赏识教育。

诠释：尊重差异，不贴标签，用赏识激活孩子的天赋与潜能，以倾听、尊重、理解来激发学生的学习动机，在自由的环境中，通过师生身心的投入，让学生的好奇心、创造力、自信心得以增强，学习能力得以提升，最终形成独立思考和行动的能力，进而促进师生关系的和谐发展。

上次的理念：启发式教育。

2.我的教学主张

名称：深度学习 。

诠释：所谓深度学习，就是指在教师引领下，学生围绕着具有挑战性的学习主题，全身心积极参与、体验成功、获得发展的有意义的学习过程。在这个过程中，学生掌握学科的核心知识，理解学习的过程，把握学科的本质及思想方法，形成积极的内在学习动机、高级的社会性情感、积极的态度、正确的价值观，成为既具独立性、批判性、创造性又有合作精神、基础扎实的优秀的学习者，成为未来社会历史实践的主人。

上次的主张：问题教学。

3.我的课堂表现

自评优点：感情充沛、平等对话、教态自然、有亲和力、善于启发。

自评缺点：课堂节奏把控不足，教学机智不足，对学生评价不足。

自定"风格取向"：雅趣课堂。

简述：所谓雅趣课堂，其实是一个"雅趣"共生的课堂。这种雅趣以"趣"为出发点，以"雅"为落脚点，在促进学生的兴趣、智趣、情趣，推动教师个性化发展的过程中，让课堂变得有意思、有意义、有品质。

本期教案的主标题：深层学习："意象教学"入景悟情。

4.我的设计模型

名称："意象教学"五管齐下。

简述：依据"四点突破"教学范式定下基调，在此基础上将"诗歌意象"的特点融入"四点突破"教学范式。设计模型为"意象教学"五管齐下，依次为：意象诱题导入，意象知人论世，意象入景悟情，意象归纳传承，意象深化巩固，层层递进，实现目标。

上次的"模型"："问题教学发散思维"模型。

5. 我的教学流程

（1）意象诱题：情境性导入新课。

①"飞花令"激趣。

②含"山"字诗句。

（2）意象探讨：互动式知人论世。

①作者作品介绍。

②五岳地理环境。

（3）意象体验：合作性入景悟情。

①初读诗歌，把握节奏。

②猜字环节，初步感知。

③意象入景，描绘泰山。

④意象悟情，誓攀高峰。

（4）意象归纳：反思性意义建构。

①登高诗歌，比较赏析。

②归纳总结，传承文化。

（5）意象深化：生活性巩固延伸。

①文化拓展。

②布置作业。

6.我的板书设计（简明有创意）。

望岳

（唐）杜甫

入景，青色、连绵、高峻、飞鸟

悟情，感慨赞叹，誓攀人生高峰

7.我要解决的问题（一个核心问题）

深入领会古诗词意象背后蕴含的丰富的画面美和情感美。通过了解诗人的经历、所处的时代背景，把握诗人的情感；通过画面来感悟古诗词的意境，更好地体会"一切景语皆情语"的观念；启发学生感受古诗词美的意象和意境，通过古诗词意象感悟自然、感悟生命、感悟人生；勤加归类，增加意象储备，抓住核心意象，让学生更好地体会诗歌的深刻内涵，提高审美眼光，提升精神境界。

十、《望岳》说课简案

（一）内容分析

中国古典诗歌注重含蓄蕴藉，避免直白显露，常常借用意象来表达情志，登高言志类古诗更是如此。《望岳》是部编版七年级下册第五单元古代诗歌五首其中的一首，这个单元的课文或借景抒情或托物言志，描写的景物中往往浸透着作者的情感，字里行间闪耀着哲理的光辉，带给我们许多启迪。学习这首诗，学生能逐步感受杜甫在不同时期的创作思想。诗歌通过对泰山高大雄伟的气势和神奇秀丽的景色，一连串意象的选择与独特的描述，无不体现出诗人对泰山的尊崇和赞美，表达了诗人不怕困难、勇于攀登绝顶、俯视一切的雄心和气概。

（二）课标要求

语文课程标准在课程理念部分提到"应该重视语文课程对学生思想情感所起到的熏陶感染作用"，据此设定教学目标：

（1）能有感情地朗读诗歌，背诵诗歌。

（2）感悟诗歌的内容，想象诗歌所描绘的景象，体会诗人的情感。

（3）激发学生热爱祖国河山之情，培养学生树立远大的志向和抱负。

（三）针对的教学问题

（1）学生基础知识薄弱。对古诗词意象的理解比较模糊，缺乏古诗词意象的积累，无法与诗人的内心产生情感共鸣。

（2）教师教学方法单一。对古诗词意象的解读不够深入，不注重对意象组合的理解，缺乏对古诗词意象的有效引导。

（3）学习兴趣大打折扣。一味迎合应试教育，把充满诗情画意的古诗词拆分得支离破碎,这使古诗词意象教学应有的价值得不到充分的应用和体现。

（四）设计研究主题

古诗词意象的"深层学习"：意象是渗透着作者情意的具体形象,学生在品读古诗词时由象入境,能更好地体会语言的妙境,把握古诗词的情感意蕴。古诗词作为中华民族的优秀传统文化,其中蕴含着丰富的美,其中意象又是解读诗词画面美和情感美的钥匙,一个个意象串联起了整首诗歌,通过对意象的解读和欣赏,可以有效提高学生的语文核心素养,对学生思维的发展、审美的鉴赏以及文化的传承有着重要的意义。

（五）教学流程概要

1.意象诱题：情境性导入新课。

（1）"飞花令"激趣。

（2）含"山"字诗句。

2.意象探讨：互动式知人论世。

（1）作者作品介绍。

（2）五岳的地理环境。

3.意象体验：合作性入景悟情

（1）初读诗歌,把握节奏。

（2）猜字环节,初步感知。

（3）意象入景,描绘泰山。

（4）意象悟情,誓攀高峰。

4.意象归纳：反思性意义建构

（1）登高诗歌,比较赏析。

（2）归纳总结,传承文化

5.意象深化：生活性巩固延伸

（1）文化拓展。

（2）布置作业

（六）设计的创新之处

找准基点,"趣"字入手：基于文本希望学生通过对登高意象的解读和欣赏,深入领略诗人独特的情感世界和审美情趣的要求,教师在教学实践中运用诸多教学手段,营造一种教师乐教、学生乐学的教学氛围,让学生在宽松、快乐的氛围中，实现知识的习得、情感的丰盈和生命的发展。

（编撰　甘璐）

两项说明——数学类

一、"代表课"设计说明单

教师姓名：冉红芬　任教学科：数学　开课时间：2020年6月23日

开课课题：变量与函数

1.我的教育理念

名称：情境教育。

诠释：情境教育，是教师在实际的课堂教学中，根据教材内容创设具体、形象的情境及丰富的情感氛围激发学生的学习热情而采用的一种新型教学方法。教师通过创设有助于学生自主学习的问题情境，优化问题设计，以问题为驱动，激发学生的兴趣，引导学生通过实践、思考、探索、交流等方式来获得基础知识、基本技能，同时也构建了和谐、有效的课堂。

上次的理念：暂无。

2.我的教学主张

名称：问题教学。

诠释：问题教学是将教材的知识点以问题的形式呈现在学生的面前，让学生在探索解决问题的思维活动中，掌握知识、发展智力、培养技能，进而培养学生自己发现问题、解决问题的能力。

上次的主张：暂无

3.我的课堂表现

自评优点：教态亲切自然，擅长激趣设疑。

自评缺点：感染力有所欠缺，放手让学生自己思考少。

自定"风格取向"：理性教学。

数学与人类发展和社会进步息息相关，希望在我的课堂上，以学生为主体，引导学生参与教学的全过程，在体验中思考，在思考中创造，在创造中发展，让学生感受到数学是亲切的，也是有趣的，使数学课堂有温度、有深度，值得思考与回味，这就是我一直努力追求的课堂。

4.我的设计模型

名称：问题解决模型。

简述：依据"四点突破"教学范式，将模型设计为"问题教学六部曲"：创设问题情境、发现问题、提出问题、分析问题、解决问题、延展问题。以问题串的形式将兴趣链贯穿课堂始终。师生共同创设问题情境，教师优化问题设计，学生质疑问题并探究问题，得出结论解决问题，应用的过程中又产生新问题，使学生的思维不断得以升华和发展。这样以问题串的形式激发学生的内在兴趣，调动学生的积极性，引发学生的数学思考，培养了学生的实践和创新能力。

上次的模型：暂无。

5.我的教学流程

（1）创设情境，悬念式提出概念。

①视频引入感受生活中的变化。

②设疑引出新知，激发学习兴趣。

（2）合作探究，互动式形成概念。

①不同问题呈现形式对比，引出共性规律。

②共性规律中总结新知。

③师生互动中，学生为主体，教师引导总结出函数的概念。

（3）知识迁移，理解式辨析概念。

①呈现不同形式的函数，辨析函数的概念。

②学生初步体会"变化与对应"思想。

（4）课后拓展，体验式巩固概念。

①设置规律类问题巩固新知。

②问题中巩固对比新知与旧知，发现新问题继续衍生。

③学生感受"课已结，意无穷"。

6.我的板书设计（简明有创意）

19.1.1变量与函数

（1）变量：在一个变化过程中，数值发生变化的量。

（2）常量：在一个变化过程中，数值始终不变的量。

（3）函数：在一个变化过程中，如果有两个变量x与y，并且对于x的每一个确定的值，y都有唯一确定的值与其对应，那么我们就说x是自变量，y是x的函数。

7.我要解决的问题（一个核心问题）

数学概念的难以形成和理解是教师面临的主要问题，要想解决数学概念教学中学生无话可说和教师自导自演的问题，回归课堂本质，需要教师从教材内容中寻找与学情特征相匹配的兴趣点，才能在激发学生学习兴趣上"对症下药"，让学生产生关注欲、好奇心、探究欲、求知欲等心理反应，更好地突破数学概念的形成和理解。本节课的教学设计创造性地使用教材创设情境，从学生的实际出发，感受生活中的变化关系，把学生的注意力在最短的时间里吸引过来，优化问题设计，激发学生的兴趣，引导学生对新问题进行观察、猜想、探究、交流，让学生探寻实例的共性，从而使本来看似抽象的知识变得通俗易懂。数学教学活动应激发兴趣，调动学生的积极性，引发学生的数学思考，鼓励学生的创造性思维，这也是课标所要求的。

二、变量与函数说课简案

（一）内容分析

变量与函数是人教版数学八年级下册第十九章第一节的内容，是数与代数中的重要内容，是学生比较难理解的抽象数学内容。函数是描述运动变化规律的重要数学模型，它刻画了变化过程中变量之间的对应关系，是后续学习一次函数、二次函数、反比例函数等内容的基础。函数与方程、不等式等知识有着密切联系，函数的表示方法中体现了数形结合的思想方法。学生首次接触函数的概念，它把学生由常量数学引入到变量数学，这需要学生的思维经历一个飞跃的过程。另外，函数概念的学习过程中蕴含的核心数学认知活动是数学抽象概括活动，这又极大促进了学生抽象思维能力的发展。

（二）课标要求

（1）探索简单实例中的数量关系和变化规律，了解常量和变量的意义，从常量、变量之间的关系中概括出函数的概念。

（2）结合具体实例归纳概括函数概念的过程中，经历从具体到抽象的认知过程，培养学生的语言素养，发展学生抽象概括能力的核心素养。

（3）培养学生用数学的眼光观察变化的数学世界，初步感受变化与对应的数学思想。

（三）针对的问题

数学概念是现实生活中某一数量关系和空间形式的本质属性在人的思维中的反映。而数学概念具有内容的概括性、符号的抽象性、形式的多样性等特征，使得学生对概念的形成和理解有一定的困难，导致学生容易产生机械性记忆、教师自导自演等问题。通常情况下教师们都是通过"具体实例—找共性—得出结论"的过程来进行函数教学，也在教学中强调实例中有两个变量，然而学生还是对"一个变量的值的确定导致另一个变量取值的唯一确定"这一函数概念的核心——当一个变量的值确定时，另一个变量怎样才算"唯一确定"难以理解。因此，对于数学概念的形成和理解，需要寻找兴趣点去突破数学概念形成和理解的有效方法。

（四）设计思想

本节课的设计思想为情境教学和问题教学。综合义务教育数学课程标准和数学学科的特点，从学生实际出发，创设有助于学生自主学习的问题情境，教师通过优化问题设计，以问题为驱动，激发学生的兴趣，引导学生通过实践、思考、探索、交流等方式，获得数学基本知识、基本技能、基本思想、基本活动经验，促使学生主动地、富有个性地学习，不断提高发现问题和提出问题、分析问题和解决问题的能力，培养学生的语言素养和抽象思维能力。

（五）教学流程

1.创设情境，悬念式提出概念

（1）视频引入感受生活中的变化。

（2）设疑引出新知，激发学习兴趣。

2.合作探究，互动式形成概念

（1）不同问题呈现形式对比，引出共性规律。

（2）从共性规律中总结新知。

（3）师生互动中，学生为主体，教师引导总结出函数的概念。

3.知识迁移，理解式辨析概念

（1）呈现不同形式的函数，辨析函数的概念。

（2）学生初步体会"变化与对应"思想。

4.课后拓展，体验式巩固概念

（1）设置规律类问题巩固新知。

（2）问题中巩固对比新知与旧知，发现新问题继续衍生。

（3）学生感受"课已结，意无穷"。

（六）创新之处

数学兴趣不同于一般的兴趣，它是与学习内容最直接相关的兴趣，能够从本质上刺激学生对学习内容的最大渴望。教师通过创设有助于学生自主学习的问题情境，优化问题设计，以问题为驱动，激发学生的兴趣，引导学生通过实践、思考、探索、交流等方式，不仅可以获得基础知识、基本技能，还可以进一步发展抽象思维和概括的能力，同时也感受到了数学思想方法。

（编撰　冉红芬）

三、"代表课"设计说明单

教师姓名：冉红芬　任教学科：数学　开课时间：2020年12月2日

开课课题：移项

1.我的教育理念

名称：情境教育。

诠释：情境教育，是教师在实际的课堂教学中，根据教材内容创设具体、形象的情境及丰富的情感氛围来激发学生的学习热情而采用的一种新型教学方法。教师通过创设有助于学生自主学习的问题情境，优化问题设计，以问题为驱动，激发学生的兴趣，引导学生通过实践、思考、探索、交流等方式来获得基础知识、基本技能、基本思想和基本活动经验，同时构建了和谐、有效的课堂。

上次的理念：情境教育。

2.我的教学主张

名称：问题教学。

诠释：问题教学是教材的知识点以问题的形式呈现在学生的面前，让学生在寻求、探索解决问题的思维活动中，掌握知识、发展智力、培养技能，进而培养学生自己发现问题和解决问题的能力。

上次的主张：问题教学。

3.我的课堂表现

自评优点：教态亲切自然，擅长激趣设疑。

自评缺点：感染力有所欠缺，放手让学生做的较少。

自定"风格取向"：理性教学。

数学与人类发展和社会进步息息相关，反映了社会的需要。希望在我的课堂上，以学生为主体，引导学生参与教学的全过程，在体验中思考，在思考中创造，在创造中发展，让学生感受到数学是亲切的，也是有趣的，使数学课堂有温度、有深度，值得思考与回味，这就是我一直努力追求的课堂。

4.我的设计模型

名称：问题解决模型。

简述：依据"四点突破"教学范式，将模型设计为"问题教学四部曲"：发现问题、分析问题、解决问题、延展问题。以问题为驱动，激发学生的兴趣，师生共同创设问题情境，教师优化问题设计，学生质疑问题并探究问题，得出结论解决问题，应用的过程中又产生新问题，使学生的思维不断得以升华和发展。这样以问题串的形式激发学生的内在兴趣，调动学生的积极性，引发学生的数学思考，才能有效地培养学生的逻辑思维能力。

上次的模型：问题解决模型。

5.我的教学流程

（1）创设情境：史料导入巧设疑。

①数学史导入感受数学的悠久历史。

②设疑引出问题，激发学习兴趣。

（2）自主探究：名题引出建模型。

①数学名题设置不同问题，层层推进。

②感知共性规律，建立方程模型。

③学生体会建模思想。

（3）生生互动：互动合作出新知。

①呈现方程模型，问题驱动。

②生生互动，教师引导，总结新知。

③问题解决，前后呼应，学生体会化归思想。

（4）意义建构：知识迁移析方法。

①呈现不同形式的问题，辨析移项概念。

②学生体会建模和化归思想。

（5）生活延伸：课后拓展显升华。

①设置数学名题的问题巩固新知。

②问题中巩固对比新知与旧知，发现新问题继续衍生。

③关注数学文化的传承，学生感受"课已结，意无穷"。

6.我的黑板设计（简明有创意）

3.2 移项

（1）移项：把等式一边的某项变号后移到另一边。

（2）例题规范书写格式。

（3）数学思想。

7.我要解决的问题（一个核心问题）

相比较于数学思维有效的培养，一是在升学指挥棒的指引下，课堂教学的一线教师往往更倾向于怎样解题的教学。二是数学思想的认识不到位，长此以往就会出现思维呆板、思路狭窄的现象，使知识与知识之间孤立起来，难以形成一个有效的知识网络和系统，老师与学生之间难以形成有效的沟通。本节课创造性地使用教材创设情境，从学生的实际出发，把学生的注意力在最短的时间里激活，优化问题设计，激发学生的学习兴趣，引导学生对问题进行观察、猜想、探究、交流，这样使本来看似抽象的知识变得通俗易懂，调动起学生的积极性，引发学生的数学思考，在整个学习过程中让知识不断升华，发挥学生高水平的数学思维。

四、移项说课简案

（一）内容分析

移项是人教版数学七年级上册第三章第二节的内容，是在学生已经知道等式的性质可以解简单方程的基础上进行的深入学习。方程的解法是初中数学的核心内容，移项是解方程的基本步骤之一，是一种同解变形。通过移项法的学习，进一步体会数学中重要的数学思想方法——建模思想和化归思想，其思想方法为后续学习二元一次方程组、分式方程、不等式等内容起着重要的指导作用。从智力与能力发展的年龄特征看，七年级学生的思维正处于从具体形象思维为主转向以抽象逻辑思维为主的转折期，因此，需要通过精心设计教学活动，使学生逐步领会数学思想，并应用它解决实际问题，从而提高分析问题、解决问题的能力，这又极大促进了学生逻辑思维能力的发展。

（二）课标要求

（1）探索简单实例中的数量关系并列出方程，理解移项法则，会解形式如$ax+b=cx+d$的方程。

（2）通过实际问题情境得出方程，经历从具体到抽象的认知过程，探究出移项法则，进一步体会建模思想和化归思想的作用及应用价值。

（3）培养学生用数学的眼光观察世界，增强学生的创新精神和应用数学的意识。

（三）针对的问题

针对"数学思维单一"，主要是数学思想的认识不到位，长此以往就会出现思维呆板、思路狭窄的现象，使知识与知识之间孤立起来，难以形成一个有效的知识网络和系统，老师与学生之间难以形成有效的沟通。因此，对于数学思维的培养，找准切入点，既要针对学生已有的认识经验，同时还需要针对数学原理及概念的内涵，从便于学生认识和理解的角度出发研究，寻找化解学生认知难点的突破口。

（四）设计思想

情境教学和问题教学：综合义务教育数学课程标准和数学学科的特点，从学生实际出发，创设有助于学生自主学习的问题情境，教师通过优化问题设计，以问题为驱动，激发学生的兴趣，引导学生通过实践、思考、探索、交流等，获得数学基本知识、基本技能、基本思想、基本活动经验，促使学生主动地、富有个性地学习，不断提高发现问题和提出问题、分析问题和解决问题的能力，培养学生的逻辑思维能力。

（五）教学流程

1.创设情境：史料导入巧设疑

（1）数学史导入感受数学的悠久历史。

（2）设疑引出问题，激发学习兴趣。

2.自主探究：名题引出建模型

（1）数学名题设置不同问题，层层推进。

（2）感知共性规律，建立方程模型。

（3）学生体会建模思想。

3.生生互动：互动合作出新知

（1）呈现方程模型，问题驱动。

（2）生生互动，教师引导，总结新知。

（3）问题解决，前后呼应，学生体会化归思想。

4.意义建构：知识迁移析方法

（1）呈现不同形式的问题，辨析移项概念。

（2）学生体会建模和化归思想。

5.生活延伸：课后拓展显升华

（1）设置数学名题的问题巩固新知。

（2）问题中巩固对比新知与旧知，发现新问题继续衍生。

（3）关注数学文化的传承，学生感受"课已结，意无穷"。

（六）创新之处

问题教学，是一种以教师设置问题为出发点，以学生思考解决问题，教师重点讲解与点拨，当堂训练后达到掌握新知识的目的的新式教学法。通过创造性地使用教材，创设有助于学生自主学习的问题情境，教师优化问题设计，以问题为驱动，引导学生通过实践、思考、探索、交流等方式，不仅获得知识技能，而且还激发学生的学习兴趣，感悟数学的基本思想，引导学生在参与数学活动的过程中积累基本经验，形成独立思考、合作交流、反思质疑等良好的学习习惯，进一步促进数学逻辑思维能力的发展。

（编撰　冉红芬）

五、"代表课"设计说明单

教师姓名：时青青　任教学科：数学　开课时间：2021年12月13日

开课课题：用字母表示数

1.我的教育理念

名称：主体性教育。

诠释：主体性教育，充分肯定并尊重人的主体价值和主体性，充分调动并发挥教育主体的能动性，倡导以学生为中心、以活动为中心、以实践为中心，以点燃学生的学习热情，培养学生的学习兴趣和习惯，提高学生的学习能力，使学生积极主动地、生动活泼地学习和发展。它的核心是充分尊重每一位受教育者的主体地位，"教"始终围绕"学"来开展，以最大限度地挖掘学生的内在潜力与激发学习动力，使学生由被动的接受性客体变成积极的、主动的主体。

上期理念：生活教育。

2. 我的教学主张

名称：提升"学习力"。

学习力是指一个人或一个组织学习的动力、毅力、能力的综合体现，学习力是学习型组织的根基。（1）学习动力是指自觉的内在驱动力，主要包括学习需要、学习情感和学习兴趣。（2）学习毅力，即学习意志，是指自觉地确定学习目标并支配其行为克服困难实现预定学习目标的状态。它是学习行为的保持因素，在学习力中是一个不可或缺的要素。（3）学习能力是指由学习动力、学习毅力直接驱动而产生的接受新知识、新信息并用所接受的知识和信息分析问题、认识问题、解决问题的智力，主要包括感知力、记忆力、思维力、想象力等。相对于学习而言，它是基础性智力，是产生学习力的基础因素。

上期理念：兴趣教学。

3. 我的课堂表现

自评优点：（1）教学思路清晰，环节设计合理，注重师生互动（2）教师发挥主导作用，学生主体主动积极。

自评缺点：课堂用语还不够精练和准确。

预设"风格"：生长课堂。初中数学蕴含了许多生长点，这些生长点将为学生的数学可持续性学习奠定良好的基础，我倡导生长性教学，其目的是关照学生的生命，教育不是"工业"而是"农业"。数学教学应该让学生像禾苗一样主动吸收"土壤"和"种子"中的营养，老师则应不断地给予禾苗水分、阳光，让禾苗扎根土壤，枝繁叶茂。这样的教育隐喻，其实蕴含的是学生自主性、能动性、创造性的积极挖掘。

本期教案主标题：启发式教学：初中数学深度学习的模式建构。

4. 我的设计模型

"起承转合"设计：

依据"四点突破"教学范式，按照"起于情境—承析原因—转入难点—合于建构"的顺序依次进行。具体表现为：首先，教学选择具有研究性、障碍性的问题设定情境；其次，为学生提供参与数学活动的有利条件；再次，鼓励学生用自己的语言表达对数学问题的认知并进行变式训练；最后，根据学生的学习水平，进行适度的拓展延伸，满足不同学生的需求，以保证教学的有效性与科学性。

5. 我的教学流程

（1）知识引入，发现字母表示数的优势。

通过回顾有理数的运算律的表达方式，发现用字母表示数的简洁性和一般性。

（2）知识探究，巧用字母表示数的优势。

事先将学生分成小组，利用已准备好的火柴棒动手摆放图形，学生代表展示小组讨论的过程和结果。在活动过程中，教师适当引导学生发现规律，并利用字母表示数的优势表示出规律，进一步体会由特殊到一般、由个体到整体的观察、分析问题的方法。

（3）知识应用，巩固字母表示数的优势。

提出问题：三个连续整数是否能被3整除？由学生独立思考，学会主动用字母表示数的一般性去解决问题，达到巩固优势的目的。

（4）知识提升，升华字母表示数的优势。

利用学生已有的学习经验和生活经验，选取贴近学生现实生活的问题情境，使学生熟悉用含有字母的式子表示实际问题中的数量关系，理解字母可以像数一样参与运算，同时感受其中"抽象"的数学思想。

6. 我的板书设计

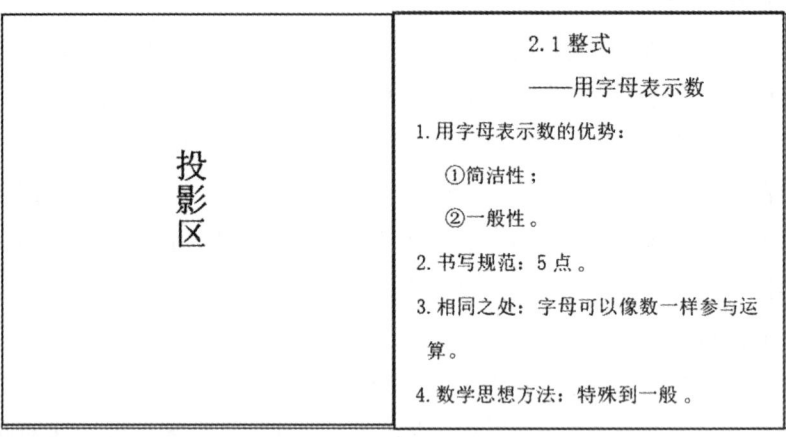

投影区

2.1 整式
——用字母表示数

1. 用字母表示数的优势:
　　①简洁性;
　　②一般性。

2. 书写规范:5 点。

3. 相同之处:字母可以像数一样参与运
　　算。

4. 数学思想方法:特殊到一般。

7. 我的研究主题

递进式启发教学方法的探索与实践:启发式教学是指老师在教学过程中根据教学任务和学习的客观规律,从学生的实际出发,采用多种方式,以启发学生的思维为核心,调动学生学习的主动性和积极性,促使他们生动活泼地学习的一种教学指导思想。同时,启发式教学也是老师在教学工作中依据学习过程的客观规律,引导学生主动、积极、自觉地掌握知识的一种有效教学方法。本节课采用的递进式启发教学,是在启发式教学的基础上,由浅入深地进行启发。从探索解决问题的方法,到归纳解决问题的策略,再到总结背后的思想,层层递进的启发让学生一步一个台阶,完成深入思考的全过程。本节课中,教师针对代数学习中的问题,采用了层层递进的启发式教学。第一层,教师对学生已学习过的运算律进行了合理的问题设计,启发学生总结归纳出用字母表示数的优势。第二层,教师通过摆火柴棒的活动,让学生遇到需要摆100个三角形的困难,从而引发学生思考规律,形成解决问题的策略。第三层,教师提问"这些策略体现了什么数学思想",引导学生思考解决问题的方法和策略背后所蕴含的思想。通过一步一步的启发,让学生从浅层思考到深度思考,领悟蕴含在解决问题过程中的数学思想,同时提升学生的数学思维能力。

六、用字母表示数说课简案

（一）内容分析

本节课是人教版七年级数学（上册）第二章第一课时的内容，是在前面两个学段学习了用字母表示数、简单的列式表示实际问题中的数量关系和简易方程的基础上，用含有字母的式子（整式）表示实际问题中数量关系的进一步研究，为后续学习方程、不等式、函数等内容奠定了基础。

（二）课标的目标要求

借助现实情境和简单问题中数量关系的分析，进一步理解用字母表示数的意义。据此设定教学目标：

（1）经历探索、归纳用字母表示数之优势的过程，让学生感受从特殊到一般的认知规律，体会用含有字母的式子表示数量关系的必要性，进一步理解用字母表示数的意义。

（2）通过分析具体问题中的数量关系，能认识到字母可以像数一样参与运算，并了解字母表示数的书写规范。

（3）渗透由特殊到一般的数学思想，培养学生用数学的眼光发现问题、用数学的语言归纳问题、用数学的思维解决问题的能力。

（三）针对的教学问题

针对的主要问题：有知识，无思想。

数学这一学科总是充满了神秘感，有时会让人望而却步，大多数初中数学课堂更是让学生觉得枯燥乏味，老师的题海战术也让学生苦不堪言，为此我进行了长达两年的听课，总结发现，许多老师的数学课堂是没有数学思想方法的渗透的，即使提及也只是作为一个亮点一闪而过，教学设计还是就知识而备知识，并没有重视数学思想的渗透。而数学教学包含着对数学知识和数学思想方法的传授，相对于知识的传授，数学思想和方法的传授更具有教学意义，单纯的数学知识教学，只是让学生对知识进行简单的掌握和了解，而数学思想方法的教学，则能让学生的数学能力得到质的提升。

（四）研究的主题

研究的主题：启发式教学。

启发式教学是指老师在教学过程中根据教学任务和学习的客观规律，从学生的实际出发，采用多种方式，以启发学生的思维为核心，调动学生的学习主动性和积极性，促使他们生动活泼地学习的一种教学指导思想。同时，启发式教学也是老师在教学工作中依据学习过程的客观规律，引导学生主动、积极、自觉地掌握知识的一种有效的教学方法。本节课采用的递进式启发教学，是在启发式教学的基础上，由浅入深地进行启发。从探索解决问题的方法，到归纳解决问题的策略，再到总结背后的思想，层层递进的启发让学生一步一个台阶，完成深入思考的全过程。

（五）教学流程概要

1.知识引入，发现字母表示数的优势

通过回顾有理数的运算律的表达方式，发现用字母表示数的简洁性和一般性。

2.知识探究，巧用字母表示数的优势

事先将学生分成小组，利用已准备好的火柴棒动手摆放图形，学生代表展示小组讨论的过程和结果。在活动过程中，教师适当引导学生发现规律，并利用字母表示数的优势表示出规律，进一步体会由特殊到一般、由个体到整体地观察、分析问题的方法。

3.知识应用，巩固字母表示数的优势

提出问题：三个连续整数是否能被3整除？由学生独立思考，学会主动用字母表示数的一般性去解决问题，达到巩固优势的目的。

4.知识提升，升华字母表示数的优势

利用学生已有的学习经验和生活经验，选取贴近学生现实的问题情境，使学生熟悉用含字母的式子表示实际问题中的数量关系，理解字母可以像数一样参与运算，同时感受其中"抽象"的数学思想。

（六）设计的创新之处

递进式启发教学：本节课中，教师针对代数学习中的问题，采用了层层递进的启发式教学。第一层，教师对学生已学习过的运算律进行了合理的问题设计，启发学生总结归纳出用字母表示数的优势。第二层，教师通过摆火柴棒的活动，让学生遇到需要摆100个三角形的困难，从而引发学生思考规律，形成解决问题的策略。第三层，教师提问"这些策略体现了什么数学思想"，引导学生思考解决问题的方法和策略背后所蕴含的思想。通过一步一步的启发，让学生从浅层思考到深度思考，领悟蕴含在解决问题过程中的数学思想，同时提升学生的数学思维能力。

（编撰　时青青）

七、"代表课"设计说明单

教师姓名：杨俊彦　任教学科：数学　开课时间：2021年12月22日

开课课题：算术平方根

1.我的教育理念

名称：主体性教育理论。

诠释：教育的主体性，是指在教育教学中始终以学生为主体，而教师的主导作用需要通过学生的学得以发展。教学围绕着"教师的教"和"学生的学"，课堂教学要以"学生的学"为落脚点，遵循以教师为主导、学生为主体的原则，始终以学生为中心开展教学活动。夸美纽斯在《大教学论》中说教师可以少教，但学生可以多学。换句话说，学生不能被动地接受学习，而是应该由教师引导和激发学生主动学习，充分调动学生的兴趣、积极性，尊重学生的主体地位，使学生成为课堂教学活动中积极主动的主体。

上期的理念：暂无。

2.我的教学主张

名称：探究式教学。

诠释：探究式教学是指学生在学习概念和原理时，教师给出一些例子或问题，让学生通过阅读、观察、思考、讨论等方式主动对其进行探究学习，自主发现并掌握相应概念的一种方法。该种教学方法主张以学生为中心、以学生为主体，让学生在教师的引导下积极主动地学习，从客观事物中找到共同属性，抽象本质，形成概念，并且使学生能够建构自己的认知模型和学习框架。

上期的理念：暂无。

3.我的课堂表现

自评优点：教学过程自然流畅，教态自然大方，语言简洁。

自评缺点：调动学生的主动性有待提高，教学活动设计有待丰富。

本期教案主标题：初中数学建构学习的范式。

4.我的风格取向

预设风格：双主课堂。双主课堂追求"高效率（让学生乐学、会学、学会）"与"高效益（在自主、合作、探究过程中培养学生）"相统一。通俗地说，双主课堂就是要以学生为中心，以人为本、以生为本、以学为本，使学生全面发展、师生共同发展。由于本人善于交流，所以希望我的课堂能够实现更多的生生互动、师生互动，使学生成为课堂的中心，使学生在一个愉悦的课堂氛围中积极主动地进行学习。

5.我的设计模型

"概念教学"模型：

概念教学模型包含概念引入、概念探究、概念比较、概念建构四个阶段。依据"四点突破"教学范式，本次教学按照"创设情境提问题—类比问题抽属性—概念形成定符号—强化概念活应用—生活实践建联系"的顺序进行教学。从生活实际中抽象出数学问题，找到问题的共性，下定义定符号，应用强化，最后再拓展延伸，整个教学过程中体现出了以学生为主体、以学生为中心的教育理念。

6.我的教学流程

（1）图标导入——创设情境提问题。

从生活情境出发，解决知道正方形边长求面积的问题，该问题学生熟悉且容易解答；然后提出问题"若知道正方形面积，你能求出它的边长吗？"从而激发学生的学习兴趣，顺利过渡到下一个点。

（2）师生互动——类比问题抽属性。

①根据正方形的面积公式，完成表格信息（已知正方形面积，求出正方形的边长）。

②观察表格中正方形画布的面积与边长的关系，教师引导总结出结论——"已知一个正数的平方，求这个正数"。

（3）合作学习——概念形成定符号。

①能不能给这个正数下一个定义？

②在学生小组合作学习与教师的引导下归纳出"正数"的定义。

③通过算术平方根概念的得出，用特殊的符号对其进行表示。

（4）意义建构——强化概念活应用。

①根据概念的具体内容，设计典例引导学生解决问题，加强学生对概念的理解，并从这些例子中总结出算术平方根的特殊性质。

②设计问题"判断下列式子是否有意义？"让学生独立解决，并在教师的评价中加深对性质的正确理解。

（5）拓展延伸——生活实践建联系。

①向学生提出问题"你掌握了哪些知识？"激发学生再次思维，引导学生梳理本次课的知识点，协助学生形成概念域。

②根据本节课的知识点，提出问题引出"$\sqrt{2}$到底有多大？"，设置悬念，为下节课的学习做铺垫，也为学生创设新的学习兴趣点。

7.我的研究专题

概念教学：数学概念教学是培养学生科学素养和数学素养的途径之一，是建构数学理论的基石，是学生进行数学思维的核心，具有高度的概括性和抽象性，有一定的系统结构，更是学生在解决计算、证明、作图等具体问题时的"必需品"，所以概念教学在数学教学中占有重要的地位。作为实数一章的起点和基础，且在学生已经掌握数的平方的基础上，对算术平方根的学习更是要打破"死记硬背"的学习方法和现象，通过掌握同类事物的共同属性进行概念学习，从而使学生获得概念，并能深化对概念的认识和理解。

八、算术平方根说课简案

（一）内容分析

算术平方根是人教版数学七年级下册第六章实数第一节平方根第一课时的内容。此前，学生已经知道数的平方并且会运算，这为本节课的学习做好了铺垫。算术平方根的学习是实数这一篇章的起点，充分理解和掌握算术平方根的相关知识，对后期学习平方根、立方根、根式等内容具有重要作用，且对学生掌握知识来说至关重要。基于其重要性，本节课将在学生已有认知基础上进行教学设计，通过学生身边的具体例子抽象出数学问题，归纳共性，形成定义，使学生体会到数学与生活的紧密联系，掌握对算术平方根的理解。

（二）课标的目标要求

课程标准要求：了解算术平方根的概念、会用根号表示数的算术平方根。据此，设定教学目标如下：

（1）理解算术平方根的概念，会用根号表示一个非负数的算术平方根。

（2）理解算术平方根的非负性，会求一个非负数的算术平方根。

（3）让学生感知数学与生活的紧密联系，初步建立数感和符号意识。

（三）针对的问题

主要针对的问题是数学知识的"碎片化学习"。碎片化学习是指学生在解决学习过程中遇到的问题时，选择借助现代化信息工具，从网络中提取解决方案，这同时也反映出学生对所学知识理解不透彻、知道却不会用等现象，所以掌握数学知识，不能始终依赖于利用碎片的时间去网络中寻求答案，实际的课堂学习更为关键。因此，教师要注重知识与生活经验的联系，注重知识的生长点和延伸点，注重知识的结构体系，引导学生从不同的角度去分析和理解，厘清知识之间的区别与联系，以理解为基础，并在应用中不断地加深和巩固。

（四）研究的主题

研究的主题是"概念教学"。数学概念教学是数学教学内容之一，也是培养学生科学素养的途径之一。它是以纠正、补充和完善学生的已有认知，建构正确的新认知，得到新概念，并形成新的概念域。算术平方根是在学生已经掌握数的平方之后的基础性学习，打破死记硬背的学习方法，在理解的基础上去学习算术平方根，能够使学生对算术平方根的概念和性质有整体的认知，并且能够为平方根的学习打下坚实的基础。

（五）教学流程概要

1. 图标导入——创设情境提问题

从生活情境出发，解决指导正方形边长求面积的问题，该问题学生熟悉且容易解答；然后提出问题"若知道正方形面积，你能求出它的边长吗？"从而激发学生的学习兴趣，顺利过渡到下一个点。

2. 师生互动——类比问题抽属性

（1）根据正方形的面积公式，完成表格信息（已知正方形面积，求出正方形的边长）。

（2）观察表格中正方形画布的面积与边长的关系，教师引导总结出结论——"已知一个正数的平方，求这个正数"。

3. 合作学习——概念形成定符号

（1）能不能给这个正数下一个定义？

（2）在学生小组合作学习与教师的引导下归纳出"正数"的定义。

（3）通过算术平方根概念的得出，用特殊的符号对其进行表示。

4. 意义建构——强化概念活应用

（1）根据概念的具体内容，设计典例引导学生解决问题，加强学生对概念的理解，并从这些例子中总结出算术平方根的特殊性质。

（2）设计问题"判断下列式子是否有意义？"让学生独立解决，并在教师的评价中加深对性质的正确理解。

5. 拓展延伸——生活实践建联系

（1）向学生提出问题"你掌握了哪些知识？"激发学生再次思维，引导学生梳理本次课的知识点，协助学生形成概念域。

（2）根据本节课的知识点，提出问题引出"$\sqrt{2}$到底有多大？"，设置悬念，为下节课的学习做铺垫，也为学生创设新的学习兴趣点。

6. 设计的创新之处

创新主题：概念教学。根据概念教学中存在的问题，在算术平方根的教学中这样设计：第一，创设"美术比赛，截取正方形画布"情境，提出"知道正方形边长，求正方形面积"的问题，学生根据正方形面积公式能给很快地解决问题，随后反问"若知道正方形面积，你能求出它的边长吗？"引发学生思考，建立新的兴趣点。第二，完成表格，通过表格中数据的特殊性，概括出问题的共同属性，"已知一个正数的平方，求这个正数"。第三，引导学生给这个"正数"下定义，形成"算术平方根的概念"并用符号表示。第四，设置典例，灵活应用概念解决问题，在例子中总结出其性质并再次设计特例加强对性质的正确理解。第五，提出问题，激发学生再次思维，梳理知识点形成概念域，并设置拓展延伸问题，为下节课的学习创设新的兴趣点。基于学生的已有经验设计教学，通过引导学生进行思考、讨论、探究等活动，能够使学生感受到数学的价值，在概念形成的过程中培养学生的观察能力、分析能力以及概括能力。

（编撰　杨俊彦）

九、"代表课"设计说明单

教师姓名：向毅　任教学科：初中数学　开课时间：2021年12月22日

开课课题：有理数的混合运算

1.我的教育理念

名称：因材施教理论。

诠释：因材施教是教学中重要的教学方法和教学原则，在教学中根据不同学生的认知水平、学习能力以及自身素质，教师选择适合每个学生特点的学习方法来有针对性地教学，发挥学生的长处，弥补学生的不足，激发学生学习的兴趣，树立学生学习的信心，从而促进学生全面发展。

上期的理念：建构主义理论。

2.我的教学主张

名称：认知冲突理论。

诠释：认知冲突是指认知发展过程中原有认知结构与现实情境不符时在心理上所产生的矛盾或冲突。面对新知识或新问题，学习者能利用已有知识经验去解决时，心理上处于一种平衡状态。一旦当学习者发现用已有的知识经验无法解决，或新知识与已有知识经验不一致时，认知冲突就产生了。认知冲突最早出现于皮亚杰的认知发展理论中的"认知不平衡"观点。皮亚杰认为："个体的认知发展是在认知不平衡时通过同化或顺应两种方式来达到认知平衡的，认知不平衡有助于学生建构自己的知识体系。"[1]

上期的理念：元认知理论教学。

3.我的课堂表现

自评优点：重视知识发生、发展，关注学生的认知体验。这样设计，一方面，从自然数扩展到有理数，体现了知识的生长，也符合学生的思维生长；另一方面，让学生经历知识的形成、巩固与深化的过程，在"玩数学"中感受数学的有用、有序、有趣。

自评缺点：调动学生的主动性有待提高。

本期教案主标题：概念教学：关注"运算"的算理与运用。

---

[1] 洪燕君, 喻平. 皮亚杰认知发展理论对小学数学教学的启示[J]. 教育研究与评论（小学教育数学）, 2022（01）：9-15.

4.我的风格取向

预设风格：生长课堂。

生长课堂从生命的高度用动态生成的观点看课堂教学，是有效教学活动的教学形态之一。生长课堂主要通过教育者对学生的需要和感兴趣的事物的价值判断，不断调整活动，以促进学生更有效学习的教学发展过程，是一个师生共同学习，共同建构对世界、对他人、对自己的态度和认识的动态过程。在生成性教学特征的指导下，以问题链为载体设计教学活动，以期使学生掌握必备的基础知识和基本技能，培养学生的创新意识和实践能力。

5.我的设计模型

设计模型："具身体验"设计。

依据"四点突破"教学范式，按照"情境设置—活动学习—反思体验—拓展运用"的顺序依次进行。通过合理运用问题链，从而抓住教学的生成性。其目的是，在算理教学中，让学生从"知其然"到"知其所以然"，再到"知何由以知其所以然"的跨越，从而深化学生对运算方法的理解，增强其掌握正确运算方法的自觉性，减少运算的盲目性，进而提高他们的运算能力。

6.我的教学流程

（1）创设情境，引入"运算"的算理。

通过"自然数版24点"游戏让学生回顾小学四则混合运算法则，通过"有理数版24点"游戏引出课题。在学生已经学了有理数的乘方与乘除混合运算法则的基础上，让学生通过情境2经历有理数混合运算法则的产生过程，更好地理解法则。

（2）例题示范，巩固"运算"的算理。

以两道计算题为载体，教师通过问题串和板书示范，帮助学生理解有理数运算的算理，初步掌握有理数混合运算的法则。第（1）小题严格按照法则的顺序进行计算，让学生掌握法则；第（2）小题在按照法则规定的顺序进行运算的同时，通过"两个乘方应先算哪个"等问题，引导学生适当简化步骤，体验优化运算。

（3）实际应用，体会"算理"的运用。

由于七年级学生分析问题的能力尚不成熟，因此教师需要通过图示标注、抓关键词等方法，引导学生进行两次分析，培养学生分析问题的能力，并在解决实际问题的过程中，让学生再次巩固有理数混合运算的法则，体会有理数混合运算的实用价值。

（4）回顾总结，升华"算理"的运用。

通过三个问题和板书引导学生回顾总结本节课所学内容，通过思维导图帮助学生建构本节课的知识和技能框架，并对今后要学习的实数混合运算进行展望。

7. 我的板书设计

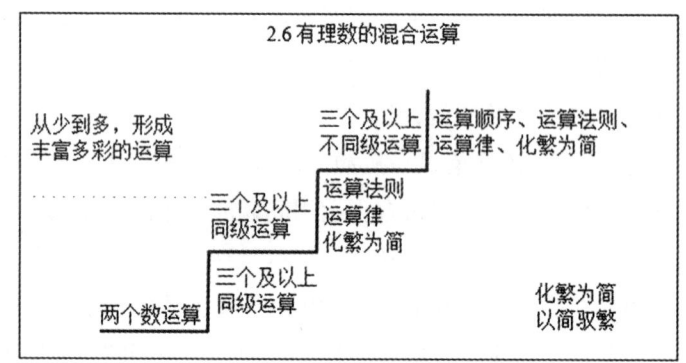

8. 我的研究主题

建构式教学方法的探索与实践：建构主义，强调学习过程是学生对知识的主动建构过程，在强调已有认知结构的重要性时，指出了提取记忆系统中的信息也是一个根据具体情况进行建构的过程，使已有认知结构与新知识之间的相互作用过程更加清楚，从而使学生在教学中的主体地位更加明确。有理数的混合运算通过问题链的设计渗透建构主义教学特征，抓住课堂教学的生成性，进而帮助学生学会理性地看待世界，发现问题，表述问题，分析问题，解决问题。

十、有理数混合运算说课简案

（一）内容分析

有理数的混合运算是人教版数学七年级上册第一章第六节的内容，它是建立在有理数相关概念、五种运算的意义及法则、相关运算律的基础上进行的综合性运算。学生通过对有理数混合运算的学习，不仅可以掌握有理数混合运算的方法，还可以加深对有理数各种运算的认识，起到复习全章的作用。有理数混合运算是对小学四则混合运算的延伸，也为进一步研究数式运算、解方程、函数等有关内容奠定了坚实的运算基础。

（二）课标要求

掌握有理数的加、减、乘、除、乘方及简单的混合运算（以三步以内为主）。

基于新课标，本课提出如下教学目标：

（1）经历有理数混合运算法则的产生过程，并理解法则。

（2）掌握有理数混合运算的法则，并能进行简单的有理数混合运算。

（3）能利用有理数的混合运算解决简单的实际问题，体会数学的使用价值。

（三）针对的问题

主要针对的问题是"机械训练"。目前，众多的教学观察与分析表明，在许多被应试需求主导的课堂中，数学教学常被严重异化为解题教学，不注重推理过程。其中，在运算教学中，教师侧重关注计算过程的探索，将大部分时间用作例题、习题教学，不利于落实课标对关键能力的培养要求，难以使学生数学学习成为有深度的学习。

（四）研究的主题

研究的主题：建构主义理论。

建构主义，强调学习过程是学生对知识的主动建构过程，在强调已有认知结构的重要性时，指出了提取记忆系统中的信息也是一个根据具体情况进行建构的过程，使已有认知结构与新知识之间的相互作用过程更加清楚，从而使学生在教学中的主体地位更加明确。有理数的混合运算通过问题链的设计渗透建构主义教学特征，抓住课堂教学的生成性，进而帮助学生学会理性地看待世界，发现问题，表述问题，分析问题，解决问题。

（五）教学流程概要

教学流程的模型："具身体验"模型。

1.创设情境，引入"运算"的算理

通过"自然数版24点"游戏让学生回顾小学四则混合运算法则，通过"有理数版24点"游戏引出课题。在学生已经学了有理数的乘方与乘除混合运算法则的基础上，让学生通过情境2经历有理数混合运算法则的产生过程，更好地理解法则。

2. 例题示范，巩固"运算"的算理

以两道计算题为载体，教师通过问题串和板书示范，帮助学生理解有理数运算的算理，初步掌握有理数混合运算的法则。学生通过独立练习，及时巩固有理数混合运算的法则。第（1）小题严格按照法则的顺序进行计算，让学生掌握法则；第（2）小题在按照法则规定的顺序进行运算的同时，通过"两个乘方应先算哪个"等问题，引导学生适当简化步骤，体验优化运算。

3. 实际应用，体会"算理"的运用

由于七年级学生分析问题的能力尚不成熟，因此教师需要通过图示标注、抓关键词等方法，引导学生进行两次分析，培养学生分析问题的能力，并在解决实际问题的过程中，让学生再次巩固有理数混合运算的法则，体会有理数混合运算的实用价值。

4. 回顾总结，升华"算理"的运用

通过三个问题和板书引导学生回顾总结本节课所学内容，通过思维导图帮助学生建构本节课的知识和技能框架，并对今后要学习的实数混合运算进行展望。

（六）设计的创新之处

创新主题：灵动运算。在这节课中，引导学生发现、提出问题并合作分析、解决问题，注重让学生在交流分享中感受法则的合理性，体会优算，同时积累数学活动经验，为枯燥的运算增添了思维的生长点和推理的逻辑性，使灵动的课堂、精彩的生成散发着浓浓的数学味道。

（编撰　向毅）

两项说明——英语类

一、"代表课"设计说明单

教师姓名：沈益帆　任教学科：英语　开课时间：2021年5月26日
开课课题：衬衫是由什么制成的
1.我的教育理念
名称：情趣教育。
诠释：情趣教学即教师针对教学对象、教学内容，采取灵活多变的方法，利用学生的好奇心、逆反心理、求新心理，创造一个和谐温情的氛围，激发学生的求知欲，使学生在情感的愉悦中接受知识，掌握技能，以达到最佳的教学效果。

上次的理念：导图式教学。

2.我的教学主张

名称：启发教学。

诠释：《礼记·学记》曰道而弗牵，强而弗抑，开而弗达，强调的就是在教学中启发诱导的重要性。只有这样才能从真正意义上调动学生的学习积极性，使他们主动去建构自己的知识体系；也才能使他们的思想朝更深更广的方向发展，成为真正懂得独立思考的人。从提问入手，教师要能够结合教学内容和学生的最近发展区设计一些有思维含量的问题，启发孩子们自主探究，使他们的思维变得更加活跃。在教学当中，教师还应适当地追问，当孩子们回答完某一个问题之后，不要就此打住，而是可以多问他们几个问题。同时，也启发了他们的发散思维。当然，教师的启发离不开适当的点拨。当他们的思维受阻时，教师应当及时给予他们一些提示或帮助，使孩子们能够拨开云雾，冲破思维的重重障碍，达到柳暗花明又一村的境地。

上次的主张：启发诱导。

3.我的课堂表现

自评优点：教态自然，循循善诱，擅长激趣，有活力，有感染力。

自评缺点：课堂掌控过多，学生发挥太少。

自定"风格取向"：情趣课堂。

我所向往的兴趣课堂是以趣开头。兴趣是学习的原动力，有了兴趣，学生自然会投入到学习中，去思考、去理解。激发学生的创造力和想象力，并自主建构知识体系，让学习变得好玩，课堂变得有趣，从而提高教学效率，使得学生在情感、知识、能力等方面的综合素养有所提高。

本期教案主标题：兴趣教学：初中英语语法学习的"钥匙"。

4.我的设计模型

名称：问题解决模型。

简述："问题教学三步走"：提出问题，解决问题，延展问题。师生共同创设问题情境，以问题的提出、探究和解决来激发学生的求知欲和主体意识，培养学生的实践和创新能力的一种教学模式。在问题情境的引导下，学生细微观察，进行对比，深度思考和实践探究，拓展思维，得出结论。

上次的"模型"：思维导图模型。

5.我的教学流程（小标题与主要内容，要求创意设计）

（1）情境导入：对话沟通入话题。

①让学生回顾中国古代四大发明并简要介绍，展示被动语态的构成。

②图片展示，图中物品由什么材料制成。例如：

师：同学们，你们知道图中的裙子是由什么制成的吗？

生：由报纸制成的。

师：那么请告诉我纸是由什么制成的？

生：由木头制成的。

师：谁能告诉我第三张图片中的椅子是由什么制成的？

生：由硬币制成的。它产自意大利。

采用"连珠炮似的提问"（老师提问，学生迅速反应）和"连锁操练"（学生任意提问或排头开始提问至排尾）相结合的方式。

（2）句型对比：主动被动相比较。

导入过后，老师列出几个句子，让学生区分主动句和被动句，使学生学会观察两种句型的区别以及主语的不同和书写位置，继而关注本节课的重点语法内容。

展示主动句和被动句的区别，教师提示学生观察句子的变化，一步步引导学生造句时如何由主动句变为被动句，分析被动语态的句子构成。

学生了解被动语态的结构后，还要熟悉动词的过去分词形式，以游戏的方式检测学生对动词过去分词的掌握。

（3）实践练习：结合课文勤练习。

老师回归课本，把课本上的题目列出来让学生根据提示填空。

①Children under 18 _____ （not allow）to watch this show without their parents.

②We _____ （pay）by the boss on the last Friday of each month.

③A：What language _____ （speak）in Germany?

　B：Most people speak German, but many can speak English, too.

④Most of the earth's surface _____ （cover）by water.

⑤The classroom _____ （clean）by the students every day.

（4）拓展运用：学以致用为延伸。

用提供的关键词造句。两种不同题型不间断练习。

（5）总结重点：被动语态的关键点。

总结强调被动语态的结构是什么，如何把主动语态变成被动语态，何时使用被动语态。最后是中考链接，题型训练。

家庭作业：看图片，把图上的句子改成被动语态并了解一本书是如何制成的。

最后通过视频播放，让学生了解当今世界制造业的格局以及中国在世界经济竞争中的优势与不足。

China is sometimes referred to as "the workshop of the world".

中国有时被称为"世界工厂"。

We should move from "Made in China" to "Created in China".

我们应该从"中国制造"转向"中国创造"。

6. 我的板书设计

be + done（动词过去分词）
{
1.直接+ed
2.以e结尾+d
3.不规则形式
}

7. 我要解决的问题（一个核心的问题）

枯燥乏味是英语语法学习的最大问题，其原因是对大多数地区的学习者而言，英语用语环境接近于零，想要抛弃语法，而仅仅依赖于大量的语言输入，在有限的几年时间内通过在课堂上创设交际环境学好外语，不太现实。然而当前的语法教学又存在一定的问题，受传统教学模式的影响，英语教师把语法知识传授给学生时只是单一地采用"讲授法"，教师根据考试大纲以及考试题型把语法知识硬塞给学生，很少去关注学生有没有消化吸收，有没有正确地理解掌握，这种单一的教学方式不利于调动学生学习英语语法的积极性。本节课的教学内容都是简要而精练的教学材料，从简单的、精选的知识入手，四大发明的导入，以生活物品材料的构成提问，每个问题都是学生熟悉且回答起来朗朗上口的，逐渐增强学生语法学习的兴趣；教师的引导方式多样，重在营造轻松愉悦的学习英语语法的氛围。因此，无论是教学目标、教学内容，还是教学方法、教学手段，都是切实可行的。首要目的是让学生愿学敢表达，让学生走进来、待在那，积极参与、有兴趣地完成本节课。

二、衬衫是由说明制成的说课简案

（一）课文内容分析

本节课是新课标英语九年级全一册第五单元的内容，主要考察一般现在时的被动语态，让学生听懂介绍产品的材料以及产地的对话；讨论产品用什么制成以及在哪里制造。教学重点是一般现在时的被动语态；教学难点是如何正确使用一般现在时的被动语态，以及动词过去分词的正确形式。

（二）课标的目标要求

（1）本课程的总体目标是培养学生对动词过去分词的正确形式有所了解，掌握一般现在时的被动语态如何使用，让学生具有本课的英语语法学习能力。

（2）能读懂有关产品介绍的文章。

（3）能通过观看图片、视频等了解产品的制造过程。

（三）针对的问题

针对的问题：语法学习枯燥乏味。

对大多数地区的学习者而言，英语用语环境接近于零，想要抛弃语法，而仅仅依赖于大量的语言输入，在有限的几年时间内通过在课堂上创设交际环境学好外语，不太现实。然而当前的语法教学又存在一定的问题，受传统教学模式的影响，英语教师把语法知识传授给学生时只是单一地采用"讲授法"，教师根据考试大纲以及考试题型把语法知识硬塞给学生，很少去关注学生有没有消化吸收，有没有正确的理解掌握，这种单一的教学方式不利于调动学生学习英语语法的积极性。存在这些问题的原因之一就在于学生对于英语语法的学习过于零散，缺乏系统的学习，没有形成一个知识网络，各个语法知识点在他们的脑海中是割裂开来的。在英语语法的学习过程中，学生往往对语法知识进行死记硬背，只是明白了其表层意思，而没有挖掘过深层次的含义，本节课针对这一问题不断探索，这是本节课尝试解决的问题。

（四）研究的主题

只有"多元教学"才能解决枯燥乏味的问题。本单元可综合运用讲授式、启发式、自主学习、合作学习等各种策略，提供大量的学习资源，通过四大发明的导入，以生活物品材料的构成提问，每个问题都是学生熟悉且回答起来朗朗上口的，逐渐增强学生语法学习的兴趣，使学生能够学到知识，又增加了他们的学习的乐趣，进而培养学生的自主学习的能力及表达能力和逻辑思维能力。采用训练练习，倾听特定信息和分角色扮演阅读的学习策略，利用教学图片或制作多媒体课件来展开课堂结对子活动，小组合作的口语交际活动，教师的引导方式多样，重在营造轻松愉悦的学习英语语法的氛围。

（五）教学流程概要

1.情境导入——对话沟通入话题

（1）让学生回顾中国古代四大发明并简要介绍，展示被动语态的构成。例如：

师：你们知道四大发明是什么吗？

生：指南针、火药、印刷术和造纸术。

师：你们知道指南针是在哪里发明的？

生：在中国发明的。

师：你们知道火药和印刷术是何时被发现的？

生：……

师：印刷术是谁发明的？

生：蔡伦。

（2）图片展示，提问图中物品由什么材料制成。例如：

师：同学们，你们知道图中的裙子是由什么制成的吗？

生：由报纸制成的。

师：请告诉我纸是由什么制成的。

生：由木头制成的。

师：谁能告诉我第三张图片中的椅子是由什么制成的？

生：由硬币制成的。它产自意大利。

采用"连珠炮似的提问"（老师提问，学生迅速反应）和"连锁操练"（学生任意提问或排头开始提问至排尾）相结合的方式。

2.句型对比——主动、被动相比较

导入过后，老师列出句子，让学生区分主动句和被动句，学会观察两种句型的区别以及主语的不同和书写位置，继而关注本节课的重点语法内容。

展示主动句和被动句的区别，教师提示学生观察句子的变化，一步步引导学生造句时如何由主动句变为被动句，分析被动语态的句子构成。

学生了解被动语态的结构后，还要熟悉动词的过去分词形式，以游戏方式检测学生对动词过去分词的掌握。

3.实践练习——结合课文勤练习

老师回归课本，把课本题目列出来让学生根据提示填空。

（1）Children under 18 _____ （not allow） to watch this show without their parents.

（2）We _____ （pay） by the boss on the last Friday of each month.

（3）A：What language _____ （speak） in Germany?

B：Most people speak German，but many can speak English，too.

（4）Most of the earth's surface _____ （cover） by water.

（5）The classroom _____ （clean） by the students every day.

4.拓展运用——学以致用为延伸

用提供的关键词造句。两种不同题型不间断练习。

5.总结重点——被动语态关键点

总结强调被动语态的结构是什么，如何把主动语态变成被动语态，何时使用被动语态。最后是中考链接，题型训练。

家庭作业：看图片，把图上的句子改成被动语态并了解一本书是如何制成的。

最后通过视频播放，让学生了解当今世界制造业格局以及中国在世界经济竞争中的优势与不足。呈现以下两句话点评说明。

China is sometimes referred to as "the workshop of the world"。

中国有时被称为"世界工厂"。

We should move from "Made in China" to "Created in China"。

我们应该从"中国制造"转向"中国创造"。

六、设计的创新之处

课本知识不仅依赖于课堂的学习，想要让学生感兴趣、让他们参与其中就要想方设法让他们了解知识，而且是生活中可以使用，与生活息息相关的身边事，才能有感触，产生共鸣。所以实践、理论相结合才能记忆深刻，灵活使用。本课学习的材料尽量体现中国元素，让学生了解中国传统文化元素；最后通过图片、视频了解当今世界制造业的格局以及中国在世界经济竞争中的优势与不足，让学生明白他们是未来的主人，从而体现中国情、爱国情。

（编撰　沈益帆）

三、"代表课"设计说明单

教师姓名：赵枫　任教学科：英语　开课时间：2021年5月26日

开课课题：你可以打扫一下你的房间吗？

1.我的教育理念

名称：主体性教育。

诠释：主体性教育，它充分肯定并尊重人的主体价值和主体性，充分调动并发挥教育主体的能动性，它倡导以学生为中心、以活动为中心、以实践为中心，以点燃学生的学习热情，培养学生的学习兴趣和习惯，提高学生的学习能力，使学生积极主动地、生动活泼地学习和发展。它的核心是充分尊重每一位受教育者的主体地位，教始终围绕学来开展，以最大限度地挖掘学生的内在潜力与激发学习动力，使学生由被动的接受性客体变成积极的、主动的主体。

上期理念：生活教育。

2.我的教学主张

名称：任务型驱动教学。

英语听说教学是英语教学过程中一项极为重要的内容。然而，在现阶段的听说教学中，学生在课堂上缺乏一定的互动，教学效果欠佳。随着新课改的进行，听说教学中所暴露出的问题受到愈加广泛的关注。因此，将任务驱动型的交互式教学研究成果引入实际的英语听说教学中，从一个较新的角度来探究听说教学，能够改善教学氛围，提高学生学习的兴趣和听说能力的综合应用水平。

上期理念：支架式教学。

3.我的课堂表现

自评优点：（1）教学思路清晰，具有逻辑性；（2）具有启发性，教师是启发者和引导者，学生是教学过程中的主体。

自评缺点：教师与学生的互动方式较为单一，氛围不够热烈。

预设风格：简单清晰式课堂。公开课是一种表演课，但在表演的基础上不能够脱离教学目标，而太多的活动设计无疑会导致课堂效果不尽人意，所以我的课堂上主要以问题和任务进行导入，让学生明白教学目标，完成教学任务。

本期教案主标题：互动教学：初中英语听与说的乐趣。

4.我的设计模型

"训练主线"设计：

依据"四点突破"教学范式，按照"视频导入—任务驱动—新知引入—新课呈现—听力训练—口语输出"的顺序依次进行。教学过程以"交互式教学"为主，贯彻听说领先的原则、趣味性原则、主体性原则、目的性原则、词不离句原则，循序渐进地打造有效课堂，让学生在活动中感知语言、掌握与运用语言，强调"平等交流和自主互动"，包括师生互动、师生互动等，进行合作学习。

5.我的教学流程

（1）视频导入，以旧知引出主题。

①Introduce myself and say "Hello" to students.

②PPT 播放Let's enjoy a video，询问学生："你们认为这个小女孩不做家务对吗？"

（2）提出问题，以任务感知新知。

①你通常会在家里做些什么家务，请自己思考一下。

②你会帮助你的妈妈做家务吗？你的妈妈会要求你去做家务吗？如果要求你做家务的话，她会怎么样和你说？

③引出重点句型Could you please do sth?及肯定否定回答。

（3）总结重点，以互动训练听说。

①经过学习，学生可以自己总结委婉地提出请求时应该怎样提问。

②播放1b的听力。

③教师和学生进行互动，学生和学生之间进行互动。

④播放2b的听力，采用任务链的活动设计形式呈现新知。

⑤Language point：句型：Could you please do sth? Could I do sth?

（4）巩固提升，以习题强化知识。

6. 我的板书设计

Unit 3 Could you please clean your room?

Make one's bed swept the floor take out the rubbish

Could you clean your room? Yes. Sure/ of course

Sorry I can't I have to …

Could I do sth?

Yes Of course/ Sorry you can't

7. 我的研究主题

英语听说"任务型驱动教学"模式的探索：英语听说教学是英语教学过程中一项极为重要的内容。在传统的英语听说课上，往往采用"满堂灌"的教学方式，即学生一味接收信息，教师一直源源不断传授知识，这种方法严重弱化了学生积极思考与主动剖析的能力，这种"听课式"上课和"领导式"学习模式，不利于学生学习。"任务型驱动教学"的主要特点是以任务为核心进行教学，任务完成要凭借知识学习，在此过程中，不仅能够让学生对自我能力进行认识，让他们在完成任务的过程中真实参与、体验、交流，从而在实践中感知并获取知识，还能使他们原来的知识得到充分利用和发挥。

四、你可以打扫一下你的房间吗？说课简案

（一）内容分析

本课时主要聚焦在家庭生活上，谈论家务琐事，学生要掌握如何礼貌地寻求他人的意见以及如何征求他人的许可。涉及的内容为1a～2c，内容丰富，包含了听与说，学生在学习语言知识和技能的同时也能够培养学生学会做家务，学会体谅父母的情感态度。1a部分是为口语输出做铺垫，学生需要掌握打扫卫生的短语，并灵活运用这些短语。1b部分需要学生听听力，然后引出本节课的第一个知识点Could you please do sth? 并结合1a 的短语进行听力训练。1c部分是运用听力和所学内容进行对话练习。2a～2c是也是听力和口语的训练，2a引出重点短语以及本节课的另外的一个语法点即Could I do sth? 肯定回答和否定回答，学生在学习完这两组重要的句型后可以区别不同的句型应该使用在什么语境中。

（二）课标的目标要求

本教材重视学生听说能力的培养，口语活动的设计要与听力相结合，采用先输入后输出的模式，实现听和说的有机结合。

（1）结合语境教学词汇，在呈现新单词或词组时，利用实物、图片、视频等让学生直观地理解词意。通过建立语义与语境之间的关系，促进理解，加深记忆。

（2）2a～2c采用任务链的活动设计形式，为学生提供进一步的语言输入与输出的机会，让学生感知本单元的目标语言，并完成相关的听力活动，再对听力内容进行控制性的口语输出。

（3）在发展语言能力的同时，发展思维能力，激发想象力和创造能力。

（三）针对的问题

（1）听说分离。初二年级的教学内容增多，本班学生基础较差，学生专注力弱，所以需要在教学过程中创造很多丰富多彩的情境，帮助学生掌握语言知识，提高兴趣，才能进一步进行听力的训练，口语输出也需要教师进行由简到难的"示范对对话"。

（2）脱离语境。短语数量多，内容相对乏味，学生容易记得快，忘得快。词汇短语要联系学生的实际生活，让学生在体验中感知本课的教学目标。

（四）研究的主题

本课的教学设计是"任务驱动教学法"，设计思路是"任务驱动四步法"，依次为：结合视频，询问主题——结合生活，布置任务——学习新知，听力输入——完成任务，控制输出。

（五）教学流程概要

1. 视频导入，引出中心课题

学生观看两个视频，教师询问本节课主要讨论的话题是什么，引出中心话题housework和chores。

2. 布置任务，思考本课话题

教师接着引出问题：这个女孩不愿意帮助妈妈做家务？你认为她这样做对吗？你经常在家做家务吗？你会做哪些家务？学生通过思考这些问题，懂得不帮妈妈做家务是一种不太好的行为，可以想到自己平时在家会做些什么家务。然后导入到本节课的重点词汇上，教师带领学生进行词汇的学习和操练。

3. 结合生活，导入重点句型

通过前面对单词的学习，教师再次提出问题，导入如何礼貌或委婉地提出请求。

（1）谁是家里最忙碌的人？学生大多会想到是自己的妈妈，当妈妈忙碌的时候想让你帮忙，她会怎样和你说？让学生感知三种语气，第一种是Clean your room! 第二种是Can you clean your room? 第三种是Could you please clean your room? 学生会选择第三种，然后在黑板上呈现重点。

（2）听力训练，根据所学的短语，在听力过程中选出正确的答案。

（3）教师继续就重点句型结合当前的教学情境和学生互相对话，扩展学生的思维，布置任务，让学生四人一小组进行对话练习，可以用身边的任何事情结合句型进行口语输出。

4. 听说结合，巩固口语输出

（1）再次听听力，呈现新知识。

（2）讲解重点短语，导入重点句型Could I do sth?

（3）结合语境，扩展思维，进行口语输出。

（六）设计的创新之处

创新主题：逻辑紧凑，任务驱动。英语课堂已不再只是死记硬背的课堂，英语教学更注重学生的交际能力，在教学过程中，教师不能再照本宣科，而是要站在学生的视角来教学，从学生的认知角度入手，结合生活实际，由简到繁，由易到难，层层递进。每抛出一个知识点的时候教师都要做好充足的铺垫，以便于学生能够理解教学目标是什么。在听力前和口语交际前教师布置的任务能够更好地让学生意识到本节课的教学重点。

（编撰　赵枫）

第三章 "四点突破"教学范式之"代表课" 展示与点评

"代表课"的第二阶段为展示与点评。"代表课"经历了选题介绍、双案设计、两项说明等三道工序的打磨，已经形成了五个材料，梳理出了教学过程中的原生兴趣、伴生兴趣、衍生兴趣，形成了贯穿课堂始终的兴趣链。其准备工作已完成，展示与点评即将开始。展示与点评是教师"代表课"打造的核心环节，展示与点评双方互动，上课、听课、评课一气呵成。要求就是"自信上课，艺术评课"，会上会评，能"上"会"道"。

第一节 课前准备

经过十天的备课准备，在导师的指导下分三层，逐步完成了五份材料：选题介绍、教学设计、学案编制、说课简案、设计说明单。我们这节"代表课"究竟要干什么、针对什么、研究什么、达成什么、思路是什么、具体怎么做等，应该已经有明晰的认识了。然而，这些还是纸上谈兵，实战演习还在展示与录制阶段，为高质量的自评与互评奠定基础，因此，我们还要精心做好课前准备。

一、记课——兴趣链

在"代表课"展示之前，要求授课教师把自己的"代表课"记住：（1）主要内容。要对教学内容非常熟悉，教学内容有几个部分、教学的重点与难点要清清楚楚。（2）教学流程。教学流程就是教学思路的展现。（3）"四点突破"教学范式的兴趣链。教学过程总是由任务驱动的，而教学任务常常是由一个个兴趣引领而启发的。而且，我们应该有一个主问题（根问题、元问题），以及由这个主问题主导的兴趣链，这是课堂教学的暗线，记住了兴趣链也就基本记住了课堂的层次结构。

二、试课——兴趣点

试课就是为了看看兴趣点是否发生作用，课堂教学中往往会出现这样一些问题，比如（1）兴趣启而不发。我们设计的兴趣是推动课堂发展的动力，但是往往出现老师发问，学生没有积极响应的现象。这个问题可能不是难了就是空了，或者说根本没有找到知识的本体。（2）课堂热闹，一发不可收拾。这样的兴趣可能是浅层的、机械的，不能对学生的学习产生深刻影响。（3）课堂生成意外问题。课堂意外常常让我们惊慌失措，措手不及。

三、磨课——教学行为

"代表课"需要的是工匠精神，磨课是"代表课"必不可少的环节，需要发挥校本教研的作用，可以邀学科名师、教研组与备课组同仁等深入进行课堂观察、倾听和组织，在课堂教学实践中挖掘授课教师的课堂教学行为表现，是否体现了教师作为教学主体的教学风格、教学特色、教学能力和教学智慧。

第二节　课堂展示

"代表课"最光鲜亮丽的环节就是课堂展示，"代表课"展示是一次教育改革思想的践行，是一次教育设计研究的验证，也是"代表课"系统工程承前启后、继往开来的衔接过渡。"四点突破"教学范式就是落地课堂实践，课堂是教师和学生互动的场所，教师除了要实现对学生的育人价值外，他们自身其实也都是参与者，教师和学生都被视为鲜活的生命个体。每一次课堂教学的过程，对学生来说也都是自己生命历程中的一段体验，对教师而言，也是自己生命历程中的一段体验，是教师进步的必由之路。

经过各位老师与导师的紧密合作，"代表课"经历了选题介绍、双案设计、两项说明等三道工序的打磨，又经历了"记课、试课、磨课、查课"等准备环节，我们已经形成了五个材料，做好了充分的准备工作，"代表课"就要与专家、与同行见面了。"代表课"展示活动方案见附录。

第三节　课后点评

"进得了课堂，说得出名堂"，这是"代表课"的关键主张。所谓说得出名堂即指会说课，善点评。"代表课"四级点评的四个角度：自评出于"代表课"作者设计与实施的角度，自我点评，体会深深；互评出于同行教师专业的角度，另一角度，旁观者清；校评出于学校教学管理的角度，导向鲜明，质量为上；师评（导师点评）出于教学研究的角度，课堂改造，专业发展。在"代表课"的四级点评中，每一步骤都围绕"四点突破"教学范式中的兴趣点来展开，通过兴趣引领，从知识本体走向学习兴趣、走向旨趣，最终走向学生内心深处产生的源源不断的学习动力。校评一环至关重要，不仅要体现学校领导对于课堂教学与改革的高度重视，还要体现课堂教学的学校意志与学校特色。

课后点评的内容依然按照语文、数学、英语三个学科的顺序来呈现。

课后点评——语文类

一、甘璐："代表课"自评《卖炭翁》意见

卖炭翁是部编版语文八年级下册第八单元第24课，该单元要求学生能诵读古代诗文，培养文言语感；大体理解内容，并能背诵或默写其中的名句、名段、名篇；激发学生学习古代诗文的兴趣，增强热爱中华民族传统文化的思想感情。而古诗词距离我们年代久远，需要老师用智慧引领孩子们读意、研情，对诗的意象进行整体的、反复的感受和体味，对古诗词中蕴含的丰富的人文资源进行挖掘，唤醒学生对古诗词的学习热情，培养学生的审美情趣，陶冶学生的心志，健全完善人格。

回顾教学过程，我认为"合理提问，情境创设，有效链接，巧妙拓展"是本节课的亮点。

1.合理提问：问题式教学

先抓住"牵一发动全身"的主问题，再回到文本中去设计小问题。主问题设计中，先找出作者对卖炭翁感情的一个词（可怜），引领学生抓住了"诗

眼"，从总体上把握了本诗的情感基调，进而引出宫使的可恶以及白居易的可敬，层层深入，由诗歌的文字意思逐渐走进文本、了解作者。小问题的设计中，诗歌第一小节主要采用了心理、外貌、动作、神态描写以及环境烘托来刻画卖炭翁劳作艰辛、贫困卑微的形象，第二小节除了描写还采用了对比手法，把宫使的目中无人、横行霸道、巧取豪夺展现出来，更反衬出卖炭翁命如草芥般被肆意践踏的悲惨人生。

2. 情境创设：情境式教学

中学生年龄在十几岁，生活阅历不是很丰富，对于文章的理解往往局限于表面，教师采用情境创设法，通过引导，能够激发学生的体验欲望。比如对"烧炭"这一工序不清楚，而这个复杂的工序又恰恰是学生体会卖炭翁劳动艰辛的重点所在，通过教师对"烧炭"这一工序的动情描述，引领学生与卖炭翁对话，引导学生感受卖炭翁劳动的艰辛可谓水到渠成。

3. 有效链接：开放式教学

语文阅读教学中，如果适时有机地链接与课文学习相关的背景资料，能够增加教学内容的深度，让学生获得新认识，激发学生的学习兴趣。让学生对"宫市"制度有所了解，对安史之乱后期，宦官专权的社会背景有所了解，感受封建统治下人民的痛苦生活，认识到作者以天下为己任，敢为民而歌的忧国忧民精神。

4. 巧妙拓展：生活式教学

课堂最后在学生对卖炭翁的同情和对封建社会不合理制度的愤恨之情被激起的情况下，出示了同样描写劳动人民凄苦生活的诗句，让学生体会到无论是蚕妇、渔者还是农夫，他们的命运都和卖炭翁一样凄苦，让学生觉得似乎在与古人对话，目睹劳动人民的生活，感受诗人的情感。

紧接着再出示我们今天自由买卖、公平交易的社会图景照片，教育学生珍惜现在的幸福生活，让作为精神、文化的载体的古诗文润物细无声地给予我们人格的熏陶与启迪。

总之，教师站得有多高，学生就能看得有多远。因此，语文课我们留给学生的不仅仅是基础知识，更是一种对人生、对生命的思考。让我们的语文教师成为一个思考者，带领学生走进文本，走进生活……

二、甘璐互评:蒋三妹的河中石兽教学

《河中石兽》是部编版语文七年级下册的一篇课文,选自纪昀的《阅微草堂笔记》,蒋三妹老师给我们上了一堂精彩的文言文品读课,使我印象深刻的有以下几点:

1. 导入新颖,激发兴趣

蒋老师直接去书店买了一本《阅微草堂笔记》,展示在学生的面前,通过对这本书的介绍引出文言笔记小说,引出作者纪昀,自然而然走进文本,拉近与学生的距离,激发学生的兴趣。

2. 品读语言,抓住形象

特别是在分析讲学家形象的时候,紧紧抓住文中的四个字词"笑""尔辈""耳""颠"来引导学生理解。

"笑",看到僧人们在急切寻找石兽,他不是去关心,而是笑,这是嘲笑、大笑、讥笑,联系讲学家的特殊身份(学者,在寺庙里教书,文化高,瞧不起僧人)。

"尔辈",意思是你们这些人,表明了自己和别人不一样,高人一等。

"耳",罢了的意思,意思是这么简单的道理你们都不懂,还用得着我说吗?内心充满了得意之感。

"颠",讲学家不顾僧人的想法,就断定他们是"颠倒"的,而"颠"暗含疯癫的意思,讲学家却贸然给僧人戴上这顶帽子,可见其自以为是、自高自大到了极点。

通过四个字词就把学者的惯性思维、教条主意、死抠书本、轻视他人的形象揭示出来。

3. 个性解读,丰富体验

讲到老河兵形象时,老河兵经验丰富,他不仅考虑到"沙""石"的因素,还考虑到了"水"的至关重要因素,从而找到了石兽,可以看出理论对实际的生活固然重要,但是实践才是一切成功的源头,突破了文章的难点。

但是蒋老师的课到此并没有结束,而是又回到一个"笑"字,老河兵的笑也是嘲笑,因为老河兵觉得讲学家自以为学识渊博,说话十分狂傲,所以讽刺他"求之下流,固颠;求之地中,不更颠乎?"别人的行为固然颠,你的

这种行为不比别人更颠？这个"更"字对讲学家的所作所为极尽嘲讽。老河兵"以其人之道还治其人之身"，让讲学家"哑巴吃黄连——有苦说不出"。

顺势告诉学生：生活是一面镜子，你怎么对待别人，别人就怎么对待你。教会学生如何为人处世，以及生活中要谦虚的道理。

当然这节课也有遗憾之处，提出一点建议：

教师说得太多，没有很好地突出学生的主体地位，发挥学生的主观能动性。比如在动画演示石兽"逆流而上"的过程时，完全可以让学生结合动画来自己描述，或者让学生在黑板上画出来，然后老师再加以指正补充，突出关键词（反激、啮、砍……），把语言与思维联系起来，这样效果会更好，学生会记得更牢固。

三、甘璐："代表课"导师点评记录案

（一）导师课堂记录

1.教学流程

（1）入味：吟咏领悟，浸润人格。

（2）体味：教学诗词，构建人格。

（3）玩味：审美鉴赏，升华人格。

（4）回味：拓展延伸，体现人格。

（二）导师总评（刘永和）

1.总体印象

自定"风格取向"："潜泳"课堂（建议：含蓄隽永）

2.教学优势

自评优点：感情充沛、平等对话、教态自然、有亲和力、善于启发。

入味：吟咏领悟，浸润人格；体味：教学诗词，构建人格；玩味：审美鉴赏，升华人格；回味：拓展延伸，体现人格，起承转合，环环相扣，层层深入，步步为营。

问题探讨：

自评缺点：生成多、预设少；学生主体性不够；教学机智不足。

案例题目建议：

涵泳：让《卖炭翁》的意义更加鲜明。

3.研究方向

教育理念：人格教育。

教学主张：涵泳教学。

建议研究方向：语文是立德树人的主要阵地。

建议论文拟题：涵泳：小学语文体验教学的有效方式。

4.学科讨论

语文本体教育非常重要。

四、蒋三妹自评：河中石兽教学

《河中石兽》是清代著名学者纪昀写的一部文言笔记小说，选自《阅微草堂笔记》卷十六《姑妄听之》。我设计本节课的教学目的在于，让学生熟悉、理解这篇短文的内容及其包含的道理，逐步积累文言词语，进而训练学生阅读浅析文言文的能力，有针对性地培养学生独立思考的习惯，训练学生的质疑思辨能力，切实引导学生懂得"实践出真知"的道理，学会为人处世的态度。我认为这节课的教学设计优势在于"四聚焦、四突出"，具体表现为：

1.聚焦情境教学，突出创意美

在导入新课时，通过介绍教学背景及其渊源，注重巧妙设置问题，让学生通过课文开篇部分，就开门见山地知道作者是谁，且在老师的教学背景介绍下，一针见血地点题作者为什么要写这部文言文小说，是反映当时怎么样的社会现象，需要教会我们一个怎么样的做人做事的道理，这就是在教学中注重场景设置的巧妙之处，更加突出了创意美，由此潜移默化地把学生的思想带入其中，有穿越时代之感。

2.聚焦鉴赏教学，突出感受美

采取分组的方式，合理引导学生品读课文，让学生准确把握文言文的读音、字形和释义，然后老师再加以画龙点睛式的点拨和辅导，更好地使教与学既不脱离课文又能跳出课文，更加注重把历史与现实、人物思想的对比与冲突有机结合起来，让学生在鉴赏中宛如身临其境，切实感受到不同人物之间的思想角逐与沉着稳重的思想较量，实属一种难得的感受美。

3.聚焦合作教学，突出互动美

通过探讨的方式，精准把控课堂教学节奏，让学生深入理解文意，整体感知课文，同桌之间相互讨论，充分发生思想碰撞，使学生在合作中知晓僧人、讲学家、老河兵之间不同的人物性格、思想特征，从而明白有什么因就会导致什么果，折射出当时社会人们的复杂心理和倡导向好扬善的美好愿望，更显教学的互动之美。

4.聚焦生活教学，突出升华美

善于从课文中的关键句、关键词、关键字切入，引导学生细品诸如"尔辈不能究物理""众服为确论""颠""笑"等，话中有话，寓意深长，非常值得深思和探究，进而把学生从课文教学中拉回到现实生活，让学生更加明白在当时黑暗的社会背景下，纪昀这类有着高度社会责任感的儒者对社会伦理道德怀着深深的焦虑，有效唤醒学生树立正确的世界观、人生观和价值观，明辨是与非，讲求客观现实，注重实事求是，始终坚持实践是检验真理的唯一标准，从而把整个教学升华到一个全新的高度。

当然，在看到整个教学设计达到理想效果的同时，我也深感还存在一些缺憾美，比如板书教学还需再优化，课前准备还需再充分，等等。针对存在的缺憾和不足，我将在下步教学工作中，不断加以吸收和改进，力求所有教学工作都成为"代表课"，真正把教书育人这份神圣的职业落到实处。

五、蒋三妹互评：甘璐的河中石兽教学

甘老师从教多年，有着丰富的实践教学经验，今天，我十分荣幸完整地听了一节甘老师的精彩代表课——卖炭翁，这节课以生为本，由歌曲引入，引导学生自主探究、合作交流。整个教学围绕学生来展开，关注学生的发展。给我留下最深刻印象的就是"生本课堂"，具体有以下三个方面的切身感受：

1.内容生本性实施到位

《卖炭翁》可以称为一首叙事诗。它的讽喻之意，是在简单明白的叙事过程中透露出来的。甘老师善于在朗诵中培养学生的文言语感，不断激发学生的学习兴趣，进而让学生在理解文言语句的基础上，更加深刻地认识到在当时黑暗的社会统治下，诗人对劳动人民的深切同情，而"卖炭翁"就是这一人物形象的典型代表，使学生能够更好地品鉴文言语感，正确看待历史与现实。

2.构思生本性设计到位

我认为课标就是课堂教学成功与否的重要标尺。甘老师在课标把握上，

巧妙地从引导学生熟读成诵、掌握人物描写方法、感受人物遭遇、对比突出等方面入手，将教学的空间逻辑、时间逻辑把握得更恰当，从而把诗中的人物、时间、地点，以及开端、发展、结局和人物肖象描写、心理活动等刻画得淋漓尽致。

3.课标生本性落实到位

甘老师依据"涵泳教学法"定下基调，按照入味、体味、玩味、回味的设计思路，充分体现了这首诗曲折的情节，从而再现诗鲜明的政治倾向，强烈的是非观念，震撼读者心灵的艺术魅力，以此不断培养学生的情感态度价值情趣和创造性思维。

总之，我认为甘老师的这节课，无论是课文分析，还是课标把握，都处理得恰如其分，整个教学过程层次清晰、重难点突出，实属一节高效优质的样板课。

六、蒋三妹："代表课"导师点评记录案

（一）导师课堂记录

教学流程：

（1）起：问题性导入新课。

（2）承：整体性感知文本。

（3）转：合作式互助交流。

（4）合：建构性课堂小结。

（5）延：生活性拓展延伸。

（二）导师总评（刘永和）

1.总体印象

自定"风格取向"：快乐课堂。

2.教学优势

自评优点：教态自然，语言幽默风趣，授课形式多样。

一是"起"：问题性导入新课；二是"承"：整体性感知文本；三是"转"：合作式互助交流；四是"合"：建构性课堂小结；五是"延"：生活性拓展延伸，五步一环，环环相扣。

3.问题探讨

自评缺点：课堂评价单一。

4.案例题目建议

《兴趣教学：让〈河中石兽〉也好玩》。

5.研究方向

教育理念：素养教育。

教学主张：兴趣教学。

建议研究方向：语文的核心素养与语文本体教育。

建议论文拟题：《兴趣是儿童学古文的"最佳老师"》。

6.学科讨论

核心素养与语文本位都很重要。

七、甘璐自评：愚公移山教学

《愚公移山》选自部编教材初中语文八年级上册第六单元，本单元是一个培养学生意志与品格的单元。《愚公移山》是一则具有神话色彩的寓言故事，它通过一位年近九十的老人带领全家人每天挖山不止，最后感动天帝，把山移走的情节，反映了人类征服自然的理想和为理想而献身的精神。学习这篇课文，除掌握必要的文言知识外，还要感受课文所蕴含的对比艺术，挖掘文章所表达的寓意，认识愚公这一人物形象，培养学生对愚公精神的发散性思维，引导学生认识到愚公精神的现实意义，从故事中得到人生的启示，树立远大的理想，培养战胜困难的信心、勇气、毅力。

本节课是以"开放式提问教学"为主题进行的一次教学实践。在常规的教学活动中，为了完成教学进度，教师常用"封闭式"的、单一的提问，往往以"是什么""有什么""做什么"等问题为主，对此学生并不需要做过多的思考，易造成思维的局限性和片面，使上课内容枯燥乏味，压抑学生学习的兴趣性和积极性，而"开放式提问"具有目标开放、思维无极限、自主加合作、答案不唯一、产生新问题等特点，它以学生的学习和发展为中心，聚焦学生思维能力的发展与情感体验的发掘，根本目的在于提高课堂教学的有效性，促进教师有效教学能力及学生深度学习能力的提高。使学生从多角度了解事物，开阔思路，形成多种答案，从而激发学生学习兴趣和思路。

回顾本节课，我认为有三方面的可取之处：

1.思维性训练

本节课注重从多个角度、多个方面来看待问题，强调逆向思考，不断突破自己的思维界限，挑战固有的观点模式。思维过程具有灵活性，打破学生固有的思维定式，引导他们从不同视角理解文本。比如在同学们学习愚公精神已成固定思维人云亦云一边倒的情况下，我抛出问题，如果我支持智叟移山你们怎么认为？这样一下子就难住了学生，从而老师顺势引出我们普通人做事，总是凭着生活中的经验办事，安于现状，只考虑眼前利益，用自己觉得最合理的思维理性地对待问题，而愚公不走寻常路，想别人不敢想，做别人不敢做，哪怕把自己碰得头破血流，哪怕自己吃亏，哪怕不被人理解也要迎难而上，明知不可为而为之地创造奇迹，对此进行辨析后，愚公精神的实质将变得更加深刻。

2.辩论性课堂

本节课我设计了三次课堂辩论：第一次我扮演妻子，与学生扮演的愚公进行辩论；第二次我扮演智叟，与学生扮演的愚公进行辩论，两次辩论的目的是使学生辨析二者的不同态度；第三次辩论升级，进行你支持愚公毕力平险，还是支持智叟笑而止之，在此过程中感知愚公的形象。了解文本本身不是侧重移山的结果，而是侧重移山过程中所体现的精神。课堂辩论作为一种重要的教学辅助手段，它不仅能够活跃课堂气氛，让学生积极主动地参与进来，感到自己是学习的主人，更能激发学生的求知欲望，使其体验成功的喜悦从而增强自信，在活动中学生的思维能力、创造能力及语言表达能力等也都得到最大程度的训练、发挥与提高。

3.精巧性拓展

本节课利用生活式的教学，学以致用。由愚公移山的愚迁移到小学学过的寓言故事，再迁移到现在我们时刻都在关注的新冠疫情，再迁移到我们身边的抗疫事例，用发生在学生身边的事例感染学生，感到传承发扬愚公精神并不是一句空话，我也可以做到。最后紧接中考常考的题型推荐词或者竞选词，学练结合，学以致用，让愚公坚持不懈、迎难而上的精神实质落到实处。

这节课也有不少遗憾，主要表现在学情考察不足方面：

本节课我感觉学生的参与度还是不够，与我磨课时的效果有一些差别，原因是磨课班级都较为活跃，所借班级较为沉稳，加之公开课气氛较紧张，所以学生上课总放不开，要么统一回答，要么该反向思维时却怎么也辩论不起来，教师在不是非常充分的准备下，教学机智就会显得不足，不能游刃有余地对课堂生成性的问题进行处理，所以平时要加强基本功，以学定教，避免盲目性，这才能让语文课堂焕发出生机与活力。

总之，通过"代表课"我学到了很多，以后还需再接再厉，在磨课、上课、说课中不断成长。

八、甘璐互评：蒋三妹的白杨礼赞教学

蒋三妹老师所执教的《白杨礼赞》是一篇托物言志的散文，借白杨树的形象来讴歌共产党领导下的西北敌后的抗日军民和整个中华民族的精神和意志，抒发作者的崇敬和赞颂之情。蒋老师声情并茂，感情充沛，师生互动，循循善诱，我个人认为这是一节情境教学课，具体如下：

1.情境衬托主题

蒋老师在处理这篇教材的时候，目标明确，主次分明，思路完整，逻辑严密。先从标题中"礼赞"的文眼切入，找出文中赞美白杨树的句子，梳理出本文的线索——赞美白杨树的不平凡；接着从分析白杨树的形象入手，细致深入地分析白杨树的干、枝、叶、皮，表现出白杨树所蕴含的正直、团结、进取、质朴的气质，从而使学生明白，作者表面上在写树，实际上在写人。

2.情境丰富语言

蒋老师的语言非常富有感染力，主要体现在"读"的上面，整个课堂贯穿着教师范读重点段，学生诵读重点句，视频配乐诗朗读，使整个教学内容更加形象生动，使学生更好地了解白杨树的形象、品质、精神，更好地理解托物言志的手法，培养了学生的审美情趣。

3.情境展示画面

本节课，无论是教学过程中对白杨树形象的感知，还是迁移拓展时对托物言志手法作用的理解，都运用了多媒体画面效果，特别是结尾蜜蜂、蜡烛、老黄牛的画面，直观形象地引导学生进入情境，想到身边的哪些人，他们身上有怎样的精神，由课堂延伸到课外，走进生活，感受托物言志委婉、含蓄、深刻的妙处，学练结合，学会以后在写作过程中使用托物言志这种手法。

课堂教学永远是一门充满缺憾的艺术，在此，我提一点小建议，仅供参考：朗读指导有待加强。

在教师范读重点段、学生诵读重点句、视频配乐诗朗读后，老师可以从重音、节奏、语调、感情等方面适时加以点评指导，更有针对性地使学生朗读水平得以提高。以上是我的一点不成熟的想法，不当之处恳请批评指正。

九、甘璐："代表课"导师点评记录案

（一）导师课堂记录

1.教学流程

（1）直接提问，让问题教学简洁清晰。

（2）引导提问，让问题教学环环相扣。

（3）追加提问，把问题教学引向深入。

（4）转向提问，将问题教学拓展延伸。

2.要素记录

（1）精彩导入：优——故事导入，感人至深。

（2）课堂高潮：优——意义提升，联系生活。

（3）巧妙结尾：优——读写结合，课堂小结。

（4）板书设计：优——设计合理，书写认真。

（5）层次清晰：优——问题教学，有条不紊。

3.课堂评价：

（1）结构与节奏：优——不紧不慢，有张有弛。

（2）手段与方法：良——图文并茂，手段不多。

（3）主导与主体：优——主导有方，主体积极。

（4）气氛与效果：优——师生互动，积极配合。

（二）导师总评（刘永和）

1.总体印象

自定"风格取向"："开放式提问"课堂（建议"思维课堂"）。

运用"开放式提问"目标开放性、思维无极限、自主加合作、答案不唯一、产生新问题的特点，解读中学寓言类选文的内容旨趣与寓意，让学生更好地体悟人生哲理，陶冶思想情操，启迪发散思维，锻炼学生思辨质疑的能力。

甘璐老师：亲切和蔼，美美语文。

2.教学优势

自评优点：感情充沛、平等对话、教态自然、有亲和力、善于启发。

（1）直接提问，让问题教学简洁清晰；引导提问，让问题教学环环相扣；追加提问，把问题教学引向深入；转向提问，让问题教学拓展延伸，一问到底，一气呵成。

（2）教师主导有板有眼，有张有弛，有条不紊；学生主体有动有静，有序有效，配合默契；问题教学，层层深入。

（3）亲切和蔼，美美语文。

3.问题探讨

自评缺点：课堂节奏把控不足；教学机智不足；对学生评价不足。

朗读教学需要设计，语文读书可以设计：读书有助于文本理解，读书有助于培养语感，而读书需要创新设计：默读、轻读、朗读，方式不同；自读、齐读、组读，主体不同。分段设计，让读书充满课堂，生动活泼，调节气氛。朗读设计不足。

4.案例题目建议

问题教学：展示"愚公"的智慧。

5.研究方向

教育理念：启发教育。

教学主张：问题教学。

建议研究方向：问题教学与启发教育。

本期教案主标题：开放式提问：聚焦学生思维能力的发展。

建议论文拟题：小学语文"问题教学"四部曲。

6.学科讨论

没有问题教学，就可以启发教育。

7.导师期望

研究"本体语文"，紧扣文本。

课后点评——数学类

一、冉红芬自评：变量与函数

"变量与函数"是一节概念课，而概念教学一直被窄化、泛化处理，数学概念又具有内容的概括性、符号的抽象性、形式的多样性等特征，使得学生对概念的形成和理解有一定的困难。综合义务教育课程标准和数学学科的特点，以兴趣为主线，贯穿课堂始终，从学生的实际出发，创设有助于学生自主学习的问题情境，教师通过优化问题设计，以问题为驱动，激发学生的兴趣，引导学生通过观察、思考、探索、交流等，获得数学基本知识、基本技能、基本思想、基本活动经验，促使学生主动地、富有个性地学习，不断提高发现问题和提出问题、分析问题和解决问题的能力，培养学生的语言素养和抽象思维能力。具体体现在以下三个方面：

1.情境创设巧设疑，激活原生兴趣

通过视频让学生感受生活中的变化，而这种变化存在着某种规律，进而引出课题。

2.师生互动巧引导，激活伴生兴趣

通过疫情中的数学、电影中的数学、温度中的数学三个生活中的问题，以"列表、解析式、图像"呈现出不同的表现形式，引导学生小组合作，引出共性规律，总结新知。

3.课末拓展巧辨析，激活衍生兴趣

设置不同形式的函数，问题由浅入深，层层推进，既巩固对比新知与旧知，又发现新问题继续衍生，让学生感受"课已结，意无穷"。

反思本节课，我认为有以下不足之处：

①板书设计有待美化。

②课堂生成处理不足。

二、冉红芬互评：时青青的"一次函数与二元一次方程"教学

时青青老师教态自然、亲切，能快速拉近与学生的距离。这节课涉及学生已学习过的一次函数和二元一次方程，它们都不是新知识，但时青青老师用

函数的观点居高临下地进行动态分析，加强了知识间横向和纵向的联系，深入探究两个知识点之间的关联，把两个不同概念的知识通过一个简单的变形串了起来，让人耳目一新，而一次函数与方程的关系本就是本章较难处理的点，也是中考的考点，但是时青青老师利用"四点突破"教学范式，激发了学生的兴趣，巧妙地突破了学生的难点，主要体现在以下几个方面：

1.以问题为驱动，激发学生的原生兴趣

时青青老师以一次函数$y=-x+3$为例，让学生发现可以变形为二元一次方程$x+y=3$，让学生自然建立函数与方程之间有必然联系的认知。

2.以学案为根本，激发学生的伴生兴趣

通过一次函数图像上点的坐标满足它所对应的二元一次方程的解，继续发现两个一次函数与二元一次方程之间的关系，很好地引导学生进行知识点的总结。

3.以拓展为目标，激发学生的衍生兴趣

进行课堂小结时，不是仅仅对本堂课的知识进行单纯的总结，她还把本堂课用到的数学方法和体现的数学思想一一进行概括，同时让学生利用这样的数学思想考虑一次函数与一元一次方程和不等式之间的联系，激发了学生的衍生兴趣。

有一个小建议，例题分析之后应该给学生展示一个完整的解题过程，避免学生出现解题不规范的行为。

三、冉红芬："代表课"导师点评记录案

（一）导师课堂记录

1.教学流程

（1）创设情境，悬念式提出概念。

（2）合作探究，互动式形成概念。

（3）知识迁移，理解式辨析概念。

（4）课后拓展，体验式巩固概念。

（二）导师总评（刘永和）

1.总体印象

自定"风格取向"：理性教学。

2.教学优势

自评优点：教态亲切自然，擅长激趣设疑。

一是创设情境，悬念式提出概念；二是合作探究，互动式形成概念；三是知识迁移，理解式辨析概念；四是课后拓展，体验式巩固概念。

3.问题探讨

自评缺点：感染力有所欠缺，放手让学生自己思考少。

4.案例题目建议

变量与函数课堂的"变化"关系

5.研究方向

教育理念：情境教育。

教学主张：问题教学。

建议研究方向：思维转化。

建议论文拟题：小学数学"问题教学"四部曲。

6.学科讨论

数学思维值得研究。

四、时青青自评：一次函数与二元一次方程

本节课我主要运用四点突破教学范式进行处理，从原生兴趣—伴生兴趣—衍生兴趣这样一条兴趣链的搭建来完成本堂课的教学。

1.复习引入有身份，激发学生的原生兴趣

我通过一次函数作为"老朋友"的身份出现，引导学生回顾与一次函数相关的知识，然后抛出问题："如果从结构上来看，你会有什么新的发现？"激发了学生的原生兴趣。

2.探求新知巧提问，激发学生的伴生兴趣

引导学生回忆之前探究一次函数性质时所用到的工具——图像法，让学生自然联想到亦可通过一次函数的图像来进行探究，在降低学生探究难度的同时也激发了学生的伴生兴趣。在学生探究出一次函数与二元一次方程之间的正向关系后，会忽略掉反向成立，在这里继续发问，培养学生缜密的逻辑思维。

3.知识梳理获新知，激发学生的衍生兴趣

进行课堂总结时，带着学生梳理了整堂课新学到的知识，引导学生主动

探究过程中所用到的数学思想方法，主动发现一次函数与一元一次方程和不等式之间存在的必然联系，激发学生的衍生兴趣的同时也为下一堂课进行了铺垫。

不足之处：

（1）专业术语表述不准确，让学生建立坐标系时带上了口头用语搭建坐标系。

（2）学生自主探究过程，过多参与学生合作探究的过程，应让学生主动发现问题、解决问题，不应该过多干涉。

五、时青青互评：冉红芬的变量与函数

冉红芬老师开设"变量与函数"这一课，这节课的内容涉及数学中的重要概念——函数，以生为本，选择贴近学生的生活事例，引导学生观察、交流。教学行为贴近学生思维，选择合作探究的学习形式，帮助学生理解函数的概念，培养了学生深思的意识，体现了冉老师的教学主张和她循循善诱的风格。整堂课从以下三个方面体现了学校"四点突破"从兴趣打开教学范式：

1.以问题为驱动，激发学生的原生兴趣

以生活中的热点问题引入，选择了贴近学生生活的事例，落实了以生为本的教育理念。

2.以学案为根本，激发学生的伴生兴趣

用函数在生活中不同类型的表现形式，启发学生思考这些问题中都存在着某种依赖关系，感知规律，进而引导学生归纳出函数的概念。

3.以拓展为目标，激发学生的衍生兴趣

课堂练习设置不同梯度的问题，让不同层次的学生得到不同的发展，尤其是课后拓展设置的是一个分段函数，这里衍生出三角形和四边形不同类型的问题，同时让学生体会到数学中的重要思想方法——分类讨论思想。

最后一点，冉红芬老师规范了学生书写格式的细节，培养了学生严谨、理性思维的学习习惯。

六、时青青："代表课"导师点评记录案

（一）导师课堂记录

1.教学流程

（1）情境引入：在温故中激活经验。

（2）师生互动：在建构中感知规律。

（3）探究学习：在两点间找到相通。

（4）合作交流：在逆向中深入思考。

（5）习题巩固：在习题中深化认识。

（二）导师总评（刘永和）

1.总体印象

自定"风格取向"：既有趣又有深度的课堂。

2.教学优势

自评优点：和蔼可亲，擅于知识迁移。

情境引入：在温故中激活经验；师生互动：在建构中感知规律；探究学习：在两点间找到相通；合作交流：在逆向中深入思考；习题巩固：在习题中深化认识，层层深入，步步为营。

3.问题探讨

自评缺点：基本功不够扎实，教学用语不够准确、精练。

4.案例题目建议

找"关系"：数学教学的核心素养。

5.研究方向

教育理念：情境教育。

教学主张：探究教学。

建议研究方向：逻辑与关系的研究。

建议论文拟题：初中数学"情境教学"四步走。

6.学科讨论

数学思维至关重要。

七、冉红芬自评：移项

移项是人教版数学七年级上册第三章第二节的内容，是在学生已经知道等式的性质可以解简单方程的基础上进行的深入学习。方程的解法是初中数学的核心内容，移项是解方程的基本步骤之一，是一种同解变形。通过移项法的学习，进一步体会数学中重要的数学思想方法——建模思想和化归思想，其思想方法为后续学习二元一次方程组、分式方程、不等式等内容起着重要的指导作用。

本节课是以"问题教学"为主题进行的一次教学实践。当下在升学指挥棒的指引下，课堂教学的一线教师往往更倾向于"怎样解题"这一方面。从而导致学生对数学思想的认识不到位，长此以往就会出现思维呆板、思路狭窄的现象，使知识与知识之间孤立起来，难以形成一个有效的知识网络系统。针对这一问题我设计了"移项"这节课，综合义务教育课程标准和数学学科的特点，本节课立足教材，深挖文本，以"四点突破"教学范式中的"兴趣"为主线，贯穿课堂始终，从学生的实际出发，创设有助于学生学习的问题情境，教师通过优化问题设计，以问题为驱动，激发学生的兴趣，引导学生完整经历知识的发生、发展的过程，深切体会数学思想方法中形成有效的学习方法，进而促进学生数学思维能力的发展。

回顾本节课，我认为有三方面的可取之处：

1.备学先行，从经验出发

本节课的开始是通过复习等式的性质，提问这个等式的性质到底有什么用呢？给出一个具体方程，复习解方程的步骤，发现每一个方程最终都要化归为$x=a$的形式，进而引出课题。这样优化问题设计，使学生对下一步要干什么产生好奇心，从而激发学生的原生兴趣。

2.互学体验，让对话共生

立足课本，深挖文本，利用课本中的分书问题，追根溯源，发现这个问题来自数学名著《九章算术》中的"盈不足问题"，一是让学生感受到数学的悠久历史，二是引发学生的数学思考，构建方程模型"$3x+20=4x-25$"，自然导入重点，这也就激发了学生的伴生兴趣。

3.问学促思，为重点着力

观察方程的结构，怎样把方程化归成$x=a$的形式，以问题为驱动，层层深入利用等式的性质，把方程化成"$3x-4x=-25-20$"，通过对比发现移项特征，进而得出新知，这也激发了学生的伴生兴趣。

4.展学交流，促进知识升华

这一环节，通过教师引导，规范书写，学生板演，题目设置由浅入深，具有层次性，既巩固对比新知与旧知，又发现新问题继续衍生，激发了学生的衍生兴趣，让学生感到"课已结，意无穷"。

这节课也有不少遗憾，主要表现在两个方面：

（1）课堂氛围有待活跃。数学思维训练主要是理性训练，由于活动设计欠缺，导致课堂氛围不活跃，放手让学生做的少。

（2）板书设计有待加强。粉笔字需要刻苦练习，注重板书的层次性。

总之，本节课是一次重要的提醒与警示，让数学课堂"有趣好玩"是我努力的方向，鞭策我不断优化教学设计、提升课堂品质。

八、冉红芬互评：时青青的从分数到分式

时青青老师开设"从分数到分式"这一课，这节课的内容涉及数学中的重要概念——分式。时老师选择贴近学生生活的事例，教学行为贴近学生的思维，选择合作探究的学习形式，帮助学生理解分式的概念，培养了学生深思的意识，体现了时老师的教学主张和她循循善诱的风格。我个人认为这是一节"自然教育"课堂，具体如下：

1.高效导入，情境自然生成

用生活中的实际例子引入，不仅能快速地吸引学生的注意力，引发求知欲，还能让学生直观地体会学习分式的必然性，激发学生的原生兴趣，为接下来的探究活动做好准备。

2.高效任务，知识自然习得

在探究新知的过程中分了四个环节：（1）分式的定义；（2）分式的优势；（3）分式有无意义的条件；（4）分式为0的条件，层层递进，循序渐进，能够激发学生的伴生兴趣。

3.高效拓展，能力自然提高

类比分数的基本性质，你能不能发现分式的基本性质？在整个教学过程中，教学环节以问题为主线，环环相扣，步步为营，从而激发学生的衍生兴趣。在教师的主导下，学生善于分析内化，表达自如。

课堂教学永远是一门充满缺憾的艺术。在此，我提一点小建议，仅供参考：合作学习有待精准。课堂教学学生合作讨论这个部分，不知道是不是由于课堂节奏紧凑，留给学生思考的时间较少，感觉收效甚微，这个环节显得较为单薄。

以上是我的一点不成熟的想法，不到之处，恳请批评指正。

九、冉红芬："代表课"导师点评记录案

（一）导师课堂记录

1.教学流程

（1）创设情境：史料导入巧设疑。

（2）自主探究：名题引出建模型。

（3）生生互动：互动合作出新知。

（4）意义建构：知识迁移析方法。

（5）生活延伸：课后拓展显升华。

2.要素记录

（1）精彩导入：优——问题导入，带入感强。

（2）小组合作：良——未见合作，未曾设计。

（3）课堂高潮：优——思维训练，高潮迭起。

（4）巧妙结尾：优——及时总结，意义结尾。

（5）板书设计：良——设计简单，书写不佳。

（6）层次清晰：优——概念教学，有条不紊。

3.课堂评价

（1）结构与节奏：优——不紧不慢，张弛有度。

（2）手段与方法：优——方法灵活，传统优良。

（3）主导与主体：优——主导有力，主体积极。

（4）气氛与效果：优——师生合作，积极课堂。

（二）导师总评（刘永和）

1.总体印象

自定"风格取向"：理性教学。

数学与人类发展和社会进步息息相关，反映了社会的需要。希望在我的课堂上，以学生为主体，引导学生参与教学的全过程，在体验中思考，在思考中创造，在创造中发展，让学生感受到数学是亲切的，也是有趣的，使数学课堂有温度、有深度，值得思考与回味，这就是我一直努力追求的课堂。

冉红芬老师：循循善诱，理性课堂。

2.教学优势

自评优点：教态亲切自然，擅长激趣设疑。

（1）创设情境：史料导入巧设疑；自主探究：名题引出建模型；生生互动：互动合作出新知；意义建构：知识迁移析方法；生活延伸：课后拓展显升华，层层深入，步步为营。

（2）教师主导有板有眼、有张有弛，指挥若定；学生主体有动有静，有序有效，积极呼应；训练主线明确。

（3）循循善诱，理性课堂。

3.问题探讨

自评缺点：感染力有所欠缺，放手让学生思考少。

（1）教学方式需要改革：基本是传统的教育手段，启发教学很好，但是需要多多运用现代手段，跟上教育现代化。

（2）教师情绪可以愉悦：数学思维训练主要是理性训练，但是不排斥轻松愉悦，让数学学习"真好玩"是我们努力的方向。

4.案例题目建议

多元互动：让"移项"灵活生动。

5.研究方向

教育理念：情境教育。

教学主张：问题教学。

建议研究方向：问题教学四部曲。

本期教案主标题：学会思维：初中数学学习的"灵魂"。

建议论文拟题：多元互动：数学思维训练的"支点"。

6.学科讨论

数学思维与数学建模。

7.导师期望

让数学课堂有趣好玩。

十、时青青自评：从分数到分式

一直以来由于数学学科的特性，很容易让老师就知识讲知识，把课堂变成碎片式课堂，本堂课是人教版数学八年级上册第十五章第一小节第一课时的内容，首先列式表示某些实际问题的量，通过概括这些式子的共同特点，类比分数给出分式的概念。分式是不同于整式的另一类有理式，它更适合作为某些类型实际问题的数学模型，具有整式不可替代的特殊作用。本节类比分数讨论要使分式有意义时分式中分母应满足的条件；类比分数的基本性质给出分式的基本性质，在此基础上，类比分数讨论分式的约分、通分等分式变形，本节内容是全章的理论基础。我从章前页的例子出发，让学生意识到学习新知识的必要性。本堂课采用概念教学，挖掘学生学习的兴趣点，让兴趣贯穿始终。回顾本堂课，我觉得有三点可取之处：

1.前后衔接，层层递进

本节课一开始带领学生们回顾前一章"整式"学习的内容，再通过章引言的实际例子让学生们意识到学习新知识的必要性，进而引出课题。

2.分类探究，环环相扣

通过概括实际问题的式子的共同特点，类比分数给出分式的概念；再类比分数的限制条件进而发现分式有意义的条件；再通过结构探究分子发现分式为0的条件。加以中考题目进行实操，激发了学生的学习兴趣。

3.巧妙延伸，循循善诱

本章主要是利用数学的类比思想方法讨论分数的定义、讨论要使分式有意义时分式中分母应满足的条件等知识；在完成本堂课知识学习的同时，教师进行诱导让学生通过类比分数的基本性质课后去主动发现分式的基本性质。

反思本节课，我认为有以下不足之处：

（1）教学手段单一。在社会快速发展的今天，PPT教学手段已非常成熟，但是其中的不足之处也显而易见，是时候进行新的教学手段的学习了。

（2）学生主体性不足。在对式子进行分类时，设计不够，未形成小组合作，课堂缺少起伏。

十一、时青青互评：冉红芬的移项

冉老师开设的"移项"这一课，是人教版数学七年级上第三章第二课时的内容，是学生求解一元一次方程非常关键的一个环节。冉老师引导学生回顾"等式的性质"，再从等式性质的作用出发巧妙地设置问题，引发学生的思考，自然进入课题，通过创设情境、探究新知、知识迁移、知识升华四个环节从盈不足问题出发，最后再以盈不足问题结尾，课程问题设计巧妙，是一堂非常完美的问题教学示范课。体验总结下来，我个人认为冉老师的堂课有以下三个优势：

1.复习引入，巧提问

冉老师进行巧妙的设计，不仅让学生回顾了等式的性质，还提出了等式性质的作用，引发学生的思考，自然进入课题。

2.探究新知，重启发

冉老师的教学过程层层递进，从创设情境、探究新知、知识迁移到知识升华，非常重视对学生的启发引导。

3.数学思想，妙融合

冉老师的这堂课让学生从盈不足问题出发，探究出了移项的定义，帮助学生规范了移项的步骤，并进行了设计，将本堂课涉及的化归思想和方程思想融入其中，让学生自然体验吸收。

冉老师的课堂非常具有艺术性，问题设计也非常有特色，仅从个人角度出发提一点意见供参考：在板书设计上，只有两部分：①定义；②步骤。定义部分冉老师只写了"改变符号"，没有完整的表述，虽然现在课件的使用非常方便、省时，但课件毕竟是流动的，板书定义更能加深学生对移项的认识。

十二、时青青："代表课"导师点评记录案

（一）导师课堂记录

1.教学流程

（1）情境引入：情境中发现新知。

（2）探究新知：合作中学习新知。

（3）归纳新知：归纳中巩固新知。

（4）运用新知：习题里深化认识。

2.要素记录

（1）精彩导入：优——问题导入，切入课堂。

（2）课堂高潮：优——思维递进，高潮迭起。

（3）巧妙结尾：优——课堂小结，练习结尾。

（4）板书设计：良——实施很好，字体不佳。

（5）层次清晰：优——问题情境，有条不紊。

3.课堂评价：

（1）结构与节奏：优——不徐不疾，张弛有度。

（2）手段与方法：良——传统优良，手段不多。

（3）主导与主体：优——主导有力，主题积极。

（4）气氛与效果：优——师生互动，积极思维。

（二）导师总评（刘永和）

1.总体印象

自定"风格取向"：既有趣又有深度的课堂。（建议选用"情智课堂"）

毕达哥拉斯学派提出"数是万物的本源"，因此我认为数学应该是有趣的。而数学又因为人们的需要而产生，因为社会的进步而发展，所以数学课堂还必须是有深度的。在这样的课堂上我希望孩子们能一改对数学刻板、无趣的认知，并且学会用数学知识来思考生活中遇到的问题。

时青青老师：循循善诱，指挥若定。

2.教学优势

自评优点：和蔼可亲，擅于知识迁移。

（1）情境引入：情境中发现新知；探究新知：合作中学习新知；归纳新知：归纳中巩固新知；运用新知：习题里深化认识，一线串珠，一气呵成。

（2）教师主导有板有眼，有方有力，有条不紊；学生主体主动积极，有序有效，有动有静；训练主线拉动，训练有素。

（3）循循善诱，指挥若定。

3.问题探讨

自评缺点：基础功不够扎实，教学用语不够准确、精练。

（1）理性课堂可以更轻松愉悦，让一棵树摇动另一棵树，一朵云推动另一朵云，让数学课堂有趣有效。

（2）可以增加一些现代手段。

4.案例题目建议

分数与分式的"合作教学"。

5.研究方向

教育理念：情境教育。

教学主张：探究教学。

建议研究方向：情境探究值得研究。

本期教案主标题：合作探究：初中数学概念教学的范式。

建议论文拟题：情境探究：数学概念建构的"支架"。

6.学科讨论

数学建构与概念教学至关重要。

7.导师期望

向"好玩数学"出发。

课后点评 ——英语类

一、沈益帆自评："我的名字叫吉娜"

本节课以英语人教版英语七年级上册第一单元写作部分（writing part）为教学内容。教学内容是以思维导图（mind-map）的形式帮助学生学会做自我介绍以及如何做自我介绍所要陈列的信息特征。教学目标定位为从模仿到创新，从方法到能力。学生通过完成互为关联的任务，在自我探索中不断地理解思维导图提供的信息，由词成句、由句成段、由段成文，最终形成一篇自我介绍或介绍他人的文章，学生在逐渐学会写作的过程中学习的模仿力和创新力也得到提升。

基于以上背景，我借鉴问题教学理论，每展示一张思维导图，本人设置问题让学生回答，努力在写作教学中提升学生的学习能力，不再让课堂停留在写作就是翻译句子的浅层。让学生通过完成多层次的活动,激发学生写作的兴趣和深度的思维参与,从而提高学生学习的动力、毅力、能力和创新力。

1.动画导入,引出本课主题

结合七年级学生的注意力不集中、好动、不能立刻进入上课状态的个性特点,利用动画情境导入环节,学生可以在视频中感知如何进行自我介绍,动画的有趣画面能激发学生的兴趣,激活学生的参与度,从而引出本课主题——做自我介绍。

2.思维导图,引导学生构思

教师展示思维导图让学生直观地感知写作的结构步骤和信息,写作人的思考结果立体化呈现并且在过程中加深对语言信息的理解,训练学习的毅力,培养学习能力,夯实了学生对写作的掌握,培养了学生的创造力。

3.自我为例,作为学生模板

要与学生建立良好的师生关系,课堂上让他们听我的"教",先以自我为参照,让学生就近感知,用思维导图提供的信息由点成句、由句成段、由段成文,循循善诱,步步为营。

4.实践操作,感知学生获得

通过设疑鼓励学生思考,发挥学生的主体作用,从而激发学生的写作兴趣,提高学生在写作中的学习力,学生在学习中体会本节课思维导图所呈现的信息,在思维参与的过程中丰富学生的体验,使不同学生的学习力获得不同的发展。

5.名句引用,代入实战训练

在前两个阶段的铺垫下,通过名句引用,让学生感知转化人称时怎么介绍他人。运用语言知识,创造性地把语言知识运用在需要学生创造性思维参与的活动中,加深对写作主题的深入理解,使学生的学习能力逐渐增强。通过让学生完成层次性强的活动,不断参与到课堂的写作中,享受学习力提升的乐趣,激发学生的学习动力,释放学习毅力,提升学习能力和增强学习创新力。

6.游戏带入,活跃课堂氛围

击桌传花游戏改变了沉闷的写作课,让学生愿意参与课堂教学活动,且参与度高,让学生在紧张、激烈、兴奋的体会中拥有展示自我写作的机会,且人人平等,公平、公正。

总体来说，本节课通过三个思维导图、五个环节达成了教学目标，但也存在一些缺点：

（1）英语口语有待加强。个别单词有口误，要加强发音。

（2）小组合作应该加入。本节课没有加入小组合作的活动环节，应该体现小组合作，写作既要有个人的智慧，也应有群体的结晶，集思广益能够让写作更有内容，更加丰富，更有活力。

二、沈益帆互评：许思丝的"衬衫由什么制成"

许思丝老师的这节听说课是英语人教版九年级第五单元（Section A）第一课时。许思丝老师以学定教，注重发展学生的情感与感悟。下面，我将谈谈我对这节课的感受。

1.教态自然，亲切和蔼

满面春风，亲切是一种力量。许思丝老师在课堂上用自己儿子的图片询问学生，她的儿子身上穿的衣服由什么制成，拉近了教师和学生的距离，能创造和谐愉快的教学氛围。学生感到亲切、轻松、愉快，有利于提高学习的兴趣。许思丝老师面带微笑，学生能从老师的愉快中感受到鼓励，激发起爱老师、爱这堂课的相应情感。

2.关注学生，理解学生

课堂是学生学习的主要阵地，学生是课堂教学的主体，教师是学生学习的促进者，所以关注学生的学习状态，及时帮助学生调整学习状态的老师是智慧的老师。许思丝老师在进行小组活动时关注学生的学习状态，例如，坐在教室最后一排的两名同学在小组对话活动这一环节中无所事事，不参与课堂教学活动，许思丝老师发现后及时纠正，让学生参与教学活动。

3.步骤流畅，内容紧凑

许思丝老师这堂课的教学内容从生词学习到句子阅读，从听力训练到对话朗读，从回答问题到小组活动，从课文知识到现实生活，在学习知识的过程中不断用本课中心句提问学生，及时地掌握学生的学习情况，提问—回答—了解，如行云流水，一气呵成。

对于本节课,有一点想法与许老师交流一下:

(1)语速过快。许思丝老师语音漂亮,但对于后进生来说本人觉得语速快了,会让后进生跟不上节奏,影响听课效果,削弱学生对老师所授知识的消化。当然,适度调节语速就好,在简单容易的知识点可快,难点则慢点为好。

(2)让学不足。许思丝老师这节课课堂节奏紧凑,但本人觉得留给学生思考的时间不够。向学生提出问题,学生还来不及思考就马上要求回答,这样不仅浪费学生课堂思考的时间,而且有效性很差,这样会影响课堂教学的效率。

总而言之,许思丝老师这节课环环相扣,有条不紊,还采用了本地宣传视频,能够使知识联系实际,本人很喜欢许老师的上课风格。以上是我不成熟的感受,恳请谅解与指正。

三、沈益帆:"代表课"导师点评记录案

(一)导师课堂记录

1.教学流程

(1)情境导入:以现场问话为起点。

(2)就近示范:以老师介绍为参照。

(3)自我践行:以自己模仿为练习。

(4)拓展运用:以朋友介绍为延伸。

(5)写作构思:以思维导图为引导。

2.要素记录

(1)精彩导入:优——动画导入,生动形象。

(2)课堂高潮:优——自我介绍,形成高潮。

(3)巧妙结尾:优——课堂小结,意义结尾。

(4)板书设计:良——设计较好,实施不佳(擦拭)。

(5)层次清晰:优——情境四步,步步为营。

3.课堂评价

(1)结构与节奏:优——不徐不疾,不蔓不枝。

(2)手段与方法:良——手段单一,不够现代。

(3)主导与主体:优——主导有方,主体认真。

（4）气氛与效果：优——师生互动，训练有素。

（二）导师总评（刘永和）

1.总体印象

自定"风格取向"：导图式课堂。

思维导图写作课堂，狭义来讲是指以思维导图为基础工具完成写作的课堂；广义上来说，是指通过思维导图拓展写作思路、根据思维导图完善构思以完成作文的一堂课。通过思维导图让学生投入到学习中去思考、去理解，激发学生的创造力和想象力，使之自主建构知识体系，一目了然，增强记忆，从而提高教学效率，使得学生在情感、知识、能力等方面的综合素养有所提升。

沈益帆老师：有板有眼，指挥若定。

2.教学优势

自评优点：教学思路清晰，环节设计合理，教态自然大方，擅长启发，有活力，有感染力。

（1）情境导入：以现场问话为起点；就近示范：以老师介绍为参照；自我践行：以自己模仿为练习；拓展运用：以朋友介绍为延伸；写作构思：以思维导图为引导，层层深入，步步为营。

（2）教师主导有板有眼，有张有弛；学生主体主动积极，有序有效，有动有静；英语训练主题引领，主线拉动；

（3）有板有眼，指挥若定。

3.问题探讨

自评缺点：课堂掌控过多，放手学生太少。

（1）英语课堂需要活泼：兴趣是最好的老师，而兴趣来自有趣的课堂；课堂训练扎实，但是失之于沉重，主要原因有二：一是教师不够轻松愉悦，二是课堂缺少读书与活动学习。

（2）培养学生大声说英语：学生学习英语，才能培养学生的英语思维、英语信心，才能避免哑巴英语；学生回答问题声音偏小，影响交流，影响英语口语交际能力的提升。

4.案例题目建议

"我叫吉娜"你叫啥。

5.研究方向

教育理念：启发教育。

教学主张：导图教学。

建议研究方向：导图式启发教学。

本期教案主标题：写作构思：初中英语写作的关键。

建议论文拟题：思维导图：启发式教学的"支架"。

6.学科讨论

思维导图既是方法，也是理念。

7.导师期望

注意营造"书声琅琅"的英语课堂。

四、许思丝自评：衬衫由什么制成

衬衫由什么制成是人教版九年级上册第五单元的内容。本节课是本单元第一课时，是一节听说课。主要谈论日常用品和制造该用品所需原材料以及生产地等。首先，通过谈论生活中常见物品的制作原料来导入话题。复习并呈现日常用品及原材料的相关词汇。在听说过程中，自然呈现出被动语态句式，让学生感知被动语态的结构及其表意功能。借助听力材料，切入到再生资源和环保话题，对学生进行潜移默化的人文教育。通过一个关于茶叶的对话，呈现被动语态在不同语境下更多的真实运用的例句，加强学生对这一语法的感性认识。

本节课是以情境教学为主题的一次探究。情境教学将学生的口语表达模仿能力与环境相结合进行创设，在活跃课堂氛围的前提下，不断增强学生的英语学习积极性和主动性。教师在初中英语教学中，要多创造情境，以增强学生学习英语的角色带入性，即让学生进入一个情境，从而加深其学习英语的兴趣及运用能力，也利于提高其英语的交流能力。如此也利于激发学生的创新力及想象力，拓展学生的思维方式，提升其能动性。

回顾本节课，我认为有以下三个亮点：

1.新颖导入，激发兴趣

通过问候学生天气情况，提醒大家天气冷要多穿衣服保暖，用一张可爱的图片引出本课话题——衬衫由什么制成。运用自己儿子的图片进行导入，不仅能让学生眼前一亮，而且也能够唤起学生猜想的动力，激发学生的学习兴趣。爱因斯坦曾说："兴趣是最好的老师"，学生能对本堂课产生兴趣，便能产生强烈的参与意识，把学习当作一件快乐的事，学习效果就能达到预期目的。

2.新知呈现，感知语境

使用实物图片来教授表示日常用品的新单词，同时询问学生它们的制作材料是什么，通过问答的方式让学生体验"be made of"的用法。在介绍金属筷子的时候，谈论了它是韩国生产的，以此让学生体会被动语态的一般过去时。在呈现出目标句型后，让学生合作进行对话练习。利用所学单词和图片相结合，呈现实物，可以让学生更直观地感知、理解、认知新的语言项目，更能激发学生学习的欲望和积极性。

3.新知学习，升华情感

通过播放都匀毛尖茶宣传视频，让学生猜测接下来的学习内容，更进一步激发学生对所学内容的期待和激情。通过设置三个任务，由浅入深，层层递进，环环相扣。通过视频学习，初步了解茶叶的制作过程，增加生活常识，同时也培养了学生的民族自豪感及爱家乡、爱祖国的情感。

这节课也存在一些不足，主要体现在以下两方面：

（1）板书设计有待优化。在现代化的教学中，多媒体的广泛应用让大多数教师忽略了板书的重要性。板书有长时间向学生传递信息的作用。板书的设计应该围绕本节课的重难点，提醒学生随时注意。本节课我的板书不应该提前书写，应该在教授知识的同时书写，这样更能引起学生的注意和重视。

（2）师生互动有待加强。本节课学生活动稍显单一。成功的课堂，教学方法应该丰富多样，这样才能更好地调动学生的积极性，让学生的参与度更高。

总之，本节课是我探索情境教学的一堂课。"路漫漫其修远兮，吾将上下而求索。"在今后的教学中，我会更多地探索如何让英语课堂更有情趣，让学生更多地参与到课堂中来。

五、许思丝互评：沈益帆老师的我的名字叫吉娜

沈益帆老师所上的这节课选自人教版英语七年级上册第一单元的写作部分。本节课是一节写作复习课，要求学生在听、说、读的基础上，尝试简单的

语言输出。沈老师采用思维导图贯穿整个课堂，注重学生的思维启发，从以自我为例，到学生模仿实践，层层递进，环环相扣，步步为营，达到了对七年级学生简单的语言输出的写作要求。沈老师教态自然，富有亲和力，把微笑带进了课堂，把魅力带进了课堂。我认为这是一节具有"启发教育"特征的课堂。亮点主要有以下四个方面：

1.动画导入，激发兴趣

如何导入新课，激发学生的兴趣，是每一个老师都在用心去研究的。七年级的学生童心未泯，沈老师掌握了学生这一特点，用动画视频导入课题，引起共鸣。通过对话复习所学句型——你的名字叫什么？你的姓是什么？名是什么？这些活动的设计，起到温故引新的作用，话题贴近学生的生活，能够激发学生的兴趣，提高参与的积极性。符合课标中要求的既从学生的兴趣出发，又具备易操作的特点。

2.以自我为例，贴近学生

沈老师以自我为例，让学生亲临感知，用思维导图提供的信息由句成段，由段成文，层层递进，环环相扣，步步为营。

3.实践操练，感知成果

由模仿、补全到独自创作，由口头到笔头，由浅入深，由易到难，符合学生的认知规律。对写作内容不做限制，给学生留出创作空间，有利于激发学生的创作兴趣。

4.游戏参与，活跃气氛

沈老师采用击桌传花游戏，让全班学生都能积极参与到课堂中来。比起老师提问，这种方式更体现了机会平等。

以下两个方面需要改进：

（1）部分发音需要注意。作为语言教师，发音要标准，这样能给学生起到示范的作用。优美的语言能够给课堂锦上添花。

（2）学生活动有待加强。没有体现小组合作。老师课堂掌控太多，放手学生太少。小组活动有利于提高学生语言的运用能力，真正意义上培养学生的实践能力，提高运用语言交流—交互—交际的能力。以上是我的一点不成熟的看法，不当之处恳请批评指正。

六、许思丝："代表课"导师点评记录案

（一）导师课堂记录

1.教学流程

（1）情境导入：激发学生的学习兴趣。

（2）小组合作：促进学生敢说会说。

（3）创设情境：提高学生的听说能力。

（4）探究学习：巩固学生所学内容。

（5）总结归纳：激励学生意义建构。

2.要素记录

（1）精彩导入：优——图片导入，激发兴趣。

（2）小组合作：优——小组合作，有序有效。

（3）课堂高潮：优——齐声朗读，形成高潮。

（4）巧妙结尾：优——课堂小结，及时结尾。

（5）板书设计：良——设计一般，提前书写。

（6）层次清晰：优——训练五步，有条不紊。

3.课堂评价：

（1）结构与节奏：优——张弛有度，不徐不疾。

（2）手段与方法：良——师生互动，手段不多。

（3）主导与主体：优——主导有力，主体积极。

（4）气氛与效果：优——师生互动，训练有素。

（二）导师总评（刘永和）

1.总体印象

自定"风格取向"：理智型课堂。

自定"风格取向"：情境课堂。

许思丝老师：自然清新，有条不紊。

2.教学优势

自评优点：语言流畅，发育标准，教态自然，有激情。

（1）情境导入：激发学生的学习兴趣；小组合作：促进学生敢说会说；

创设情境：提高学生的听说能力；探究学习：巩固学生所学内容；总结归纳：

激励学生意义建构；

（2）教师主导有方有力，有板有眼，有条有理；学生主体有动有静，有序有效，积极参与；训练主线清晰明了，主线拉动，训练有素。

（3）自然清新，有条不紊。

3.问题探讨

自评缺点：应该以学生为主，多让学生参与到课程中。

（1）强化英语朗读：英语口语交际是一个难点，一要积极对话，二要多多朗读。朗读为对话奠基，课堂对话积极有效，占主导地位，而朗读稍稍显得不足，可以强化，特别是功能句的朗读训练应该加强。

（2）强化英语书写：和语文教学一样，语言教学听、说、读、写是基本能力，需要强化。课堂理解占主要地位理所应当，但是英语书写也需要重视，教师需要书写，学生也要有书写的时间。

4.案例题目建议

情境教学：让英语课堂有情趣。

5.研究方向

教育理念：情境教育。

教学主张：互动教学。

建议研究方向：互动教学是英语教学的"常式"。

本期教案主标题：情境教学：初中英语听说课的"支点"。

建议论文拟题：自主与合作：英语教学的常式与变式。

6.学科讨论

主题语境：英语课堂的"微环境"。

7.导师期望

英语课堂需要听、说、读、写综合训练。

张瑛副校长校评：师院附中"代表课"：

为了更好地发挥师院附中示范引领的作用，打造附中的特色，在南京市永和工作室的指导下，开展了四期"代表课"的打造，有19位年轻教师参与，在课堂上，彰显各自的特色，展示各自的风采。充分利用本校特有范式——"四点突破"，一步一个脚印，将代表课打造得有声有色，由此，我为参加代表课的年轻教师们感到自豪！

语文"代表课"：语文课堂上，几位年轻教师，从学生的实际出发，尊重学生的个性差异，采用多种提问方式，以启发学生的思维为核心，营造和谐轻松的质疑环境，激发学生的质疑兴趣，培养学生的质疑意识，促进学生思维的发散，调动学生学习的主动性和积极性，让学生生动活泼地学习。

数学"代表课"：数学课堂上，几位年轻的数学教师都有着"理性美"的共同点，以问题为载体，贯穿整个教学过程，使学生在提问和释疑的过程中萌生自主学习的动机和欲望，几位数学教师着眼于提高学生的数学核心素养，注重渗透数学思想方法，不仅教给学生数学知识，还揭示了获取知识的思维过程，让学生形成对知识的深刻认识，进而逐步养成自主学习的习惯，并在实践中不断培养学生质疑和探究的能力。

英语"代表课"：英语课堂上，英语老师们通过亲切的语气，充分利用自身优势和课堂资源，快速拉近与学生之间的距离，抓住学生的兴趣点，鼓励学生，注重培养学生的语言表达能力，放手让学生独立完成，让学生有较多训练的机会，培养学生自主学习的能力。

总的来说，参加"代表课"的老师们，充分利用了"四点突破"教学范式，基于知识的内涵、本质和特征，梳理出了一条符合知识认知规律的兴趣链，展现了知识本体的兴趣内涵，通过激活原生兴趣，维持伴生兴趣，延伸衍生兴趣，将知识连成了一个整体。希望年轻教师们通过"代表课"的研修活动，真正实现把课堂还给学生，打造有特色、有思想、有自己的精品课堂。

刘永和导师总评师院附中"代表课"：

师院附中开展了四期"代表课"的研修活动，共展示了33节教师代表课，从总体来看，都有很大的提高，而每一期第一次参加的老师也展示了自己良好的基本功。有如下几个特点：一是课堂主题明确集中。老师们的课堂，根据新课标要求，聚焦教学主题，紧扣教学的重点、难点，没有一个环节游离于教学主题，而是紧紧扣住主题展开教学。二是课堂段落清晰明了。和文章需要段落清晰一样，课堂也需要段落清晰，只有段落清晰的课堂，学生才能记住；经过教案设计与学案设计，我们的教学流程清晰明了，起承转合清清楚楚、明明白白，这样的课堂便于学生理解，便于学生记忆与掌握。三是课堂节奏张弛有度。课堂节奏决定了启发教学的深度，决定了合作学习的效度，决定了自主学习的质量，也就关涉教学质量。四是教学手段丰富多彩。实现教育教学现代化是教育教学改革与发展的趋势，电子白板的使用与教师手机的配合，在课堂上的表现较为充分，体现了课堂教学的时代性特征。五是课堂师生互动和谐。教师主导，学生主体，训练主线的"三主教学"体现充分，教师主导有板有眼，有张有弛，有条不紊；学生主体有动有静，有声有色，有序有效；课堂师生关系和谐，教学相长。

　　教师"代表课"还需要精益求精：我们的课堂大多还不够愉悦，不够活泼，不够精致，不够出彩，具体需要在下列方面做出努力：一是任务驱动。我们需要设计主问题，形成问题链、问题群，然后将问题当作任务，提出问题，分析问题，解决问题，从而完成教学任务。二是活动学习。我们的课堂传统元素较多，大多还是我问你答，我说你听，我出你练的基本形式，我们需要落实学生的主体性，让学生活动起来，做中学习，境中学习，玩中学习，开展多种多样的活动，让学生在活动中生动活泼地学习。三是书写教育。我们的板书书写不够好，还有很多贴纸，写字教学要变成写字教育，把写字教学当作重要任务，因为今后学生考试一定是用笔书写，写字关系到学生的考试成绩。四是对话朗读。语言学科需要努力培养学生的语感与信心，大声对话与高声朗读是其重要途径，而我们的课堂，特别是语言课堂，缺少了朗朗书声，也缺少朗读指导，再多的朗读都不为过。

　　根据对教师"代表课"的研究，我们可以深入进行以下的研究，即明确自己的研究方向：做中学、境中学、玩中学等学习平台可以研究；情境学习、生活学习、活动学习、合作学习等学习方式可以研究；支架教学、任务教学、问题教学、激情教学、互动教学等值得研究；清爽课堂、和谐课堂、优雅课堂、实效课堂等值得我们倾力追寻。

第四章 "四点突破"教学范式之"代表课"反思与总结

　　教师"代表课"打造已经完成两个阶段，即"选题准备阶段"与"展示点评阶段"；经历了六道工序："选题介绍""双案设计""两项说明""课前准备""现场展示"和"四级点评"。接下来是第三个阶段"整理撰写阶段"，任务有三个：一是回看录像，实录课堂；二是反思教学，写成案例；三是总结提炼，撰写论文。研究性是"代表课"的代表性之一，就是具有研究的特点，具有学术的意义。而要达到这样的目标，就要找到实际问题，找到学科教学存在的"真问题"进行教学研究。当然，文献研究必不可少，"代表课"必须有理论的指导和经验的借鉴；在"四点突破"教学范式的引领下，反思对知识本体的挖掘，是否激发了学生的"原生兴趣""伴生兴趣"和"衍生兴趣"。"代表课"需要对教情、学情充分了解；设计研究最为关键，没有创意设计就没有"代表课"；一个"代表课"必须通过行动研究，在研究中行动，在行动中反思，在不断的反馈中修订，才能不断进步，日臻完善。

第一节　研究性教学案例

　　课堂实录与案例撰写的过程，就是"代表课"深入理解、成果提炼、精心打造、加深印象的最后环节。遗忘意味着丢失，记住才是自己的；回看、实录与撰写"代表课"的"三重奏"。根据"代表课"要求，第一，编辑课堂录像。在充分准备的基础上，上一节主题鲜明、节奏流畅、方法灵活、手段多样、结构严谨、细节生动的"代表课"，上课视频可以修订，视频就是一种教学成果。第二，修订教学设计。"代表课"的教学设计已经具有了比较深入的思考；可以在反思与点评的基础上进行修订，让主题更加鲜明并有学术性，让教学流程的小标题扣题更紧，具有创意。第三，写出教学案例。根据课堂录像进行课堂实录，加上前言（介绍背景），后面针对研究专题进行理性分析，就成了教学案例。"教学案例"内容依然按照"语文、数学、英语"三个版块的顺序呈现出来。

教学案例——语文类

一、涵泳：让《卖炭翁》的人格更加鲜明

中学古诗词课堂教学中，我们不难发现存在着"浅显虚浮""肢解零碎""缺情寡味"等现象，而造成这种现象的原因我认为主要有两点：一是应试教育对正常的语文教学的左右越来越严重，学生对古诗词普遍兴趣不浓，迫于升学的压力，只是死记硬背一些考试范围之内的名言名句，对古诗词名句名篇都是囫囵吞枣，只知其然，不知其所以然，缺乏独立分析鉴赏古诗词的能力；二是在实际的语文教学中，很多老师虽顾及到了语文课程标准中的德育目标，但往往或牵强附会，或轻描淡写，往往停留在美的表层，并没有触及学生的灵魂，教育教学的感染力不强，教学方法和手段相对滞后，使古诗词中许多包含中华民族美德的精华与学生"擦肩而过"。对此我运用涵泳教学法：吟咏领悟（入味）——浸润人格；教学诗词（体味）——构建人格；审美鉴赏——（玩味）升华人格；尝试创作（回味）——体现人格，沉潜到作品的深处，对古诗词中蕴含的丰富人文资源进行挖掘，润物细无声地唤醒学生对古诗词学习的热情，培养学生的审美情趣，陶冶学生的心志，健全完善人格。我于2020年6月23日下午，借黔南民族师范学院附属中学八年级（3）班上了一节《卖炭翁》的示范课，尝试运用涵泳教学法的"四部曲"，对古诗词《卖炭翁》进行了整体规划和分步实施，收到了良好的效果。

（一）趣味：情境导入，回味人格

师：上课之前老师播放一段乐曲，大家认真听，猜猜歌名以及歌词是谁写的。

生：歌名《琵琶行》，作者白居易。

师：《琵琶行》是白居易贬官第二年听到一位琴艺高超的歌女弹奏琵琶曲，引发自己的身世之感而写成。今天加入了流行音乐元素，再次让我们所熟

知，我们所熟悉的白居易的诗歌还有哪些？

生："离离原上草，一岁一枯荣。""日出江花红胜火，春来江水绿如蓝。""几处早莺争暖树，谁家新燕啄春泥。"……

师：今天，我们要学习白居易的另一首经典之作《卖炭翁》。

师：请全班同学齐读作者资料（屏显）。

生（齐读）：白居易（772—846年），字乐天，号香山居士，唐代伟大的现实主义诗人，有"诗魔"和"诗王"之称，唐代三大诗人之一。其诗语言通俗易懂，被称为"老妪能解"。白居易与元稹共同倡导新乐府运动，世称"元白"；晚年又与刘禹锡齐名，世称"刘白"。他主张"文章合为时而著，歌诗合为事而作"。有《白氏长庆集》传世，《卖炭翁》是《新乐府》组诗之一，同时是一首讽喻诗、叙事诗。

（二）入味：吟咏领悟，浸润人格

（幻灯片提示重点字音：鬓bìn　辗niǎn　两骑jì　口称敕chì　叱chì　驱将jiāng　系jì向）

（老师示范朗读诗歌，交代学生仔细聆听，除字音外还要注意朗读的节奏、语调、重音，读出感情）

师：请一位男同学、女同学分别朗读诗歌第一小节、第二小节，其他同学评价。

（一男生、一女生读，其他同学评价）

师：白居易的诗歌通俗易懂，我们不逐字逐句翻译，现在老师说出几个句子的意思，大家找出相应的诗句。

师：有一个卖炭的老头，他在终南山砍柴烧炭。

生：卖炭翁，伐薪烧炭南山中。

师：他满脸都是灰，头发花白，十根手指也被熏黑了。

生：满面尘灰烟火色，两鬓苍苍十指黑。

师：可怜他身上穿的衣服很单薄，却担心炭价太便宜心里希望天气更寒冷一些。

生：可怜身上衣正单，心忧炭贱愿天寒。

师：骑着高头大马来的两个人是谁？他们是皇宫中的太监和他的爪牙。

生：翩翩两骑来是谁？黄衣使者白衫儿。

师：一车炭，足有一千多斤，宫使硬要拉走，老翁心里舍不得。

生：一车炭，千余斤，宫使驱将惜不得。

师：宫使将半匹纱和一丈绫，往牛头上一挂，就充当了炭的价钱。

生：半匹红纱一丈绫，系向牛头充炭直。

师：注意直是通假字，直同"值"，价钱。

（屏显重点字词解释：伐薪：砍柴；南山：终南山，属秦岭山脉，在长安城南；苍苍：灰白；何所营：做什么用；市：唐代长安有东西两市，各有东、西、南、北四门；翩翩：轻快的样子；回车：调转车头；惜不得：吝惜不得；直：同"值"，价钱。）

（三）体味：教学诗词，构建人格

1.抓住诗眼（怜）

师：所谓"书读百遍，其义自见"，我们不仅要读懂文字的意思，还要走进作者的内心，请用一句话简单概括诗的内容。

生：这个故事写了卖炭翁辛勤劳动所得却被宫使掠夺一空的故事。

师：找出诗人对卖炭翁直接抒发情感的一个词。

生：可怜。

师：卖炭翁"可怜"，宫使"可恶"。（板书）

师：是啊，"可怜身上衣正单，心忧炭贱愿天寒。"老师对卖炭翁的矛盾心理实在不理解，卖炭翁衣着单薄，不应该希望天气更暖和一些吗？

生：那是因为天气更冷一些，炭才能卖个好价钱。

师：老师想找一位同学表演一下，这个穿短袖的男生吧。

（情景表演）

师：老人家，大雪天您穿得这么少，不冷吗？

生：怎么不冷啊，但我没钱买衣裳啊。

师：那您应该盼望天气更暖和一些吧？

生：那不行啊，天气暖和了，我的炭就卖不出去了……

师：哎，这位同学的回答道尽了底层劳动人民的无奈与辛酸！卖炭翁卖炭得的钱用来做什么？

生：买吃的、买穿的。

师：卖炭翁衣不蔽体、食不果腹，卖炭只是为了维持基本的生计，实在可怜!

2.分组讨论（两分钟）

师：诗歌第一小节中除了心理描写，还有哪些描写体现了卖炭翁的"可怜"？诗歌第二小节哪些描写体现了宫使的"可恶"？（前三小组讨论第一个问题，后三小组讨论第二个问题）

（两分钟后）

师：请前三个小组派代表汇报成果，说一说第一小节中卖炭翁可怜在哪里。

生："满面尘灰烟火色，两鬓苍苍十指黑。"外貌描写，烟火色就是由于长期受烟火熏烤，所以皮肤变成了黑黄色；还有变得像木炭一样黑，甚至已经快变成木炭的手指，劳动多么繁重、艰辛。

师：苍苍是什么颜色？

生：灰白，说明卖炭翁年岁已高，本应安享天伦之乐，却独自一人在终南山砍柴烧炭，多么可怜。

师：是的，黑与白构成了卖炭翁生命的底色，为生存而苦苦挣扎的颜色。刚刚还提到终南山，终南山在哪？

生：长安城南面，属秦岭山脉，地处偏远，常有豺狼出没。

师：是啊，环境多么恶劣，卖炭翁一千多斤的炭就是在这样恶劣的环境中，一斧一斧地砍、一窑一窑地烧出来的，老师在这里想问问大家有谁知道烧炭的过程。

生：不知道。

（师补充资料：烧炭的过程就是在截成段的木材周围铺上杂草，隔绝空气点燃，烧到一定程度封闭炭窑，只留一个排气孔，干柴要连续烧四昼夜，湿柴连续烧七昼夜，为保持火温稳定，要不停地添柴、巡视，一大堆柴只能烧成一点木炭，一千多斤的炭都是由老翁一人完成。）

师：天遂人愿，下了一晚上的雪，但我们不禁为卖炭翁担忧起来，烧炭难，运炭怎么样呢？

生："辗冰辙"，道路结冰，崎岖难行，稍不留神就会车毁人亡，卖炭翁在用生命运炭。

师："晓"驾，为什么大清早天刚蒙蒙亮就出发？

生：从终南山到长安城路途遥远。

师：终于到达目的地，为什么卖炭翁在"泥中歇"，而不是去酒馆茶肆？

生：卖炭翁没钱！

师：为什么在集市的南门外歇息，不进去？

生：在门口更能引起行人的注意，想快点把炭卖出去。

师：此时如果你是卖炭翁，你在想什么？

生：再坚持一会儿，再坚持一会儿，炭一定能卖出去，到时候就可以买吃的、买穿的了……

师：诗歌通过外貌、动作、心理描写和环境烘托，刻画出卖炭翁的卑微渺小、贫穷困苦。现在，老师问问同学们，卖炭翁的愿望实现了没有？

生：没有。

师：因为谁来了？

生：可恶的宫使。

师：请后三小组派代表汇报成果，说一说诗第二小节中宫使可恶在哪里。

生："黄衣使者白衫儿"，也用了外貌描写，与卖炭翁形成鲜明的对比。

师：黄色，是皇家专用色，太监敢穿，说明什么？

生：太监有皇帝撑腰，权力之大，打着皇帝的旗号作威作福，欺压百姓。

师：是的，我们的卖炭翁却穿着黑色，像泥土一样被践踏，命如草芥。再看看"翩翩"是什么描写，说明了什么。

生：神态描写，说明宫使骑着高头大马目中无人，得意忘形。

师：而我们的卖炭翁却蜷缩在角落，如此渺小卑微！还有对宫使的其他描写吗？

生：一车炭，千余斤，宫使只用半匹红纱一丈绫就换走了。

师：课本旁边的注释告诉我们，唐代商品交易，钱帛并用。但钱的价值高，帛的价值低，用半匹红纱一丈绫就换走千余斤炭，说明他们的交易是不等价的，宫使强买强卖、巧取豪夺！大家注意到一系列连贯的动作了吗？

生：把、回、叱、牵、驱将、系。

师：说明强买强卖是第一次吗？

生：不是，宫使都横行霸道惯了，凶恶残忍！

师：而卖炭翁即使"惜不得"，万般不舍，也无可奈何！诗通过外貌、动作、神态描写和侧面烘托，刻画了宫使的凶恶残忍、巧取豪夺。

（四）玩味：审美鉴赏，升华人格

师：宫里的太监和爪牙为什么敢公然拉走千余斤的炭呢？这和当时的什么制度有关——宫市。

（链接资料：《旧唐书》记载："时宦者主宫中市买，内官买物于市，倚势强贾，物不充价，人畏而避之，称为'宫市'。"即中唐时期，宦官专权，横行无忌，常有数人分布在长安东西两市及热闹街坊，以低价强购货物，甚至不给分文。名为"宫市"，实际上是一种公开的强买强卖、巧取豪夺。）

师：我们回头看看，白居易创作《卖炭翁》是在宫市为害最深的时候，他在《新乐府》中每首诗的题目下面都有一个序来说明这首诗的主题。《卖炭翁》的序是"苦宫市也"，就是要反映宫市给人民造成的痛苦，揭露了当时社会的黑暗，也同时表现出了作者对下层劳动人民的深切同情。但不要忘记，白居易也是为官一员，他却敢于为民发声，和百姓站在一起，讽刺揭露统治阶级不合理的制度，从诗的字里行间，我们读出了怎样的白居易——关爱百姓，体察民情，胸襟博大，值得我们敬佩！白居易，可敬。（板书）

（五）回味：拓展延伸，体现人格

师：你还知道哪些关爱百姓、体察民情、胸襟博大的诗句？

生：刚刚学过的"安得广厦千万间，大庇天下寒士俱欢颜！""吏呼一何怒！妇啼一何苦！"

（屏显，生读）北宋诗人张俞的《蚕妇》这样写道："遍身罗绮者，不是养蚕人。"

范仲淹的《江上渔者》这样写道："君看一叶舟，出没风波里。"

唐代诗人李绅的《悯农》这样写道："四海无闲田，农夫犹饿死。"

师：我们读《卖炭翁》看到的不仅仅是卖炭的老人，还有织布的、打鱼的、种田的出现在我们眼前。他们虽然不一定两鬓苍苍十指黑，但也带着生活的印记，他们虽然不会因为卖炭而受到欺凌，但也在赋税的重压下，流着心酸和仇恨的泪水。

师：我们再来看看，这是老师在咱们学校门外赶场时拍下的照片。说说你们看到的又是怎样的景象，有怎样的感受。

生：第一张照片，虽然没有看到卖炭大叔的表情，但可以想到他是多么轻松愉悦，他在等合适的买家，谈好价格，公平交易……

师：第二张照片中是一位卖各种时鲜蔬菜的大婶，她在对顾客说什么？

生：我的蔬菜很新鲜，又便宜，而且绝对不会少大家的秤，一会儿再送你们些葱，自己种的，不洒农药，放心……

师：再看看第三张照片，卖姜的大娘手里捏着十元钱应该在给顾客找钱，她心里在想什么？

生：哎呀，跟我买菜的这位老人家也不容易，称了九块八的姜，还得找她两毛钱，我好好找找，不能骗人……

师：同学们，卖炭翁的故事发生在一千年以前，同样是卖东西，由于社会制度不同，劳动者的生活状态却完全不同。今天的百姓，大家买卖自由、公平交易，一片热闹而祥和的景象，同学们要珍惜当下的幸福生活。

师：现在，让我们一起来吟诵《卖炭翁》，记住这位在生存线上苦苦挣扎的老人吧！也记住白居易这位敢为民而歌的伟大现实主义诗人吧！

（学生齐诵古诗《卖炭翁》）

布置作业，巩固创新

师：今天的课后作业有两个内容。（屏显）

（1）背诵这首诗。

（2）《卖炭翁》这首诗没有结尾，请发挥合理想象，增加细节，拟写一个结尾。凝结着卖炭翁血汗的一千多斤炭被宫使强行拉走，只换回皇宫里的半匹红纱一丈绫。风更大了，雪更大了……

附板书：

卖炭翁

讽喻诗、叙事诗

卖炭翁　宫使　白居易

可怜　可恶　可敬

教学反思

示范课结束后，全体成员进行议课，大家一致认为，本节课是别具一格的古诗词阅读教学课，具有以下几个特征，确保了课堂的有效性。

1.合理提问：追问式涵泳人情

先抓住"牵一发动全身"的主问题，再回到文本中去设计小问题。主问题设计中，先找出表现出作者对卖炭翁感情的一个词（可怜），引领学生抓住了"诗眼"，从总体上把握了本诗的情感基调，进而引出宫使的可恶以及白居易的可敬，层层深入，由诗歌的文字意思逐渐走进文本、了解作者；小问题的设计中，诗歌第一小节主要采用了心理、外貌、动作、神态描写以及环境烘托来刻画卖炭翁劳作艰辛、贫困卑微的形象，第二小节除了描写还采用了对比手法，把宫使的目中无人、横行霸道、巧取豪夺展现出来，更反衬出卖炭翁命如草芥般被肆意践踏的悲惨人生。

2.情境创设：情境式涵泳人品

中学生的年龄在十几岁，生活阅历不是很丰富，对于文章的理解往往局限于表面，教师采用情境创设法，通过引导，能够激发学生的体验欲望。比如对"烧炭"这一工序不清楚，而这个复杂的工序又恰恰是学生体会卖炭翁劳动艰辛的重点所在，通过教师对"烧炭"这一工序的动情描述，再引领学生与卖炭翁对话，引导学生感受卖炭翁劳动的艰辛可谓水到渠成。

3.有效链接：开放式涵泳人格

语文阅读教学中，适时有机地链接与课文学习相关的背景资料，能够增加教学内容的深度，让学生获得新认识，激发学生的学习兴趣。要让学生对"宫市"制度有所了解，对"安史之乱"后期宦官专权的社会背景有所了解，感受封建统治下人民的痛苦生活，认识到作者以天下为己任，敢为民而歌的忧国忧民精神。

4.巧妙拓展：生活式涵泳人情

课堂的最后在学生对卖炭翁的同情和对封建社会不合理的制度的愤恨之情被激起的情况下，展示了同样描写劳动人民凄苦生活的诗句，让学生体会到无论是蚕妇、渔者还是农夫，他们的命运都和卖炭翁一样凄苦，让学生觉得似乎在与古人对话，目睹劳动人民的生活，感受诗人的情感；紧接着再展示我们今天自由买卖、公平交易的社会图景照片，教育学生珍惜现在的幸福生活，让作为精神、文化的载体的古诗文润物细无声地给予我们人格的熏陶与启迪。

涵泳教学让古诗词的意义更加鲜明，人格更加突出；层层深入、含蓄隽永地带领学生走进文本、走进生活，留给学生的不仅是语文的基础知识，更是一种对人生、对生命的思考。

（编撰 甘璐）

二、问题教学：展示"愚公"的智慧

中学语文教材所选的寓言故事是古人进行哲学思考的初步形态，是人类文明智慧的结晶，如果浅尝辄止就失去了学习寓言的意义。但是在常规的教学活动中，为了完成教学任务，教师常用封闭式的、单一的提问，往往以"是什么""有什么""做什么"等问题为主，对此学生并不需要做过多的思考，易造成思维的局限性和片面性，使上课内容枯燥乏味，压抑学生的学习兴趣性和积极性，而开放式提问具有目标开放性、思维无极限、自主加合作、答案不唯一、产生新问题等特点，它以学生的学习和发展为中心，聚焦学生思维能力的发展与情感体验的发掘，根本目的在于提高课堂教学的有效性，促进教师有效教学能力及学生深度学习能力的提高，使学生从多个角度去了解事物，拓宽思路，形成多种答案，从而激发学生的学习兴趣。对此我运用问题教学法：直接提问，简洁清晰；引导提问，环环相扣；追加提问，引向深入；转向提问，拓展思考，推动学生阅读能力、语文素养、审美情趣的提高。我于2020年12月2日上午，借黔南民族师范学院附属中学八年级（2）班上了一节《愚公移山》的示范课，尝试运用"开放式提问"教学法的"四部曲"，对寓言《愚公移山》进行了整体规划和分步实施，收到了良好的效果。

（一）直接提问，引导简洁清晰

1.讲述故事，激趣导入

师：大家认识图片上的这个人吗？

她就是被人们誉为"当代女愚公"的邓迎香。

20多年前，邓迎香嫁到了贵州省黔南州罗甸县麻怀村，因为没有路，这个新娘子是走着进村的，看着脚上磨出的水泡，看着窗外黑魆魆的大山，她心里有些失落。后来邓迎香有了可爱的孩子小洪球，可就在邓迎香沉浸在初为人母的喜悦中时，不幸的事发生了，三个月大的小洪球突然发烧抽搐，夫妻俩抱着孩子在湿滑的山路上疯跑，可才到半山腰，怀里像团火的儿子，却渐渐冰凉，孩子没了……邓迎香瘫倒在山道上，号啕大哭，她恨这一座座夺走了无数麻怀人生命的大山。那一刻，她发誓，就是用嘴啃，也要把这座山啃穿。什么都没有，这山该怎么挖？邓迎香说，没有机器，我们用大锤；没有筐，我们就用手捧；一年不行，打十年，十年不行，就打一辈子。13年来，她从趴着打、跪着打、再到坐着打。她的执着和坚韧感动着大家，凿洞的队伍越来越壮大。终于，2011年8月，216米的隧洞，通了！曾经三个小时的山路现在仅需三分钟。

说到这，我们都被邓迎香的精神感动了，那愚公精神到底是怎样的精神，让我们共同走入今天的课文《愚公移山》来进一步感悟吧。

2.了解作品，文体先行

师：上节课我们对字词句进行了疏理，这节课我们将走进文本，分析人物，理解愚公移山的精神实质。《愚公移山》选自《列子·汤问》，道家学派著作，相传为列子所撰，《两小儿辩日》和《杞人忧天》均选自其中。列子，生卒年不详，名御寇，战国时期郑国人，主张虚静无为，独立处世，善于修身养性。《列子》共八卷，内容形式多为神话、传说、寓言，愚公移山、歧路亡羊等成语均出自其中。

《愚公移山》的文体是一篇寓言，寓言的特点是寓一定的道理于简短的故事之中，给人以有益的启迪和深刻的教育。

（二）引导提问，启发环环相扣

1.朗读课文，概括情节

师：朗读课文，用简洁的话语概括故事情节。

生：从前有一个叫愚公的老头，他家对面有两座大山，进进出出很不方便，有一天他聚集家人商量移走这两座大山……

师：刚才同学们说得非常具体，如果我们用四幅图来概括的话，分别为家庭会议图、毕力平险图、愚智辩论图、神灵移山图。

2.跳读全文，筛选信息

师：思考一下，愚公为什么要移山？难不难？从哪里看出来的？（提示：用原文的话回答）我们可以来一个小小的抢答赛，准备好的同学踊跃举手。

师：愚公为什么要移山？

生：惩山北之塞，出入之迂也。

师：移山难不难？从哪里看出来的？

生：山之高→"高万仞"

山之大→"方七百里"

人之老→"年且九十"

人之少→"荷担者三夫"

路之远→"寒暑易节，始一反焉"

工具简陋→箕畚运于渤海之尾

3.角色扮演，品味对话

师：愚公移山——难于上青天！我们对他的行为表示不理解，文中对愚公移山的行为也不理解的还有谁？

生：妻子、智叟。

师：妻子献疑曰，妻子提出疑问，愚公怎样回答。现在老师自告奋勇扮演妻子，你们扮演愚公，用原文的话回答我的疑问，争取说服我。

师：愚公，您准备把山移到何种程度？　生：指通豫南，达于汉阴。

师：如何焉置土石？　　　　　　　　生：投诸渤海之尾，隐土之北。

师：人力怎么解决？　　　　　　　　生：遂率荷担者三夫 遗男跳往助之。

师：您移山的方法是什么？　　　　　生：叩石垦壤。

师：用什么工具来运土石？　　　　　生：箕畚运于渤海之尾。

……

师：哎，移山这么难，但是看您目标坚定，作为妻子的我还有什么好说的呢，但您可要保护好自己，不能有什么闪失啊！

看来妻子对愚公移山的态度是担心、关心，她并不反对愚公移山，担心丈夫年老体弱，去移那么大的山会有什么闪失；妻子提出合理疑问，愚公一一解决疑问，妻子被说服。

师：对愚公移山不理解的还有智叟，他的态度是支持还是反对？智叟笑而止之曰，看得出他反对愚公移山，他对愚公极端鄙视、出言不逊，打心底里瞧不起愚公，现在老师再次自告奋勇要来扮演智叟鄙视你们，作为愚公的你们一定要驳倒我，可以用原文的话，也可以用自己的话，先来看一段视频做准备。

师：愚公你这糟老头子，你都快九十岁了，连山上的一棵小草都拔不动，你还移什么山？

生：虽我之死，有子存焉。子又生孙，孙又生子；子又有子，子又有孙；子子孙孙无穷匮也。

师：就算你的子孙能帮你移山，你确定他们会一直继续下去吗？

生：子孙也会嫌道路不便，也要想办法，不能世世代代被封闭。

师：就算你的子孙不停挖山，太行、王屋这么大，要挖到什么时候？

生："而山不加增，何苦而不平"，"山"又不会增高，只要不停地挖，最终会被移走。

师：搬家不是很好吗，为什么硬要移山？

生：世居在此，故土难离，家园情深。中国人安土重迁，讲究落叶归根。

师：好吧，我无话可说。

4.对比辩论，感悟形象

师：同样是面对移山这件事，愚公和智叟的态度却截然不同，愚公（毕力平险）坚决移山，智叟（笑而止之）反对移山。现在我们的辩论升级，说说如果是你面对这样的困难，你支持谁，为什么。（请同学们各抒己见，做课堂辩论探讨）

生1：支持愚公，愚公移山不仅仅是为自己，更是为了大家，为了造福后代，家人不是同意吗？邻人小孩都跳往助之，我们还有什么理由不支持。

生2：支持智叟，确实一把年纪了，不仅自己折腾，还让子子孙孙去挖山，要挖到什么时候啊？

生3：支持智叟，你现在加起来才五个人，真是自不量力，难成气候。

生4：支持愚公，假以时日，定会起轰动效应。连小孩子都跳往助之，我们还有什么理由不移山呢！

生5：支持智叟，大山挡路，可以搬家，搬家和移山相比，显然搬家更容易。

……

师：双方的辩论很激烈，各有千秋，看得出同学们很爱思考，但显然这个故事不是侧重移山的结果，而是移山过程中所体现的精神，最后天帝也被愚公的精神所感动，命夸娥氏二子移走了两座大山。

愚公的形象：团队的力量　开拓的精神　目的明确　志向远大

　　　　　　目光长远　造福子孙　坚持不懈　迎难而上

智叟的形象：傲慢武断　自以为是　目光短浅　安于现状

（三）追加提问，思考引向深入

师：说到这，老师还是看到刚才支持智叟的同学眼神里透露出一丝疑惑，心里还有一丝不服气，这很正常，我们回过头来看看，在平常的生活中，我们不也是按这样的"智"做事的吗？我们不也对愚公的行为不理解吗？我们不也会选择搬家而不是去移山吗？"智"是大众的思维，是普通人的思维，普通人总是凭着生活中的经验办事，走中庸之道，安于现状，只考虑眼前利益，用自己觉得最合理的思维理性地对待问题。

而愚公不是普通大众，不走寻常路，想别人不敢想的，做别人不敢做的，哪怕把自己碰得头破血流，哪怕自己吃亏，哪怕不被人理解也要迎难而上。想想我们的寓言故事还有很多这样的"愚"（《夸父逐日》《精卫填海》《女娲补天》《后羿射日》），明知不可为而为之，奇迹就是这样创造出来的。

抗疫之战（展示图片）：

师：今年年初，一场没有硝烟的战争打响了，它来势汹汹，但这时一个个愚公挺身而出：84岁高龄的钟南山院士继非典型性肺炎（简称非典，SARS）之后再次出征，义无反顾……

在都匀，愚公精神在传承：每个路口有专门的工作人员检测体温，每一寸栏杆都有环卫工人擦拭，每处关卡有交警排查，快递小哥在给无法出门的市民送去生活用品，志愿者给百姓送去口罩，菜商免费把蔬菜送去养老院……

师：愚公"不愚"，大智大勇，坚持不懈，迎难而上；智叟"不智"，目光短浅，安于现状。

"愚"与"智"反过来使用，形成鲜明的对比，突出愚公的精神。我们的民族，我们的国家，不正是有这样的愚公精神才创造了奇迹，才走到今天的吗？

总结寓意：通过愚公移山的成功反映了我国古代劳动人民改造自然的伟大气魄和坚强毅力，也说明了要克服困难就必须下定决心，坚持不懈地奋斗，只要不怕困难，坚持斗争，定能获得事业上的成功。

（四）转向提问，拓展深度思考

师：愚公移山成功后，他去竞选生产建设队长，请你帮他写一份竞选词。

生：大家好，我很荣幸参加生产建设队长的竞聘。想当年面对阻道的大山，我立下目标，要将大山移走，山形巨大，人力渺小，移山的目标看似痴愚，却体现了"咬定青山不放松"的目标意识，最终获得成功，现在家乡相对较弱的地方不在少数，生产建设要移的"山"相比起来确实不算小，这需要我们充分发扬坚持不懈、迎难而上的精神，不被"山形巨大"所吓倒，牢固树立"必有功成之日"的坚定信念，朝着目标，无论路途如何崎岖，只管前行。希望大家支持我，我一定会竭尽全力工作，用成果回报大家对我的信任……

师：看来同学们都信心满满，学习文化、扎根山区、建设家乡，继承发扬愚公精神，实现中华民族的伟大复兴。

（五）布置作业，巩固创新创造

（1）故事为何以神话结尾？请结合寓言文体谈谈。

（2）推荐阅读《列子》相关故事：

《歧路亡羊》《詹河钓鱼》《造父学御》《鲍氏之子》《九方皋相马》

希望同学们从这些故事中能够得到深刻的启迪。

附板书：

愚公移山

愚公　　　　智叟

开拓进取 迎难而上　　安于现状 知难而退

用愚公精神创造奇迹

教学反思

示范课结束后，全体成员进行议课，大家一致认为，本节课是别具一格的寓言故事教学课，具有以下几个特征，确保了课堂的有效性。

1.问题教学情境性导入

一开头就引用我们身边当代女愚公邓迎香感人至深的故事进行导入，故事篇幅不长，针对性强，又兼具生动性，既亲切又易于让学生接受，不仅有利于调动学生学习的积极性，还有利于激发学生的求知欲，进而拉近了教与学之间的距离。让学生了解愚公精神的可贵，直接入境，不拖泥带水。

2.问题教学思维性训练

本节课注重从多个角度、多个方面来看待问题，强调逆向思考，不断突破自己的思维界限，挑战固有的观点模式，思维过程具有灵活性，打破了学生固有的思维定式，引导他们从不同视角去理解文本。在辩论中同学们人云亦云一边倒的情况下，抛出问题：如果我支持智叟移山你怎么认为？在学生为难的情况下，老师顺势引出我们普通人做事，总是凭着生活中的经验（"智"）去办事，安于现状，只考虑眼前利益。而愚公不走寻常路，想别人不敢想的，做别人不敢做的，明知不可为而为之，最终创造了奇迹，对此进行辨析后，愚公精神的实质将变得更加深刻。

3.问题教学角色扮演

角色扮演已经在语文课堂中成为一种重要的教学手段，老师扮演愚公妻子和智叟，学生扮演愚公，师生进行平等对话，这一设计不仅能帮助老师激发学生的学习兴趣，活跃课堂气氛，提高学生的思维能力、创造能力及语言表达能力，还能让书上的人物形象跳出文本，使学生设身处地思考主人公当时的处境，更深入地理解和把握人物形象，从而达到了预期的学习效果。

4.问题教学精巧性拓展

课堂接近尾声时，拓展学生熟知的寓言故事，以及当下在疫情防控中涌现出的英雄人物的感人事迹，使故事延伸到现实生活中来，使学生的思维方式得到了迁移，衍生了学生的学习兴趣，切合培育学习感恩教育、奉献社会的需要。最后，用练笔竞选生产建设队长这个活动，再次强化了传承愚公精神的重要性、紧迫性认识，使得整堂课不仅达到了课标要求，还使学生真正地学有所获、学以致用，让愚公坚持不懈、迎难而上的精神实质落到实处。

问题教学从学生的实际出发，采用多种提问方式，营造和谐轻松的质疑环境、激发学生的质疑兴趣、培养学生的质疑意识、促进学生思维的发散，让学生有充分的语言实践机会，在鉴赏、表达的过程中获得审美体验，在生动、活泼的学习中不断提升文学素养和作品鉴赏能力。

（编撰 甘璐）

三、意象教学：让我们在课堂里《望岳》

语文课程标准在课程理念中提道"应该重视语文课程对学生思想情感所起到的熏陶感染作用"。古诗词中意象传递出来的情感美，对学生的精神世界具有重要的启迪和感染作用。但是当今大多数学生基础知识薄弱，对古诗词意象的理解比较模糊，缺乏古诗词意象的积累，加之部分教师在实际教学中对古诗词意象的解读不够深入，教学方法单一，淡化意象，轻视意境，这使古诗词的学习只是停留在浅层的认知层面。而古诗词意象的深层学习，将一个个意象串联起来，引导学生通过对意象的解读和欣赏，更深入地领略古诗词意象背后诗人独特的情感世界和审美情趣，进而丰富自己的内心情感，有效地提高学生的语文核心素养。对此我运用情境教学法：意象诱题：情境性导入新课；意象探讨：互动式知人论世；意象体验：合作性入景悟情；意象归纳：反思性意义建构；意象深化：生活性巩固延伸，让学生更好地体会诗歌的深刻内涵，提高审美眼光，提升精神境界。我于2021年5月27日上午，借黔南民族师范学院附属中学七年级（1）班上了一节《望岳》的示范课，尝试运用"情境教学"五管齐下，对诗歌《望岳》进行了整体规划和分步实施，收到了良好的效果。

（一）意象诱题：情境性导入新课

师：同学们，近两年央视的《中国诗词大会》节目很火啊，其中有一个环节是"飞花令"，课前我们热热身，玩一下这个游戏。央视的规则是这样的：规定一个字，来背诵含有这个字的古诗句，今天的课题与"山"字有关，我们选"山"字，四个大组来比赛，看哪个组背得多。

生：白日依山尽，黄河入海流。

千山鸟飞绝，万径人踪灭。

两岸猿声啼不住，轻舟已过万重山。

不识庐山真面目，只缘身在此山中。

……

师：一个"山"字，古人竟能写出这么多优美的诗句，今天我们也要学习一首有关"山"的诗歌，走进杜甫的《望岳》。

（二）意象探讨：互动式知人论世

1.杜甫（712—770），字子美，号少陵野老，唐代的现实主义诗人。

师：杜甫的诗真实地反映了时代，因此他被称为——

生：诗史。

师：由于他忧国忧民，被誉为——

生：诗圣。

师：代表作品有"三吏""三别"，以及《茅屋为秋风所破歌》《春望》《闻官军收河南河北》《登高》等。

师："三吏"是——

生：《新安吏》《石壕吏》《潼关吏》。

师："三别"是——

生：《新婚别》《无家别》《垂老别》。

师：杜甫的作品，深刻写出了民间疾苦及在乱世之中身世飘荡的孤独，揭示了战争给人民带来的巨大不幸和困苦，表达了作者对备受战祸摧残的老百姓的同情。

2.杜甫在20～35岁时曾游历中国的大江南北

师：《望岳》是流传于世的杜甫诗中年代最早的一首，是诗人25岁时在齐、赵一带漫游时的作品，它境界高远，表现了泰山的峻美，洋溢着青年诗人的朝气蓬勃与豪情壮志。

3.《望岳》共三首

师：分别咏——

生：东岳泰山，南岳衡山，西岳华山。

师：现在我们一起走进"泰山"。

（三）意象体验：合作性入景悟情

1.初读古诗，把握节奏

（1）初读古诗。

师：请同学们自由朗读，参照旁边的注释批注拼音、解释词义。

师："了"读音释义：

生：liǎo，为了，不尽。

师："眦"读音释义：

生：zì，眼眶，睁大眼睛看，"决眦"，看得眼睛快裂开了。

师："夫"读音释义：

生：fú，句首发语词，引起下文，没有实际意义。

师："曾"是通假字：

生：通"层"，层层叠叠。

（2）全班齐读。

师：读得流利，除了读准字音，还要注意节奏、停顿、语气、重音。

2.猜字环节，初步感知

师：甲骨文象形文字，众峰相连的山脉丘陵，山上还有山，在山脉的群峰中独立、高大的主峰，猜是哪个字？

生："岳"字。

师：甲骨文象形文字，上面像眼睛，像一个人站在台阶上远望，"站得高，看得远"，猜是哪个字？

生："望"字。

师："望"字写的是角度，"岳"字写的是内容。

师：房子里有一张桌子，上面有贡品，也有可能是摆在宫室屋内的祖先牌位，平时我们有祖宗、宗法、宗庙之说，指专供祭祀用的屋宇，猜猜是哪个字？

生："宗"字。

师：再结合唐太宗、唐玄宗、唐肃宗、唐高宗，还有一代宗师，代表级别高、位分高，"宗"字写泰山的什么？

生：泰山的地位，五岳之首。

3.入景悟情，赏读诗歌。

（1）入景。

"岱宗夫如何，齐鲁青未了。"

师："齐鲁青未了"，"青"写颜色——

生：青葱翠绿。

师："未了"写群山——

生：连绵起伏。

师：在齐地能看见泰山，在鲁地也能看见泰山，泰山如此广阔巍峨！

师：朗读一遍，声音洪亮，用赞叹的语气。（板书：青色、连绵）

"造化钟神秀，阴阳割昏晓。"

师：钟为聚、集，能换成"造化集神秀"吗？

生：不能，平淡无味。钟，偏爱，钟爱、钟情，大自然就像一个钟情的人，拟人，把所有的美都献给了泰山，奇峰、怪石、瀑布，飞禽、走兽、虫鱼，参天的大树……

师："造化钟神秀"是对泰山的感慨赞叹，造物主把所有的神奇秀丽都聚集在泰山上，泰山的秀美可想而知。（板书：神秀）

师："阴阳割昏晓"，能否换成"阴阳分昏晓"？

生：不能，没有气势。"割"写泰山的遮天蔽日、高大雄伟，把山的南北劈成了白天和黑夜。

师：是的，泰山像一把利剑，直入云天，把阳光都阻隔了，把明和暗分割开来，有主宰万物的气势。（板书：高峻）

师：朗读，脑海中想象画面，神秀，雄伟，语速要慢；读出重音，钟，割；读出感情，由衷的赞叹，遮天蔽日的气势。一个男生、一个女生来读。

"荡胸生层云，决眦入归鸟。"

师："荡胸生层云"，很多很多的美景在心中激荡，写诗人内心的感受，是什么之景？

生：想象之景。泰山生机勃勃，诗人心胸激荡，诗人被泰山的美景震撼，陶醉不已。

师："决眦入归鸟"，写了鸟儿——

生：千姿百态，飞鸟入巢，空间的邈远开阔，生怕从视线里消失，写出泰山的幽深壮阔。

师：除了空间邈远，还有看的时间之——

生：时间之长，从早上看到晚上，流连忘返。

师：朗读，配以动作，眼睛睁大，看归鸟还巢，余音绕梁，声音停，气息还在。（板书：邈远）

（2）悟情。

直抒胸臆：

师："会当凌绝顶，一览众山小"包含几层意思？

生：首先，直抒胸臆，让我们感受到泰山是多么伟大，它能激发出人们攀登极顶和战性困难的愿望。

师：其次，山高人为峰，诗人不仅要登上泰山的顶峰，更要登上的是——

生：人生之峰，诗人发出的是登上人生巅峰的誓言，表达了诗人不怕困难、勇攀高峰的雄心和气概。

反复诵读：

师："会当凌绝顶，一览众山小。"如此壮丽的泰山，怎能不让人喜爱、陶醉、赞叹？这个时候在最后两句直抒胸臆，豪情万丈，读出重音。

（3）小结

入景，青色、连绵、神秀、高峻、邈远；

悟情，喜爱、陶醉、赞叹，誓攀人生高峰。

（四）意象归纳：反思性意义建构

师：今天我们赏析了杜甫的《望岳》，这篇咏泰之绝唱，写尽了泰山的高远幽深、神奇秀丽，展现了诗人青年时代兼济天下的远大抱负，它告诉我们，站得高才能看得远；只有登上绝顶才能俯视一切；只有努力挑战困难，才能享受成功带来的自豪和喜悦。同时我们又对比了另外两首有关"登高"的诗《登幽州台歌》《登飞来峰》，今后读诗要学会关注标题，入景悟情，知人论世，让我们在有生命的古诗中得到文化的浸润！

（五）意象深化：生活性巩固延伸

1.文化拓展

师：为泰山注入文化因子，感受齐鲁大地深厚的文化。

泰山的封禅文化：在历朝统治者的眼里，泰山是凛然不可冒犯的，泰山有史记载的帝王封禅12次，故被称作"圣山"和"国山"。

泰山的宗教文化：泰山是道教名山，但儒、佛两教在泰山的影响亦不可小觑，三教合一的情形比比皆是。

泰山的石刻文化：石刻文化不是中国独有的文化形式，泰山得以获得世界双遗产的美名，其中石刻文化功不可没。

……

师：泰山以其雄伟高大的自然景观，数千年精神文化的渗透和渲染，已成为中华民族的象征，义人精神的源泉。

2.布置作业

（1）继续阅泰山的有关资料，可以是诗文、故事、谚语等，并做好积累。

设计意图：激发学生进一步学习的热情，丰富意象知识的积累。

（2）收集登高诗，借助资料读悟并背下来，比比谁积累的登高诗最多。

（背诵中结束此课）

附板书：

望岳

（唐）杜甫

入景，青色、连绵、高峻、飞鸟

悟情，感慨赞叹，誓攀人生高峰

教学反思

示范课结束后，全体成员进行议课，大家一致认为，本节课是别具一格的诗歌情境教学课，具有以下几个特征，确保了课堂的有效性。

1.意象游戏：情境中激发兴趣

由于古诗词距今年代久远，学生因自身知识水平的局限性，不能体会到诗人内心的真实心境，无法与诗人的内心产生情感共鸣，对学习古诗总有畏难情绪，提不起兴趣，因此在教学中设计了两个游戏环节，"飞花令"背诵包含"山"字的古诗句，以及"猜字"游戏，通过象形文字的美妙，让学生感受传统文化的魅力，拉近学生与传统文化的距离，从而激发学生学习中华古典诗词的兴趣。

2.意象悟情：情境中想象画面

古诗词中的一景一物皆含情，正如王国维所说的"一切景语皆情语"，意象是渗透着作者情意的具体形象。在本节课中，要把难以理解的古诗词意象转化为一幅幅生动的画面，才能更好地感悟古诗词的意境美。比如从"青未了"入手，引领学生想象泰山的青葱翠绿，广阔巍峨；从"钟""割"字入手，引领学生想象泰山的神奇秀丽，雄伟高大；从飞鸟入巢，想象泰山空间的邈远开阔，从而自然而然地感受到诗人内心的感叹震撼，激发攀登极顶和战胜困难的愿望，以及勇攀人生高峰、俯视一切的雄心和气概。

3.意象发掘：情境中传承精神

教学最后，对泰山文化做进一步的深入发掘，从文化的意义上解读杜甫的"望岳"行为。比如封禅文化，从秦汉直到唐代，有多位皇帝到泰山祭天封禅，杜甫称泰山为"岱宗"，表现了对泰山的尊崇；又比如宗教文化，儒家学派的创始人孔子曾经登上泰山，《孟子》记载："孔子登东山而小鲁，登泰山而小天下。"而杜甫在这里比肩圣人的凌云气概，包含了精神层面上的登顶。所以在对泰山文化的发掘中，更加激发学生热爱祖国河山之情，使之树立远大的志向和抱负，传承诗歌中俯视一切、兼济天下的文化精神。中学古诗词情境教学，让学生深入领会古诗词意象背后蕴含的丰富的画面美和情感美。通过古诗词意象感悟自然、感悟生命、感悟人生，有效地提高学生的语文核心素养，对学生思维的发展、审美的鉴赏以及文化的传承有着重要的意义。

（编撰　甘璐）

教学案例——数学类

一、变量与函数的课堂"变数"

数学概念教学越来越被窄化、泛化处理，老师用时很多，学生收效甚微，导致课堂教学质量"双低下"。其实，我认为最根本的原因有两个：一是数学概念具有内容的概括性、符号的抽象性、形式的多样性等特征，使得学生对概念的形成和理解有一定的困难；二是我们过分关注学生怎么去解题，却轻视了学生对概念的形成掌握得怎么样了。在数学概念教学中，我们把时间和精力全用在了关注学生是否记住概念、是否注意概念易错点、是否会以点套题等等，学生到底知不知道概念的形成和思想方法的体现如何，我们往往缺少关注。遵行儿童"具体—表象—抽象"的认知规律，我以"兴趣"为主线，贯穿课堂始终，从学生的实际出发，创设有助于学生自主学习的问题情境，通过优化问题设计，以问题为驱动，激发学生的学习兴趣，这就是我所谓的课堂改革的"变数"。我于2020年6月23日下午，借黔南民族师范学院附属中学八年级（1）班上了一节变量与函数的示范课，尝试运用问题教学的"四部曲"，对数学概念教学变量与函数进行了整体规划和分步实施，收到了良好的效果。

（一）创设情境，悬念式提出概念

师：上课！

生（齐答）：老师好！

师：同学们，我们生活在一个万物皆变的世界里，万物都在变化，万物因变化而美丽，事物因变化而神奇。

师：动车在匀速行驶过程中，你们发现了什么变化呢？

生（齐答）：路程随时间的变化而变化。

师：上述过程都反映了一个量随另一个量的变化而变化，在生活中，这种运动变化现象大量存在，为了研究这种运动变化现象间的依赖关系，于是产生了函数。（板书：19.1.1　变量与函数）

师：刚才我们说研究两个量之间的依赖关系，那么函数到底是研究什么量之间的关系呢？

（二）合作探究，互动式形成概念

师：请同学们来看一些问题中的量。

（生齐读问题"电影中的数学"）

师：请同学们独立完成导学案的相应问题，说说在这个变化过程中，怎样用含x的式子表示y。

生：$y=10x$，y随x的变化而变化。

师：这里的y和x之间也存在着这样的依赖关系。

（生读问题"温度中的数学"）

师：在这个变化过程中，你发现了什么在变化呢？

生：温度（T）随时间（t）的变化而变化。

师：这里温度和时间之间也有这种依赖关系。

师：上面两个问题都反映了量和量之间的依赖关系，现在来对这些量进行分类，哪些可以作为一类呢？（大家小组讨论）

生：S，t，y，x，T，t都是变化的量。

师（归纳）：在一个变化过程中，数学发生变化的量称为变量。

（板书：1. 变量）

师：还有一类量呢？

生：在这个变化过程中，像60和10是没有发生变化的量。

师（归纳）：在一个变化过程中，数值始终不变的量称为常量。

（板书：2. 常量）

师：这就是为了研究函数先要学习的"变量与常量"。对上述两个问题中的量进行分类的过程中，渗透了数学中重要的思想方法——分类思想。

师：但是，变量和常量并不是绝对的，比如飞机在起飞时，飞行高度随时间的变化而变化，当它水平飞行时，飞行高度不变，所以说变量与常量一定是在某个变化过程中发生的。

师：下面来找找，哪些是变量，哪些是常量。

生：……

师：回到上述两个问题中，"$S=60t$，$y=10x$，T和t"，请同学们找一找它们有什么共同点。（大家小组讨论）

生（1组代表）：我们觉得，一都有两个变量；二当其中一个变量给定一个值时，另一个变量就有唯一确定的值与其对应。

生（3组代表）：我们觉得还有，都在一个变化过程中。

师（归纳）：具有这种特征的变化过程称为函数。

生（齐读）：一般地，在一个变化过程中，如果有两个变量x与y，并且对于x的每一个确定的值，y都有唯一确定的值与其对应，那么我们就说x是自变量，y是x的函数。

师：如函数$y=10x$，当$x=1$时，$y=10$，则10叫函数值。

（三）知识迁移，交流式辨析概念

师（出示习题1）：请判断y是不是x的函数？并说明理由。

生：是，满足函数的定义。

师（出示习题2）：写出表示y与x的函数关系式。

生：$y=50-0.1x$。（板书示范）

生：老师，他还差"解"字没写，也没有标注题号。

师：这位同学的细心值得大家学习。

师：你能确定自变量x的取值范围吗？

生：$0 \leqslant x \leqslant 500$。

师：通过该问题确定自变量的取值范围要注意哪些地方？

生：解析式本身有意义。

生：实际问题有意义。

师：聪明。

师：这个实际问题利用函数建立模型，渗透了数学中的一种重要思想——建模思想，请问这个建模的好处是什么呢？

生：任意取一个值，可以得到不同时段的余油量。

师：太棒了。

师（出示习题3）：利用刚才的建模思想完成下列问题。

生：……

师（出示习题4）：在这些易错题目中，你能辨析它们是不是函数吗？说说你的想法。

生：它们都不是函数，紧扣函数的特征，很容易就能找出问题。

（四）课后拓展，体验式巩固概念

师（出示习题5）：同学们，来看看函数在中考中的一类题型。（播放运动的图形）试写出重叠部分面积y与x之间的函数关系式，并写出自变量的取值范围。

生：根据题意，重叠部分图形是一个等腰直角三角形，得到 $y = \frac{1}{2}x^2$。

生：$0 \leq x \leq 10$。

师：如果这个三角形继续向右运动，请问它除正方形还有重叠部分吗？

生：有，还是一个直角梯形。

师：这时你能写出重叠部分面积y与x之间的函数关系式吗？自变量的取值范围又是什么？（这时只需要思考求重叠部分面积的方法，距离下课时间只有2分钟，由于时间关系，留给同学们课下去思考，话音刚落，学生立马站起来）

生：用原来等腰直角三角形的面积减掉运动出来部分的等腰直角三角形的面积即可。

生（举手）：还有一种方法，因为重叠部分是一个直角梯形，所以直接求出直角梯形的面积即可。

师：真聪明。

师（小结）：同学们，快乐的时光很短暂，大家来梳理一下这节课学了些什么，有什么收获和疑惑。

生：……

师（布置作业）："函数"一词是大家今天首次接触的一位新朋友，课后请大家查查它是怎么来的。谢谢各位，下课！

生（齐答）：老师再见！

附：板书设计

19.1.1　变量与函数

1.变量：在一个变化过程中，数值发生变化的量。

2.常量：在一个变化过程中，数值始终不变的量。

3.函数：

在一个变化过程中，如果有两个变量x与y，并且对于x的每一个确定的值，y都有唯一确定的值与其对应，那么我们就说x是自变量，y是x的函数。

4.函数值：

略。

教学反思

示范课结束，全体成员进行议课，大家一致认为，本节课是别样的数学概念教学课，具有以下几个特征，确保了课堂的有效性。

（1）情境引领，在变化中感悟。本人采用了"问题教学四部曲"对变量与函数教学设计进行了整体规划，以"兴趣"为主线，贯穿课堂始终，从学生的实际出发，创设有助于学生自主学习的问题情境，教师通过优化问题设计，以问题为驱动，激发学生的兴趣。因为"函数"的概念是学生首次接触，内容的抽象性使得学生理解起来具有一定的难度，所以一开始选择贴近学生生活的实例和热点问题，让学生感悟世界的万物皆变，体验一个量随着另外一个量的变化依赖关系，基于它们之间的依赖关系产生了函数，让学生对函数研究的领域产生兴趣，激发学生的原生兴趣。课堂源于生活，以问题为驱动，选择了电影中的数学、温度中的数学两个生活中的实际问题，并且以表格、解析式、图像三种不同的形式呈现出来，再一次让学生感悟生活的变化，而这种变化是存在着某种规律的，进而引发学生思考这种规律到底是什么，这样的情境让学生形成强烈的问题意识，接下来的学习就更加主动、更加精彩，课堂教学循序渐进。

（2）合作探究，在变化中体味。根据数学新课程标准要求，"问题解决"是总目标之一，培养学生的问题意识和解决问题的综合能力，强调学生在具体的数学情境中发现问题、提出问题、分析问题、解决问题的能力。在数学课堂教学中，解决问题的重要手段是合作学习。在本节课探究新知的过程中，采取小组合作的方式，比如在电影中的数学、温度中的数学两个情境中，以问题为导向，让学生小组合作对所得到的量进行分类，知识自然习得。再一次讨论前面两个情境中的问题，在这些变化过程中，找找两个问题中的共同点，先让学生独立思考，再把自己的疑问进行小组讨论，形成小组意见，教师适时点拨，师生之间相互补充，感知共性规律，形成概念。通过小组合作学习，既给予了学生交流的时间和机会，又体现了学生的主体地位，使师生之间、生生之间真正体现了问题的探究和解决，不但激发了学生的学习兴趣，而且数学思维能力也得到了发展。

（3）生活拓展，在变化中升华。课堂教学最重要的是预设，而且没有精巧的课堂预设，也就不会有精彩的课堂生成。所以，我主张先精心预设，后关注生成，主次不能换位，先后不能颠倒。前面所说的问题情境、合作学习都是精心设计的，除此之外，在课堂教学的关键细节，我还进行了预设：在知识迁移中，除了以不同类型的问题对函数概念进行辨析，还关注数学中最重要的数学思想方法的提炼。最后，课程末尾拓展设置了一个分段函数，这里衍生出三角形和四边形不同类型的问题，问题由浅入深，层层推进，既巩固对比新知与旧知，又发现新问题继续衍生，同时让学生体会到数学中重要的思想——分类讨论思想，让学生感到"课已结，意无穷"。

整堂课着眼于提高学生的数学核心素养，注重渗透数学思想方法，不仅教给学生数学知识，还揭示了获取知识的思维过程，让学生形成对知识的深刻认识，基于知识的内涵、本质和特征，梳理出了一条符合知识认知规律的兴趣链，展现知识本体的兴趣内涵，通过激活原生兴趣，维持伴生兴趣，延伸衍生兴趣，将知识连成了一个整体。

（编撰　冉红芬）

二、多元互动：让"移项"灵活生动

数学课堂教学中学生的思维固化、单一越来越明显，老师用时很多，学生收效甚微，导致课堂教学质量"双低下"。其实，我认为最根本的原因有两个：一是当下在升学指挥棒的指引下，课堂教学的一线教师往往更倾向于怎样解题，我们过分关注学生怎么去解题，却轻视了学生数学思维训练得怎么样了；二是对数学思想的认识不到位，长此以往就会出现思维呆板、思路狭窄的现象，使知识与知识之间孤立起来，难以形成一个有效的知识网络系统，学生数学思维能力的发展体现如何我们往往缺少关注。其实，当今建构主义观点认为，学习是学习者主动地建构内部心理表征的过程，学习者总是以其原有的认知结构为基础来理解、建构新的知识和信息。学习过程同时包含对新信息的意义建构以及对原有经验的改造、重组两个方面。学习者以自己的方式建构对于事物的理解，不存在唯一标准的理解。通过学习者的合作可以使理解更加丰富和全面。我以"四点突破"教学范式中的"兴趣"为主线，贯穿课堂教学始终，以问题为驱动，激发学生的学习兴趣，引导学生完整经历知识的发生、发展的过程，这就是我所谓的多元互动，让"移项"更灵活。我于2020年12月2日上午，借黔南民族师范学院附属中学七年级（1）班上了一节《移项》的示范课，尝试运用问题教学的"四部曲"，对数学概念教学进行了整体规划和分步实施，收到了良好的效果。

（一）创设情境：史料导入巧设疑

师：同学们，在前面我们学习了等式的性质，那么什么是等式的性质呢？

生（齐答）：等式的性质1，在等式两边同时加或减去同一个数或式子，结果仍相等。

师：用式子怎么表示呢？

生（齐答）：如果$a=b$，那么$a\pm c=b\pm c$。

师：等式的性质2呢？

生：在等式两边乘以同一个数，或除以同一个不为零的数，结果仍相等。

生：如果$a=b$，那么$ac=bc$，

生：如果$a=b$，$c\neq 0$，那么$\dfrac{a}{c}=\dfrac{b}{c}$。

师：怎么解方程$2x-5x=6-8$？

生：第一步，合并同类项；第二步，系数化为1。

师：我们发现每一个方程最终都要化归为$x=a$的形式，这是我们解方程的目标。今天咱们利用等式的性质继续来探究一元一次方程的解法（板书课题：3.2　移项）。

师：我们知道《九章算术》是中国古代的数学名著，请同学们来看一个问题，这个问题属于《九章算术》中的"盈不足问题"，在这里碰到了什么问题呢？

（学生齐读问题）

师：这个问题中不变的是什么？变化的是什么？

生（举手）：不变的是学生的人数和图书的总数，变化的是每人分得书的多少。

师：非常棒。

师：独立完成导学案相应问题，说说这当中的等量关系是什么。

生：是书的总数。

师：很不错，用一句话来概括相等关系：表示同一个量的两个不同式子相等。

师：由此得到的方程是什么呢？

生：$3x+20=4x-25$

（二）生生互动：互动合作出新知

师：每一个方程最终都要化归为什么形式呢？

生：$x=a$。

师：怎样让这个方程中的$4x$消失呢？

生：两边同时减去$4x$。

师：你的依据是什么？

生：利用等式的性质1。

师：怎样让方程中的20消失呢？

生：利用等式的性质，两边同时减去20。

师：对比两个方程$3x+20=4x-25$，$3x-4x=-25-20$，观察$4x$和20是怎么变化的。

生：它们是在改变符号后移到等式的另一边。

师（归纳）：把等式一边的某项改变符号后移到另一边。

（板书：1.移项定义）

师：注意：移项要变号，移项的依据是什么呢？

生：等式的性质。

师：怎样规范地解答实际问题呢？

生：设未知数，列方程，解方程。

师：这里解方程有哪些步骤呢？

生：移项，合并同类项，系数化为1。

师：这个方程利用移项最终也化归为$x=a$形式，这里就渗透了化归的数学思想。

师：刚才我们是把含未知数的项往方程左边移，那能不能把$3x$移到等式右边？试试看。

师：你发现了什么？

生：算出来的系数是正的，最后答案还是和原来一样。

师（归纳）：所以移项要根据方程的需要灵活处理。

（三）意义建构：知识迁移寻方法

师（出示习题1）：解方程：（1）$3x+7=32-2x$；（2）$x-3=\dfrac{3}{2}x+1$。

生：5个同学板书示范。

师：至此，一元一次方程我们学习了哪几步呢？

生：移项，合并同类项，系数化为1。

师（出示习题2）：解方程时，既要移含未知数的项，又要移常数项的是（   ）。

生：D。

师：独立完成学案习题3（一学生板书）。

师：观察这是《九章算术》里的什么问题。

生：盈不足问题（学生2人板书）。

师：请下面同学看看板书的同学有需要改的地方吗？

生：单位不统一。

师：聪明。

（四）课题延伸：课后拓展助升华

师：大家看看这个方程：$-(1.5y+2)=2(10-0.5y)$能直接移项和合并同类项吗？

生：不能。

师：这是下节课我们将要学习的去括号。

师（小结）：同学们，大家来梳理一下这节课学了些什么。

生：……

师：布置作业：学案必做，教材习题选做。

附：板书设计

3.2　移项

1.移项：把等式一边的某项改变符号后移到另一边。

2.一般步骤：移项，合并同类项，系数化为1。

教学反思

示范课结束，多方点评认为，本节课是别样的理性教学课，具有以下几个特征，确保了课堂的有效性。

（1）问题引领，有序有效。本人以"问题教学"为主题，对移项教学设计进行了整体规划，以"四点突破"教学范式中的"兴趣"为主线，贯穿课堂教学始终，立足教材，深挖文本，以问题为驱动，激发学生的学习兴趣。"学起于思，思源于疑。"通过问题，引发学生的思维，能打开学生的思维空间，点燃学生的思维火花，形成学生的思维风暴。本节课一开始复习了"等式的性质"，提问等式的性质到底有什么作用呢？给出一个具体方程，复习解方程的步骤，发现每一个方程最终都要化归为$x=a$的形式，为后续内容设置悬念，进而引出课题。这样优化问题设计，使学生对下一步要干什么产生好奇心，从而激发学生的原生兴趣。从学生的实际出发，创设有助于学生自主学习的问题情境，教师通过优化问题设计，利用课本中的分书问题，追根溯源，发现这个问题来自数学名著《九章算术》中的"盈不足问题"，看看在这里遇到了一个什么问题呢？一是让学生感受到数学的悠久历史，二是引发学生的数学思考，构建方程模型"$3x+20=4x-25$"，自然导入重点，这也就激发了学生的伴生兴趣。这样的情境让学生形成强烈的问题意识，接下来的学习就更加主动，更加精彩，课堂有序有效，循序渐进。

（2）互动合作，有张有弛。根据数学新课程标准的要求，"问题解决"是总目标之一，培养学生的问题意识和解决问题的综合能力，强调学生在具体的数学情境中发现问题、提出问题、分析问题、解决问题的能力。综合课程标准和数学学科的特点，在数学课堂教学中，解决问题的重要手段是合作学习。在本节课探究新知的过程中，采取合作的方式，以问题为导向，通过问题构建出方程模型，让学生观察方程结构，思考怎样让方程化归成$x=a$的形式，以问题为驱动，层层深入利用等式的性质，这也激发了学生的伴生兴趣。把方程化成"$3x-4x=-25-20$"，通过对比发现移项特征，进而得出新知，这里就回答了移项的作用。数学教学不仅仅是知识教学，更是数学思想方法、数学活动经验的教学。移项是解方程的基本步骤之一，是一种同解变形。同时通过移项法的学习，进一步体会数学中重要的数学思想方法——建模思想和化归思想，其思想方法为后续学习二元一次方程组、分式方程、不等式等内容起着重要的指导作用。使师生之间、生生之间真正体现了问题的探究和解决，不但激发了学生的学习兴趣，而且极大地促进了学生数学思维能力的发展。

（3）课题延伸，有方有力。当今建构主义观点告诉我们，在教学上，提出认知灵活性理论和随机通达教学，认为应自下而上地展开教学进程，并提出知识结构的网络观念。而数学学习是一个连续的过程，数学知识之间存在着纵横交错的关系，在教学过程中，教师要引领学生明确知识之间的脉络，建立起知识框架，让学生将知识纳入自我认知体系中。在数学课堂教学中，教学要引领学生的思维向更深、更广的层面发展。拓宽学生的思维空间，需要教师为学生设计拓展性问题。因此，课堂最后环节，通过教师引导，规范书写，学生板演，题目设置由浅入深，以方程$-(1.5y+2)=2(10-0.5y)$结尾，发现这个问题不能移项、合并，衍生到下一节课的内容，既巩固对比新知与旧知，又发现新问题继续衍生，激发了学生的衍生兴趣。这样的拓展性问题不仅要拓展学生的知识面，更重要的是拓展学生的思维，使学生的思维更具活力。

整堂课不仅教给学生数学知识，还揭示了获取知识的思维过程，让学生形成对知识的深刻认识，从知识的内涵、本质和特征，梳理出了一条符合知识认知规律的兴趣链，引导学生完整经历知识的发生、发展的过程，深切体会数学思想方法中形成有效的学习方法，进而促进学生数学思维能力的发展。

（编撰　冉红芬）

三、找"关系"：数学教学的核心素养——以一次函数与二元一次方程课堂教学为例

只懂术语，不懂概念，这是初中学生数学学习的最大问题。从形象思维转向抽象思维，最好的办法就是从名词教学变为概念教学，而概念教学需要解决两个问题，一是厘清概念的内部结构，进行深层学习；二是理清概念的外部关系，形成知识网络。本节课从学生熟悉的一次函数和一元二次方程入手，在学生熟悉的知识中找到两者之间的关联，让学生从具体到抽象、从感性到理性地理解两者之间是如何互换的，以及互换之后，真正理解它们两者之间的区别和联系，同时达到培养学生数学核心素养这一目的。我于2020年6月23日下午，借黔南民族师范学院附属中学八年级（3）班上了一节一次函数与二元一次方程的示范课，运用"四点突破"教学范式，通过学生自学的兴趣、合作的兴趣、互动的兴趣、运用的兴趣来对一次函数与二元一次方程进行整体规划和分步实施，收到了良好的效果。

（一）情境引入：在温故中激活"找关系"的经验

师：上课！

生（齐答）：老师好！

师：我是来自九年级的数学老师，今天我给同学们带来了一位老朋友，就是这个式子。有同学认识它吗？

生（基本齐声回答）：一次函数。

师：没错就是大家这个学期刚学习过的一次函数。那么对于一次函数，同学们还记得与它相关的哪些知识？

生：图像是一条直线；当k大于0时，y随x的增大而增大，当k小于0时，y随x的增大而减小。

师：同学们回答得非常好，说明同学们对一次函数的知识掌握得不错，那么从一次函数的结构上来看还会有什么样的新发现呢？

师：我们发现这个式子是由等号连接的，由等号连接的式子，我们把它称为什么？

生（齐答）：等式。

师：等式可以怎么样？

师：变形。

师：那么请同学们在草稿纸上对它进行一下变形，看看还会遇上哪位老朋友。

生：可以变形成方程。

师：这个式子是咱们之前学习过的哪个知识？

生：二元一次方程。

师：你们有什么感受？跟同桌交流一下。

师：函数和方程本来就是两个完全不同的概念，可是今天我们发现一次函数经过一个简单的变形之后变成了我们学习过的二元一次方程，那就说明这两个知识点之间其实不是孤立的，而是存在必然联系的，究竟它们之间存在着怎样的联系呢？这就是咱们这堂课要一起来探究的一次函数与二元一次方程。

（二）师生互动：在建构中感知"找关系"的规律

师：刚刚同学们回忆出了一次函数的性质特点，同学们是借助了哪个工具来探究它的性质特点的呢？

生（齐答）：图像。

师：没错就是利用了图像，那么今天我们想要对它进行深入的探究，我们同样可以把谁调出来帮忙？

生（齐答）：图像。

师：既然是要探究一次函数与二元一次方程之间的关系，咱们不妨就从一次函数的图像入手。下面的任务交给同学们，打开导学案，画出它的图像。

师：同学们画图的技巧是什么？

生：先画两个点。

师：为什么呢？

生（齐答）：因为两点之间线段最短。

师：这两个点怎么去找呢？

生：令 $x=0$ 时找出一个点和令 $y=0$ 时找出另外一个点。

师：找其他的点行不行？

生：可以。

师：好的，现在同学们动手画吧。

（画图中）

师：画好了吗？

生（齐答）好了。

师：同桌交流一下，看看你能发现它与二元一次方程的联系吗？

师：（提示）提示一下，确定一次函数图像的时候涉及了什么？

生（齐答）：坐标

师：继续讨论吧，看看哪个小组有发现？

生：（0，3）和（3，0）恰好满足方程。

师：不错。但是，只有这两个点满足吗？

生：其他的点也满足。

师：你的意思是说任何一个点咯？

生：一次函数图像上的点。

师：你能总结一下你们两个组的发现吗？

生：一次函数图像上的点满足二元一次方程。

师：满足所有的二元一次方程吗？

生：满足这个方程。

师：很好，那你继续完善。

生：一次函数图像上的点满足它所对应的二元一次方程。

师：满足二元一次方程的x和y，我们把它们称为二元一次方程的什么？

生（齐答）：二元一次方程的解。

师生（一起答）：一次函数图像上的点就是它所对应的二元一次方程的解。

师：那么二元一次方程与一次函数有什么关系呢？

生（齐答）：二元一次方程的解就是它所对应的一次函数的解。

师：现在请你们把它们的关系写在导学案上。

师：像这样的关系，咱们数学上把它称为对应关系。

师：同学们再想想，一次函数既然能转换成二元一次方程，那两个一次函数呢？

生：二元一次方程组。

师：没错，下面同学们小组合作，接着来探究一下一次函数与二元一次方程组的关系吧。

（出示一个方程组）

师：以它为例，先做什么？

生：转化成一次函数。

师：然后呢？

生（齐答）：画图像。

师：有什么发现吗？

生：有一个交点（2，1）。

师：结合它们所对应的二元一次方程组的解来看呢？

生：是它的解。

师：哪位同学来总结一下他的发现？

生：一次函数的交点坐标是二元一次方程组的解。

师（追问）：几个一次函数？

生：两个。

师（追问）：不需要对应了吗？

生（弱弱地回答）：需要。

师：来试着完整地回答一次。

生：两个一次函数图像的交点坐标就是它所对应的二元一次方程组的解。

师：反过来呢？

生（齐答）：二元一次方程组的解就是它所对应的两个一次函数图像的交点坐标。

师：把你们探究的结果写在导学案上吧。

师：刚刚咱们除了探究出一次函数与二元一次方程组的关系之外，其实还有一个意外的收获，不知道有没有同学留意到？

生：用图像法求解二元一次方程组。

师：没错，我们把这种方法叫做"图像法"。

师：下面，我们来回顾一下图象法的步骤。

师生：一移、二画、三找。

（三）探究学习：在两点间探索"找关系"的条件

师：今天我们探究了一次函数与二元一次方程之间的关系，那么今天学习的知识可以用来解决什么数学问题呢？

（出示准备好的题目）

师：同学们在导学案上完成，看谁最快完成。

生：$x=2$，$y=3$

师：你的依据是什么？

生：这个二元一次方程组其实就是这两个一次函数转换来的，所以二元一次方程组的解就是它所对应的两个一次函数图像的交点坐标。

师：分析到位，充分利用今天所学的知识，很棒。

师：第二题呢？

生（抢答）：（2，2）。

师：你的依据是？

生（很流畅）：可以变形成为一次函数，所以根据"两个一次函数图像的交点坐标就是它所对应的二元一次方程组的解"来求解。

师：有理有据，真是不错。

师：今天的知识大家掌握得都挺不错的，我接下来要加大难度了。同学们认真分析，可以小组讨论完成。

师：有小组完成的请举手。

（少部分学生举手，继续等待）

师：老师提示一下：在某个时刻两个气球位于同一高度，就是说对于x的某个值（$0 \leqslant x \leqslant 60$），两个函数有相同的值$y$，如能求出这个$x$和$y$，则问题得到解决。由此你们想到要怎么解决这一问了吗？

生：解二元一次方程组。

师：没错，赶紧试试吧。有多少同学能在黑板上给大家展示一下他的过程？

（挑了一位举手的同学，一分钟之后）

师：现在完成的有多少同学？

（差不多一大半学生举手）

师：好，现在咱们来看看这位同学的解答。

（四）合作交流：在逆向中建构"找关系"的意义

师：今天呢，我们一起探究出了一次函数与二元一次方程之间存在的必然联系，它们的联系是什么？

生（齐答）：一次函数的解就是它所对应的二元一次方程的解，二元一次方程组的解也是它所对应的二元一次方程的解。

师：与方程组的关系呢？

生：两个一次函数图像的交点坐标就是它所对应的二元一次方程组的解，二元一次方程组的解就是它所对应的两个一次函数图像的交点坐标。

师：今天呢，咱们利用转化的数学思想，把一次函数转换成了二元一次方程，那么我们还可以利用这个数学思想对一次函数进行怎么样的转化呢？会不会又遇到一些老朋友呢？

（学生议论纷纷）

师：提示一下，老师如果让一次函数的y为0呢？

生（齐答）：变成一元一次方程了。

师：老师再把"="变成">"呢？

生：一元一次不等式。

师：它们之间必然也有着紧密的联系，那么究竟存在怎样的联系呢，我们下节课在一起来揭晓。谢谢各位，下课！

生（齐答）：老师再见！

教学反思

上这堂课时，教研组全体老师都参与了听课、评课，全体成员进行议课，大家一致认为本节课是一堂数学概念教学课，具有以下几个特征，确保了课堂的有效性。

1.温故知新，在知识经验中去思考

本堂课，我通过一次函数作为"老朋友"的身份出现，引导学生回顾与一次函数相关的知识，然后抛出问题"如果从结构上来看，你会有什么新的发现？"再以一次函数为例，让学生发现可以变形为二元一次方程，让学生自然建立函数与方程之间有必然联系的认知，激发了学生的原生兴趣。

2.合作探究，在知识转化中去分析

引导学生回忆之前探究一次函数性质时所用到的工具——图像法，让学生自然联想到亦可通过一次函数的图像来进行探究，降低学生探究难度的同时也激活了学生的伴生兴趣。在学生探究出一次函数与二元一次方程之间的正向关系后，会忽略掉反向成立，在这里继续发问，培养学生缜密的逻辑思维。并且在探究一次函数与二元一次方程组的同时，有了意外的收获——解二元一次方程组的新方法，让整堂课的伴生兴趣贯穿其中。

3.知识梳理，在知识对比中去延伸

进行课堂总结时，带着同学们梳理整堂课新学的知识，引导学生主动探究过程中所用到的数学思想方法，在老师的提示下主动发现一次函数与一元一次方程和不等式之间存在的必然联系，激发学生的衍生兴趣的同时也为下一堂课进行了铺垫。

（编撰　时青青）

四、层进式教学：数学公式从推导到运用——以人教版数学八年级的平方差公式为例

数学公式是用数学符号和关系符号表示的一类数学命题，具有典型的形式化特征，具体表现为公式中的元素符号起着"位置占有者"的作用。数学公式的表达形式相对固定，固定的形式在长期的教与学的过程中，又会起到直接强化的作用，容易导致教师的教与学生的学进入形式化的误区，我认为最根本的原因主要有以下两点：一是对公式的来龙去脉没有弄清楚，只是记住了公式的形式。二是忽视了公式运用的可变性，对公式的变形和灵活运用缺少探究。人们在思维的过程中，经常运用演绎推理、归纳推理和类比推理等形式进行学习、思考和研究，往往觉得类比形式比较简单，乐于接受和运用，忽视了类比推理得出的结论正确与否是有待证明的，导致了以偏概全的学习行为。本节课围绕公式探究过程，利用问题驱动学生的深度学习，引发学生的深度思考，精心设计探究活动，让学生体验数学的"再发现"，实现"学思"融合，使学习继续深入，促进思维能力的提升。我于2021年12月13日下午，借黔南民族师范附属中学八年级（5）班上了一节平方差公式的示范课，运用层进式教学对数学公式教学平方差公式进行了整体规划和分步实施，收到了良好的效果。

（一）创设情境，引入数学公式

活动1：播放周老财与李老汉的故事。

师：通过故事的描述，之前土地的面积和改变之后的面积分别是多少呢？

生：a^2-b^2和（$a+b$）（$a-b$）。

师：这两个式子之间有什么关系呢？这就是我们这节课要探讨的问题。

（二）温故知新，发现数学公式

师：请同学们计算并观察下列式子，式子的左边具有什么共同特征？

生：式子的左边都是两个多项式乘以多项式，并且一个是和，一个是差的形式。

师：它们的结果有什么特征？

生：它们的结果是一个二项式，并且是两个数的平方的差的形式。

师：很好，那你们能用文字表达你们发现的规律吗？

生：等号左边是两个数的和与两个数的差的积，等号右边是这两个数的

平方差。

师：能用字母表示出来吗？

生：$(a+b)(a-b)=a^2-b^2$。

师：很好，你能证明这个式子是成立的吗？

生：可以用多项式乘以多项式来证明。

师：在导学案上写出你们的证明过程。

师：同学们真不简单，老师为你们感到骄傲。能不能给我们发现的规律 $(a+b)(a-b)=a^2-b^2$ 起一个名字呢？

生：最终结果是两个数的平方差，叫它"平方差公式"。

师：有道理。这就是我们探究得到的"平方差公式"。

（出示投影）

两个数的和与这两个数的差的积，等于这两个数的平方差。

即 $(a+b)(a-b)=a^2-b^2$。

师：平方差公式是多项式乘法运算中一个重要的公式，用它直接运算会很简便，但必须注意符合公式的结构特征才能应用。

（三）数形结合，证明数学公式

师：你能根据所给图形的面积说明平方差公式吗？

生：左图中纸片的面积可表示为 a^2-b^2，右图中纸片的面积可表示为 $(a+b)(a-b)$，而左右两个图形是可以相互转换的，它们的面积相等，所以 $(a+b)(a-b)=a^2-b^2$。

师：还有其他的证明方法吗？

生：有，把左边的图形分割成两个梯形，一个梯形的面积可以表示为 $\frac{1}{2}(a+b)(a-b)$，所以可以得到 $(a+b)(a-b)=a^2-b^2$。

师：大家做得很好，用了三种方法证明了平方差公式，相信大家对这个公式有了深刻的理解。平方差公式有什么特点呢？

生：等号左边是两个二项式相乘，并且这两个二项式有一项完全相同，另一项互为相反项。

师：那等式的右边呢？

生：等号的右边是这两项的平方差（相同项的平方减去相反项的平方）。

师：是的，除了这两个特点之外，公式当中的 a 和 b 既可以代表数字，也可以代表式子。

（四）学以致用，运用数学公式

师：（出示习题1）判断下面的式子哪些能用平方差公式进行计算，哪些不能，并说出原因。

生：第二个可以，其他的不能。

师：为什么呢？

生：因为第二个式子里面有相同项a、相反项b和–b，其他几个式子没有相同项和相反项。

师：是的，我们要找出式子中是否有相同项和相反项才能判断。

师：（出示习题2）独立完成练习2，请三位同学板书答案。

师：（出示习题3）独立完成练习3，三位同学板书接替过程，注意规范答题格式。请下面同学看看板书的同学有需要改的地方吗。

生：第3题中的"–"写掉了。

师：对的，大家观察得很仔细。

师：通过本节课的学习，你学到了什么？

生：学习了平方差公式的定义以及应用。

师：学习了平方差公式以后，你认为李老汉吃亏了吗？

生：吃亏了！

师：好了，我们今天的课就上到这里，作业……

教学反思

示范课结束后，多方点评认为本节课是一堂精彩的公式教学课，具有以下几个特征，确保了课堂的有效性。

1.导入环节激发学习欲望

在导入环节，基于学生的知识生长点，从复习回顾多项式乘法法则入手，利用四个具有特殊形式的多项式相乘，通过设计问题链，引导学生观察、比较，发现结果的结构特征——"平方差"，让学生对平方差公式有第一印象。再引导学生思考产生这种特殊结果的原因，让学生去发现式子左边的多项式存在"一同一反"的特征，强化对公式结构特征的理解。

2.探究环节培养学习素养

在探究新知这一环节，我注重培养学生的语言表述能力。验证平方差公式时，从"平方"入手引导学生从图形面积去验证公式，公式右边看作边长为a的正方形的面积减去边长为b的正方形的面积等。在此过程中，利用拼图使学生更加直观地感受面积的转化，渗透数形结合以及转化思想。

3.巩固环节检验学习成果

验证公式后，我通过设置练习检验学生对知识的掌握情况。此环节设置不同难度、不同题型的练习，并且让学生进行分享展示，满足了不同层次的学生，体现了公式应用的广度和深度。在拓展应用中设置平方差公式"雪球效应"，既生动有趣又让学生们都收获满满。最后从方法和思想两方面进行课堂小结，再次向学生渗透相关的数学思想。

（编撰　周文）

五、从"平分秋色"到"突出主体"——以角的平分线的性质"主体探究"为例

教学过程中最根本的就是培养学生积极主动地去参与探索知识本质的过程。目前初中数学教学中，由于知识的抽象性导致学生对知识"似懂非懂"，对知识的本质理解局限于在习题中反复应用的部分，对数学概念和定理的符号语言内涵及变式的理解比较肤浅和零散，导致"望题兴叹，不知所措"。面对这样的现象，课堂应突出学生的主体性，让学生经历获取知识的过程，对于部分知识采用命题教学，使学生掌握数学的基本规律，理解数学的基本结构，从而提高解决问题的能力和发展数学思维。

我于2021年12月14日上午，在黔南民族师范学院附属中学借用八年级（7）班进行了示范课角的平分线的性质的展示，我通过问题以及生活中的例子视频导入新课，又以激发学生学习兴趣为导向，让学生作为主体，充分经历探索、实践、拓展数学知识的过程，收到了良好的效果。

（一）问题情境，趣味性导入新课

师：上课!

生：老师好!

师：今天我们一起来学习角的平分线的性质。俗话说："好的学习目标才有前进的动力。"我们一起来看本节课的学习目标：会用尺规作一个角的平

分线，知道作法的合理性；探索并证明角的平分线的性质；能用角的平分线的性质解决简单问题。本节课的学习重点是探索并证明角的平分线的性质。

师：在七年级我们学习了角的平分线的定义，同学们还记得吗？

生：从一个角的顶点出发，把这个角分成相等的两个角的射线，叫做这个角的平分线。

师：同学们在练习本上任意画出一个角，怎样才能得到这个角的平分线？

生：用量角器、折叠。

师：同学们能评价这些方法吗？在生产、生活中，这些方法是否可行？

师：（引导）用量角器比较简单，但是测量的数据是通过目测得到的，会有偏差；利用折叠的方法比较简捷，但是我把角画在黑板上，或者是在木板上、钢板上进行操作，折叠这种方法在生产、生活中不太适用。

生：用量角器比较简单，但是有误差；利用折叠的方法比较简捷，但是只限于可以折叠的材质。

师：那么在工程上是如何得到一个角的平分线的？请同学们看视频。

师：视频中提到的神器叫做角平分仪，（出示角平分仪）利用它可以得到一个角的平分线，你能用数学的知识来说明它的原理以及科学性吗？要用数学知识来解释它的科学性，首先就得把角平分仪抽象为数学模型，请大家看，如图是一个角平分仪，其中 $AB=AD$，$BC=DC$，将点A放在角的顶点，AB 和 AD 沿着角的两边放下，沿 AC 画一条射线 AE，AE 就是角平分线，你能说明它的道理吗？

师：在这个问题中，已知条件是什么？我们需要解决的问题是什么？

生：已知：$AB=AD$，$BC=DC$，求证：AE 平分 $\angle BAD$。

师：如何求证？请在学案上完成具体的证明过程。（教师利用投屏展示学生的证明过程，一起归纳出合理的证明过程）

师：根据利用角平分仪画一个角的平分线的启示，你能不能利用尺规作出一个角的平分线？同桌讨论后在学案上画出并给出具体画法的步骤。

师：（提示）（1）从上面对平分角的仪器的探究中，可以得出作已知角的平分线的方法。已知什么？求作什么？（2）把简易的平分角的仪器放在角的两边，且平分角的仪器两边相等，从几何角度怎么画？（3）角平分仪 $BC=DC$，从几何角度如何画？

师：谁来分享一下你们讨论的结果。

生：已知：$\angle AOB$。求作：$\angle AOB$ 的平分线。作法：（1）以点 O 为圆心、适当长为半径画弧，交 OA 于点 M，交 OB 于点 N。（2）分别以点 MN 为圆心、大于 MN 的长为半径画弧，两弧在 $\angle AOB$ 的内部相交于点 C。（3）画射线 OC，射线 OC 即为所求。

师：非常好，类比角平分仪的结构和使用方法，我们能利用尺规作出一个角的平分线。

师：你能说明射线 OC 为什么是 $\angle AOB$ 的平分线？

生：连接 CM，CN，证明 $\triangle OMC \cong \angle ONC$。

师：如何证明 $\triangle OMC \cong \triangle ONC$？

生：根据三边分别相等的两个三角形全等。

师：非常棒！那老师问同学们，利用尺规作一个角的平分线的原理是什么？

生：SSS。

师：对，所以给我们一个用具，我们不仅要会使用它，还要知道它的原理。

师：现在同学们会画一个角的平分线了吗？

生：会。

师：我们知道角的平分线的其中一个性质是将一个角分成相等的两个角，接下来请同学们一起来思考教材P48页的第二个思考，并在学案上完成探索角的平分线的性质。

（二）提出猜想，创造性形成新知

在角的平分线 OC 上任意找一点 P，过 P 点分别作 OA、OB 的垂线交 OA、O 于 M、N，PM、PN 的长度是 $\angle AOB$ 的平分线上一点到 $\angle AOB$ 两边的距离。

（1）测量 PM、PN 的长。（2）将三次的数据填入下表：

表4-1

测量次数	PM的长	PN的长	PM与PN的数量关系
第一次			
第二次			
第三次			

（3）观察每次测量结果，猜想线段 PM 与 PN 有怎样的数量关系，并写出

结论:

(学生按老师的要求独立完成实验探究)

师:从上面的探究中你得出什么结论?

生:每次测量出的线段PM与PN一样长。

师:其他同学是不是都是这样的?

生:是。

师:在之前我们学习了连接直线外一点与直线上所有点的线段中垂线段最短,垂线段的长度叫做点到直线的距离,那同学们来看,过P点作OA的垂线以及OB的垂线,PD、PE的长是角的平分线上的点P到角两边的距离,由此你能得出什么猜想?

生:角平分线上的点到这个角的两边距离相等。

师:我们一起来看同学们的猜想有没有道理。(几何画板展示角的平分线上任意一点到角的两边的距离相等)

师:如何经过严格的逻辑推理证明"角平分线上的点到角的两边的距离相等"这一猜想?

(三)证明猜想,探究式得出新知

(老师板书命题:"角平分线上的点到角的两边的距离相等")

师:(引导)如果要证明这一个问题命题,首先我们需要找到命题的条件以及结论分别是什么。

生:条件是一个点在角的平分线上,结论是这个点到角的两边的距离相等。

师:同学们能根据条件以及结论画出图形吗?

生:能。

师:请同桌之间讨论并在学案上画出图形。

师:有人愿意分享你的画图吗?

(学生举手分享)

(老师利用希沃上传学生的画图并纠正)

师:同学们能根据所画出的图形用数学语言来写出已知和求证吗?

生:已知:如图,∠AOC=∠BOC,点P在OC上,PD⊥OA,PE⊥OB,垂足分别为D、E,求证:PD=PE。

师:如何求证PD=PE?请在学案上完成证明过程。

（老师利用希沃里的上传照片分享学生的证明过程并给出严格的逻辑推理）。

师：经历了前面几何命题证明，大家能总结证明一个几何中的命题的步骤吗？（教师引导学生回答）

生：（1）根据题意，画出图形；（2）根据题设、结论，结合图形，写出已知、求证；（3）经过分析，找出由已知推出求证的途径，写出证明的过程。

师：同学们齐读一遍。

师：一个命题经过逻辑推理后是一个真命题就可以作为定理，由此，我们就得到了角的平分线的性质定理。（课件展示定理）这是文字语言，同学们能给出数学语言吗？

生：$\because OP$ 是 $\angle AOB$ 的平分线，$PD \perp OA$，$PE \perp OB$，$\therefore PD = PE$。

（四）知识应用，互动性巩固新知

师：现在学习了角的平分线的性质，证明 $PD = PE$ 就不用去证明两个三角形全等了，直接利用角的平分线的性质就可以得到，相比去证明三角形全等，利用角的平分线的性质就简单了很多。下面我来检验一下同学们会不会运用。（教师出示例题）

练习1　如图，AM 是 $\angle BAC$ 的平分线，点 P 在 AM 上，$PD \perp AB$，$PE \perp AC$，垂足分别是 D、E，$PD=4cm$，则 $PE=$_____cm。

师：请同学们在学案上完成（让一名学生进行板演）。

（学生独立完成）

（老师巡视、指导学生完成证明，并有针对性地讲评）

师：我们学习了角的平分线的性质就不用再去证明三角形全等，直接根据"角分双垂推等距"就可以得出，请同学们继续来运用性质定理。（让一名学生上黑板板演）

练习2　已知：如图，在 $\triangle ABC$ 中，AD 是它的角平分线，且 $BD=CD$，$DE \perp AB$，$DF \perp AC$，垂足分别为 E、F，求证：$BE=CF$。

（学生独立完成）

生板演：

$\because AD$平分$\angle BAC$，$DE \perp AB$，$DF \perp AC$

$\therefore DE=DF$

在$Rt\triangle DBE$和$Rt\triangle DCF$中

$\because DE=DF$，$BD=CD$

$\therefore Rt\triangle DBE \cong Rt\triangle DCF$

$\therefore BE=CF$

（老师巡视、指导学生完成证明，并有针对性地讲评）

师：有了前面的经验，老师想看看大家能不能挑战这一题，请在学案上完成。（让一名学生板演）

练习3　如图，在$Rt\triangle ABC$中，$\angle C=90°$，AP平分$\angle BAC$交BC于点P，若$PC=4$，$AB=14$，求$\triangle APB$的面积。

生：同桌讨论完成。

（生板演）

（老师巡视、指导学生完成证明，并有针对性地讲评）

（五）小结拓展、巩固性升华新知

师：这节课从知识和方法的角度你有什么收获呢？与你的同伴进行交流。

（学生活动交流，畅谈收获，并归纳出本节收获是：

在知识上：理解了"角平分线上的点到角两边的距离相等"这一性质。

在方法上主要学习了：

（1）运用观察、测量、猜想、验证等方法获得新知识。

（2）解决角平分线的问题的常用方法：从角平分线上的一点向角的两边作（找）垂线段。

（3）证明线段相等常用的方法：①全等，②角平分线的性质。）

师：谢谢各位，下课！

生（齐答）：老师再见！

教学反思

上这节课时，数学教研组全体老师都参与了听课、评课，并且全体成员进行议课，大家一致认为本节课是一堂命题教学课，使学生身临其境地深入到课堂中。大家认为本节课具有以下几个特征：

（1）主体活跃，体现关联性。数学来自生活，又服务于生活，生活中处处都有数学。通过生活中的角平分仪的结构与原理，抽象出角的平分线的画法，培养学生的求证思想，体现知识与生活之间的关联性，探索角的平分线的性质，让学生经历获得知识的过程，摆脱学生对知识"似懂非懂"的现象，以学生为主体，采用命题教学深化对文字语言、图形、数学符号之间的内在联系，实现深刻理解与运用，体现知识之间的关联性。

（2）主体互动，突出主体性。在课堂教学中，师生和谐互动，师生间通过活动共同探究、思考、启发，培养学生解决问题的能力，突出了学生的主体性。

（3）主题探究，具有针对性。本节课通过问题驱动，层层递进，让学生对下一步要干什么产生好奇心，从而激发学生的兴趣。在问题的引领下让学生通过观察—分析—猜想—求证—得出结论，让学生掌握"角的平分线的性质"，整堂课不仅教给学生数学知识，还揭示了获取知识的思维过程，引导学生经历知识的生成以及运用，加深对知识的理解与掌握，逐步培养学生解决问题的能力以及数学思维品质。

（编撰　刘建伦）

教学案例——英语类

一、信心教育：初中英语听说课教学的关键——"你喜欢香蕉吗？"课堂教学创新设计

英语听说课越来越难上，老师用时很多，学生收效甚微，甚至提不起兴趣。其实，我认为最根本的原因有三点：一是"中国式英语"是学生英语学习的最大问题，其原因是能考试，不能交际。从知识到能力缺少过渡。研究英语教育的"信心英语"是解决问题的关键，没有信心，英语的口语交际、能力培养、英语思维都是空话。二是英语是很琐碎的科目，知识点很多。它不像数学、物理、化学那么系统，需要日积月累的循环记忆，而中学生缺乏的就是耐心，仅凭兴趣学习。所以慢慢地他们的知识中就出现了不同程度的"夹生饭"。长此以往，学生对英语就失去了原有的好奇与热情。三是少数民族地区英语教师目前课堂上语法讲解多，实际交际少，文化信息输入不足，部分

教师无视现行教材的特点，没有落实新课改的实质精神，致使学生产生厌学情绪。我于2020年6月23日下午，在黔南师院附中七（2）班上了一节"你喜欢香蕉吗？"的示范课，对听说教学"你喜欢香蕉吗？"进行了整体规划和分步实施，收到良好的效果。

（一）导入：听歌缓解压力，营造氛围引信心

师：上课！

生（齐答）：老师好！

师：让我们先来听一首轻快的歌曲，同学们也可以跟着一起唱。之后请告诉我，从歌曲中大家听到了有关什么水果的单词？

生：苹果。

师：对的。从歌曲中我们听到了"apple"这个单词，苹果是其中一种水果。同学们喜欢吃水果吗？

生：喜欢。

师：世界上有很多种类的水果和蔬菜，不同的人有不同的口味，我们喜欢什么、不喜欢什么，今天让我们在第六单元中学习如何表达喜欢和不喜欢的食物。

你们想学习更多有关食物的单词吗？请看屏幕。

（展示本节课要学习的单词和图片）

（教师以询问的方式，这些/那些是什么？（What are these/those？）或这/那是什么？（What is this/that？）引导学生回答图片所指单词，并带读，最后个别抽读。）

（二）呈现：师生互动练习，探索发现明信心

师：这些单词你们都会吗？让我们来读一读吧。

生：……

师：你们知道它们的中文意思吗？

生：知道。

师：让我来考考你们。谁愿到讲台上来试一试？

（生积极举手，教师点名上台，每组有一个代表。）

师：中英互译，我每读一个单词请你在屏幕上快速找到所读的单词并告知它的中文翻译，每人有五次机会，全对的同学可以获得一枚徽章。让我们看

看谁反应最快。

（小组代表比赛，看哪组获得的徽章最多。）

师：徽章少的组要努力了，希望更多的同学加入我们的活动，为自己的组争荣誉。

（三）练习：现场感同身受，"现蒸热卖"树信心

（老师拿出实物。）

师：这些是什么？

生：香蕉。

（老师走到一个学生面前。）

师（询问）：你喜欢香蕉吗？

生：不喜欢。

师：同学们，他喜欢香蕉吗？

生：不喜欢。

（老师通过实际物品让学生运用本课重点句型，造一般疑问句并做肯定和否定回答。且由第一人称转换到第三人称单数，训练本节课的目标语言。）

（四）拓展：故事巧引话题，学以致用练信心

师（拿出图片询问）：你认识他吗？他是谁？

生：憨豆先生。

师．发生了什么事呢？请听这个故事，注意憨豆先生经常说的话。

（老师讲故事）

师：每次吃饭时，憨豆先生经常说什么？

生：我喜欢食物。

师：但憨豆先生不喜欢水果，所以经常会说什么？

生：我不喜欢香蕉。

师让学生先学会模仿回答，后转换第三人称又问。

师：憨豆先生喜欢什么？

生：他喜欢食物。

师：但他不喜欢什么？

生：他不喜欢香蕉。

（老师让学生机械地说出 like 的句子。由肯定句转变为否定句，再由第一人称过渡到第三人称单数的运用。

师：同学们，你们喜欢什么？不喜欢什么？谁能告诉我？

生：我喜欢西瓜，但我不喜欢冰淇淋，因为它会让我长胖。

师：给你点赞。太棒了，还说出了原因。给你们组一个徽章。同学们，刚刚罗小春说她喜欢什么？不喜欢什么？

生：她喜欢西瓜，但她不喜欢冰淇淋。

（老师通过第一人称、第二人称、第三人称让学生自由组合造句，使之了解和学会运用like，don't like，likes和doesn't like的用法。）

师：让我们看看哪组在活动中获得了冠军？

生：第一组。

师：让我们以热烈的掌声恭喜他们。

（五）巩固：链接中考题型，实践运用有信心

师：今天所学的知识你们都会了吗？

生：会了。

师：我来检测一下。看图写单词，注意单词的单、复数形式。第一题是……

生：……

师：选择题第一题选A吗？

生：不对。

师：选B吗？

生：是的。

师：为什么A和C这两项不对呢，谁能告诉我？

生：……

（老师出了三种题型训练学生的实践能力。第一种，可数名词单、复数练习；第二种，单项选择；第三种，重点句型练习。）

（六）总结：生活运用我行，拓展延伸强信心

师：屏幕上是我们本课的重点句型，请大家大声阅读。

生：Do you...

师：你知道有关水果的谚语吗？

生：一天一个苹果，身体健康不求医。

师：真聪明，你的知识很丰富。对的，我们要常吃蔬菜和水果，才能保持健康。今天我们学习有关水果的单词和动词like/dislike的运用，请记住可数名词的单、复数形式。在重点句型like/dislike的运用中，只有多练习才能熟能生巧。希望通过学习西方食品文化，促使大家了解西方的生活方式与文化，培养同学们跨文化交际的意识。课后请复习本节课的知识点，也希望我们的同学在日常的生活中运用like/dislike句型询问身边的朋友和家人，学会做一名关心别人的人。

师（布置作业）：回家做一个小调查，询问自己的父母喜欢和不喜欢的颜色、食物以及运动，关心我们的父母，做一个有爱心的孩子。今天的课到此结束，谢谢各位，下课！

生（齐答）：老师再见！

教学反思

示范课结束，全体成员进行议课，大家一致认为本节课是别样的听说教学，具有以下几个特征，确保了课堂的有效性。

（1）活力导入，信心自然生成。课堂通过卡通歌曲导入新课，通过视频对话，带小朋友到超市购买食物准备生日宴会，在购买食物时需要询问对方喜欢或不喜欢什么。

（2）任务驱动，信心自然习得。猜谜游戏提高了学生的兴趣，巩固了单词；用憨豆先生的小故事锻炼学生的听力，让学生对句了学会照葫芦画瓢，从而引申到第三人称单数的表达。

（3）互动演练，信心自然提高。学生进行课堂对话展示、实物演练，老师对学生多鼓励，多赞扬，给学生创造更多训练的机会，培养学生的"信心英语"。

正确的设计，合理的步骤，就是恰当的台阶，设置得好，学生可以拾级而上，顺利登顶。

（编撰　沈益帆）

二、情境教学：让英语课堂有情趣

情境教学法是指在教学过程中，教师有目的地引入或创设具有一定情绪色彩的、以形象为主体的生动具体的场景，以引起学生一定的态度体验，从而帮助学生理解教材，并使学生的心理机能得到发展的教学方法。情境教学法的核心在于激发学生的情感。情境教学，是在对社会和生活进一步提炼和加工后才影响于学生的。本节课围绕开展互动教学，培养学生听和说的能力，积极调动学生主动学习的热情，全方位培养学生的语言学习能力。整节课的教学始终坚持"学为主体，教为主导，练为主线"的教学原则。坚持听、说、读、写得到全面训练。我于2020年12月2日上午，在师院附中九年级（3）班上了一节衬衫是如何制成的的示范课，尝试突破传统只单纯教授语法、翻译文章的阅读模式，围绕开展有效教学，在一定的语境和真实任务驱动下的口语表达，才能使学生产生与人交流的动机，进行积极的思考、克服心理障碍，通过语言的综合运用完成任务、达到锻炼交际口语的能力。精心设计教学方式，积极调动学生主动学习的热情，全方位培养学生的语言学习能力，收到了良好的教学效果。

（一）情境导入：激发学生的学习兴趣

师：同学们，现在天气冷了，大家都穿着暖和的衣服来保暖，是吗?

生：是的。

师：接下来呢我会给大家展示一幅不一样的图片，大家看看图片里的小朋友穿了什么呢。

生：图片里的小朋友穿了一件T恤。

师：那你们知道T恤是由什么制成的吗?

生：有的回答"丝绸"，有的回答"棉花"。

师：你们的回答都是对的，但是如果是丝绸做的，会非常贵，我可买不起哦。我们穿的大多数T恤都是由棉花制成的。

（二）自主学习：促进学生整体把握

接下来，我们要学习第五单元衬衫是由什么制成的。在开始新课之前，我们一起来学习一些单词，请看屏幕。这是什么?

生：一双筷子。

师：很好。这是什么?

生：硬币。

……

师：请同学们打开课本第33页，完成1a部分。注意了，有些答案可能不止一个。谁来给大家展示一下你的答案?

生1：筷子是由木头或者银做成的。

师：还有其他答案吗？

生2：筷子是由金子做成的。

师：很好，但是如果是金筷子，会很贵吧？

生：窗户是由玻璃制成的。

生：硬币是由银或铁制成的。

生：邮票是由纸制成的。

生：衬衫是由丝绸制成的。

师：非常好。看来你们都掌握了我们熟悉的生活用品的原材料。

（三）听力训练：培养学生听懂会说

师：接下来我们完成1b部分，然后说出下列物品的原材料及生产地。听完了，谁可以告诉大家你的答案呢？

生1：衬衫是由棉制成的，是美国生产的。

生2：筷子是由钢铁制造的，是韩国制造。

生3：戒指是由银制造的，是泰国制造。

师：你们真棒。这对你们来说应该是很容易的。

（四）小组合作：锻炼学生创设情境

师：接下来，请同学们和你的搭档用1b的听力材料，用1c的对话模式进行训练。

生1：这枚戒指看上去很漂亮。它是银制造的吗？

生2：是的，是泰国制造。

生3：这双筷子看上去很特别，是木头制成的吗？

生4：不，是钢铁制成的，是韩国制造。

师：你们都非常棒。学习这部分我们要学会谈论某样物品是由什么制成的，是哪里制造的。

（五）播放视屏：提高学生的运用能力

师：接下来让我们欣赏一段视频，大家猜一下我们将要学习什么。

生：欣赏视频。

师：大家猜到了吗，我们将要学习什么内容？

生：我们将要学习的内容是关于茶。

师：我们刚才看到的是关于我们家乡都匀的毛尖茶宣传视频，接下来我们要学习的内容就是和茶叶相关的。请听录音，然后回答问题。

问题1：哪个国家因茶而闻名？

问题2：在中国哪里生产茶？

问题3：茶叶是如何采摘的？

学生回答问题1：中国因茶而闻名。

学生回答问题2：安溪和杭州。

学生回答问题3：手工采摘。

师：和搭档练习对话，根据对话内容填空。

China _____ tea. Tea _____ in many different places in China. For example, Anxi and Hangzhou _____ their tea. As far as we know, tea plants _____ on the sides of mountains. When the leaves are ready, they _____ by hand and then _____ for processing. Then the tea _____ and _____ to many different countries and places around China. It seems that people all over the world drink Chinese tea. Because tea _____ both health and business.

师：同学们让我们来总结一下这节课我们所学的内容。

be made of / from ...

be made in ...

the art and science fair

environmental protection

be known / famous / well-known for ...

by hand

be sent for processing

附：板书设计

Unit5　What are the shirts made of?

Period 1 Section A （1a~2d）

What is/are the ...made of?　　　Chopstick（s）

fork

blouse

silver

                                    steel
                It's/They are made of...   Cotton

教学反思

回顾课堂，如何让情境教学在英语课堂上变得有趣，我有以下三点体会：

1.倾注真挚情感，创设良好情境

"教贵情深"，教学艺术的魅力在于感情。积极的感情交流能够促进教学气氛和谐，更能充分调动学生的主动性、积极性，激发学生的学习兴趣。教师要热爱每一个学生，对所有的学生一视同仁，在课堂上正确、适时地调整对学生的情感，在举止、语言、眼神上使学生可亲、可爱、可信，学生才能消除恐惧心理，愉快地接受知识。

2.转变教学形式，创设良好情境

教学过程是师生交往、共同发展的互动过程。在教学过程中，要处理好传授知识与培养能力的关系，注重培养学生的独立性和自主性，引导学生质疑、调查、探究，在实践中学习，使学习成为在教师指导下主动的、富有个性的过程。新课标要求的教学改革，应当贯彻"让课堂充满生命活力、让学生成为学习主人"这一策略思想。这就要求教师改变传统的教学观，引导学生主动参与、乐于探究、勤于思考，创设能引导学生主动参与的教育环境，激发学生的学习积极性，培养学生掌握和运用知识的态度和能力，使每个学生都能得到充分的发展。在初中英语课堂中采用的小组合作式学习，将促使学生通过自主学习成为课堂的主人，成为能够对自己的学习负责的人，真正在学习实践中学会学习;同时通过合作式的交流，让学生在民主平等的基础上与他人互相合作，发挥同学间相互鼓励、相互启发的教育作用，让学生在主动参与的活动中完成合作意识的内化与协作能力的提高。

3.丰富教学活动，创设良好的情境

通过自己的教学经验总结和观摩其他老师的课堂，在英语教学中，可以利用画、唱、演、玩等教学手段来激发学生的学习兴趣。

（1）画对于学生来说是一种最直观、最有效的教学手段。因为它有着特有的信息沟通作用，能提示语言与事物之间的本质联系，且可以提高学生学英语的浓厚兴趣，教学效果也十分好。

（2）唱的运用。英语歌不仅能活跃课堂气氛，增添浓厚的学习兴趣，还能加深师生之间、同学之间的感情。

（3）演。表演是一种让学生熟练掌握句型和课文，增强运用学过的词的能力，提高口语表达水平的有效活动。在介绍课文时，教师进行示范表演，是一种导入新课常见的教学方法，鼓励学生上台表演。这样，学生在不知不觉中就学会了教学内容。与此同时，还锻炼了学生的胆量，提高了听说的能力。

（4）玩。即做游戏。游戏顺应学生活跃好动的天性，它能变"乏味"为"有趣"，变被动学习为主动学习。游戏有多种，可听命令做动作，根据特征描述猜人物、猜物品、猜动词、猜单词。学生在做游戏过程中会出现这样或那样的错误，应鼓励他们大胆运用语言，不必过分追求准确性，让学生体验到成功的感觉，也体会到学英语的乐趣。

实践证明，在课堂上，只要教师能创设符合学生生活实际的情境，激发学生学习英语的兴趣，采用直观教学手段，让学生积极参与课堂教学活动，充分确立学生的主体地位，就能充分发挥英语情境课堂教学的作用，从而取得良好的教学效果。

（编撰　许思丝）

第二节　反思性研修体会

黔南民族师范学院附属中学与南京"永和工作室"联合举办了四期"代表课"打造活动，张瑛副校长全程参加"代表课"校本教研活动，并亲自担任"校评"领导。每一期学员都经历了三个阶段，九道工序，十份材料，每一期学员利用寒、暑假的备课，工作日的展示与点评，撰写自评、互评、校评意见，"代表课案例"与"代表课论文"，每一步紧紧相连，环环相扣，步步为营，一步不让，学员们经历了"代表课"一个月的严峻考验，扎扎实实一个月，辛辛苦苦四星期，一定体会深深。现汇总如下，以飨读者。

1.甘璐

主题：心灵的洗礼，意志的磨炼。

从刚接到代表课任务时的忐忑不安、怅惘迷茫、"望尽天涯路"，到代表课实施过程中的锲而不舍、前进奋斗、"为伊消得人憔悴"，再到代表课完成后的豁然开朗、领悟贯通、"灯火阑珊处"，尽管其中遇到各种困难，尽管过程曲折艰辛，但自己依然咬牙坚持下来了。感谢刘老师的倾情付出、感谢张校长的加油鼓励、感谢同事们的温暖相伴，成长路上的每一滴汗水都是新的梦想，不断超越自己，进行心灵的洗礼，意志的磨炼，坚定未来的方向。

2. 蒋三妹

主题：学无止境，收获满满。

从最初对代表课的无知、疑惑到今天的理解、收获，刚开始时的种种辛苦，在今天却十分地感谢它当时的存在。时间虽十分短暂，却让我们懂得在教师专业发展的道路上，除了专业发展的自觉，还要靠学校领导的虚心培养，专家的示范引领，同伴的互助互爱，才能让我们厚积薄发，收获成长。感恩导师，感恩张校长，感恩同伴们，有你们相伴，我会一路前行！

3. 冉红芬

主题：认真，坚持，一路前行。

首先得感谢我的两位导师，感谢学校张瑛校长给我提供这个难得的平台，感谢刘永和导师的精心指导，最佩服的是您的认真和坚持，每天您在群里给大家的晨读，对每个学员逐词、逐句以及每个标点符号的修改都精益求精，这些细节都是我必须学习的地方。感谢一路陪我走来的同伴们。回头看看，脚印深深，代表课的三个阶段，九道工序，十份材料，每一份材料的开始都是云里雾里，无从下手，甚至怀疑和逃避，时间和汗水一样没少，但是让我学到了选题、设计、案例、论文等等该怎样思考，收获满满，无形之中也迫使自己认真，坚持努力终会成长，一路前行，让以后的"常规课"都上成"代表课"是我将要努力的方向。

4. 时青青

主题：无界成长。

一开始对于代表课我是一无所知的，没想到最后能有板有眼地圆满完成任务。回顾整个过程，我觉得自己收获的不仅仅是一个案例、一篇论文，从一开始的无能为力到最后的永不言弃，我收获了一种思考问题的方式，面对问题的勇气和解决问题的方法。非常感谢全程陪伴我们的刘老师以及全程给予我们支持的张校长，感谢帮助我的同事们，也感谢坚持下来的自己，从无到有，突破了自己，我会一直保持感恩，无界成长。

5. 许思丝

主题：不忘初心，踏实前行。

扎扎实实一个月，辛辛苦苦四星期。三个阶段，九道工序，十份材料，从最开始的迷茫不知所措，还有抱怨，慢慢地思路变得清晰了。每一次提交材料，从怀着忐忑的心情等着刘老师的指正，到修改后收获的喜悦感和满足感，对于我来说，这是一次磨练与成长。很难得有这样的一次机会，让我更加学会了从容，让我在挑战面前更加坚定了自己的目标。谢谢刘老师一路的陪伴和指导，第一期代表课虽然告一段落，但是在今后的教学中，我会把在这次在代表课中的收获运用其中，不忘教育的初心，踏踏实实走好每一步。

6. 沈益帆

主题：事虽难，做则必成。

一路走来有所感、有所悟、有所得。代表课打磨的过程是学习和成长的过程。刘老师的耐心指导，张校长的关心支持，一路相伴的老师，一路走来的点点滴滴，有难忘的辛苦，更有无法言语的喜悦。通过这次的学习，认识到我们知识上的不足，便向成功走了一大步。懒汉最容易做出的辩解是没有时间学习，其实这只是一种托词罢了。著名的"三八理论"说，八小时睡觉，八小时工作，这个人人都一样，十分公平。但人与人之间的不同，在于业余时间怎样度过。学习虽然已经结束，但我明白学无止境。学习和工作仍在继续，思想在我们的头脑中，工作在我们的手中，坐而言，不如起而行！路虽远，行则将至；事虽难，做则必成。感谢这段时间刘老师的鞭策，才刚离别，便已想念。

参考文献

[1] 张瑛.初中数学四点突破教学探索[M].贵阳: 贵州科技出版社, 2016.

[2] 高玉旭.改革开放40年来我国基础教育课程改革回顾与展望[J].上海教育科研, 2018(09): 12-17.

[3] 任永生.20年的共识, 就是今天"课堂革命"新起点[N].中国教师报, 2021-1-6(013).

[4] 索磊.基于实践理性的教师专业成长研究[D].重庆: 西南大学, 2016.

[5] 庞丽娟, 洪秀敏.教师自我效能感: 教师自主发展的重要内在动力机制[J].教师教育研究, 2005, 4(17): 43-46.

[6] 徐汀潇.论优秀教师的课堂教学行为[J].辽宁教育, 2018(15): 42-45.

[7] 张宗娟."四点突破"教学范式"激趣、培志、养成"功能的理论研究[D].都匀: 黔南民族师范学院, 2019.

[8] 刘华.利用情感教学优化初中课堂教学管理[D].兰州: 西北师范大学, 2002.

[9] 李明远, 刘文俊."先行组织者"类型及其教学运用[J].教育科学论坛, 2013, 3: 49-50

[10] 陈静.最近发展区理论教育价值的深度解读[J].教学与管理, 2015, 3: 8-10.

[11] 吴建希.从学生学习的原态思维到最近发展区——中学化学有效认知途径探微[J].化学教育, 2013, 8: 38-40.

[12] 刘永和.教师"代表课"的"工匠式"淬炼[J].上海教育科研, 2020(2): 79-81.

[13] 刘永和.代表课: 教师专业发展的一个"标志"[J].上海教育科研, 2018(9): 63-66.

附　　录

黔南师院附中建设系列教研活动
——第一期"代表课"展示与点评活动安排

一、目的、意义

　　为了更好地发挥黔南民族师范学院附属中学"贵州省校本研修示范校""贵州省中小学教师专业发展基地校""贵州省名师发展中心黔南分中心"的示范引领作用，把学校办成一所品质卓越、全省一流、民族特色显著的寄宿制初中，不断满足人民群众对优质教育的新期待，我们将创新校本研训形式，通过南京市永和工作室的指导，在学校开展教师"代表课"打造活动，通过学科名师专家的引领，更新教师的教学理念，掌握最前沿的课程改革动向，全面提高教师的教育教学水平。具体方案如下：

二、活动主题

活动主题：把课堂还给学生，把教学还给教师。

三、活动安排

1. 活动时间

2020年6月23日（周二）

2. 活动单元

（1）第一单元：23日第二节至第四节为3节"代表课"展示。

（2）第二单元：23日第五节为"代表课"点评撰写。

（3）第三单元：23日第六节至第八节为3节"代表课"展示。

（4）第四单元：23日第九节为"代表课"点评撰写。

3.后勤服务

（1）"代表课"录制：石海（网络信息部负责人）。

（2）上课、点评：姜妍（教务主任）。

（3）会场布置：陈阳海。

4.活动宣传

（1）新闻报道：陈阳海。

（2）活动录像与拍照：殷秀萍。

节次及时间	授课地点	授课教师	学科班级	内容	评课教师	评课校级
第二节（8:40—9:20）	录播教室	蒋三妹	语文七年（2）班	《河中石兽》	甘璐	刘江
第三节（9:40—10:20）		时青青	数学八年（2）班	《一次函数与二元一次方程》	冉红芬	张瑛
第四节（10:30—11:10）		许思丝	英语八年（3）班	Why don't you talk to your parents?	沈益帆	孙霞
第五节开始（11:20—12:00）	会议室			撰写点评稿	所有教师	所有校级
节次及时间	授课地点	授课教师	学科班级	内容	评课教师	评课校级
第六节（14:30—15:15）	录播教室	甘璐	语文八年（3）班	《卖炭翁》	蒋三妹	刘江
第七节（15:25—16:10）		冉红芬	数学八年（1）班	《变量与函数》	时青青	张瑛
第八节（16:25—16:10）		沈益帆	英语七年（2）班	Do you like bananas?	许思丝	孙霞
第九节开始（17:20—18:00）	会议室			撰写点评稿	所有教师	所有校级

5.课程表

略。